정동주의
진주문화사
이야기

정동주의
진주문화사
이야기

도서출판
곰단지

수곡면 원당리 소재 류계춘 선생 묘소 앞 노래 비석.

수곡면 진주농민항쟁기념탑과 희생자들 이름이 새겨진 명패들.

2009년에 개관한 진주청동기문화박물관.

진주지역 최초 천주교 순교자 안또니오 정찬문의 묘.

형평운동에 좋은 영향을 준 일본 부락민 청십자운동 제비회의 상징마크.
뒷날 한국에는 '제비표' 성냥으로 수입되었다.

1923년 4월 25일 형평사 발기총회에서 선언된 형평사 주지(主旨).

衡平社主旨

公平은 社會의 根本이오 愛情은 人類의 本良이라. 故로 我等은 階級을 打破하며 侮辱的 稱號를 廢止하며 敎育을 獎勵하야 우리도 참사람으로 期함이 本社의 主旨니라. 수ㅇ我 朝鮮의 우리 白丁은 如何한 地位와 如何한 壓迫을 受하얏던가. 過去를 回想하면 身性에 血淚를 禁키 難하도다. 今에 至하야 猛醒에 多年의 壓迫을 先除케 하며 血淚 餘生의 問題를 先決함이 우리의 急先務로 認함이 當然한 것이라. 何故오 하면 我等도 그런 白丁이 안인가? 그런 내 如此한 悲劇에 울든 者 누구인가. 所謂 智識階級으로 所謂 社會에 生活하는 者 如此함을 볼 때 우리의 悲劇은 如何하뇨? 오. 我等 우리 白丁이 안인가 그런 내 社會的으로 어떠한 待遇를 밧든가? 決코 우리가 白丁이 안인가 그런 내 如此한 悲劇에 울든 者...

朝鮮慶南晉州
衡平社發起人一同

1928년에 열린 형평사 제6회 전조선정기대회 때 사용된 형평깃발(일본 수집가 소장).

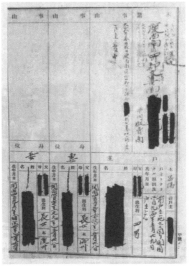

1918년 쇠고기 푸줏간을 한 사람의 호적. 직업란에 우육판매상이라고 적어놓았다.

작가 정동주가 쓴 '진주문화사 이야기'

1862년 진주농민항쟁의 전개와 역사적 교훈을 다룬 대하소설 '백정', 1925년 조선공산당과 사회주의 사상의 발원을 추적한 '단야', 형평운동의 뿌리와 모습을 그린 '민적' 등을 발표해 문단에 큰 화제를 불러일으킨 작가 정동주가 2002년 6월부터 2003년 5월까지 경남일보에 연재한 '정동주의 진주문화사 이야기'를 책으로 엮어봅니다.

일찍이 계급, 신분, 성(性) 등과 관련해 사회적 약자와 소수자에 대한 '차별'을 치열한 문제의식으로 천착해온 작가 정동주는 그의 작품의 토양이라 할 수 있는 진주지역의 문화사를 특유의 입담으로 흥미롭게 풀어냈습니다.

특히 진주 소싸움을 비롯해 형평운동과 관련한 인물이야기, 섭천소의 유래 등 우리가 미처 알지 못했거나 묻히고 잊힌 진주지역의 이야기 속에서 진주의 정신사를 읽어내고 있습니다.

정동주는 1984년 가을 진주 최초의 마당굿패를 조직하여 '진양살풀이'라는 굿을 열었고 그 굿은 진주농민항쟁을 이끌다가 처형된 넋들의 원한을 달래주기 위한 굿판이었습니다. 그 일을 계기로 태어난 것이 '큰들'입니다. '큰들'이란 굿패 이름은 진주문화의 힘과

정신이 큰 들판처럼 넉넉하게 세상 먹여 살리기를 바라는 뜻입니다. 1862년 임술년 진주농민항쟁과 1923년 진주형평사운동의 지향점이 그렇기도 했기 때문입니다.

그 후 작가는 논개의 삶과 죽음, 섭천백정의 이상과 좌절에 대한 민중사를 주로 작품화시켰습니다.

작가는 "돌아보면 부끄럽다. 하지만 깨끗하고 진지한 애정은 있었다. 지식과 경제력만으로는 닿을 수 없는 것이 문화의 본질이다. 온유하고 순수한 애정만이 아닌 어둠, 사악함, 불안도 문화를 만들 수 있다. 문학으로 못다 표현한 진주문화에 대한 애정 고백을 해볼 참이다"라고 말합니다.

"진주문화에 대한 애정 고백할 터"

이 걸이 저 걸이 갓 걸이
진주 망건 또 망건
짝발이 휘양건
도르매 줌치 장두 칼
머구밭에 덕서리
칠팔월에 무서리
동지 섣달 대서리

161년 전이다. 1862년 진주농민항쟁이 일어나기 몇 달 앞서부터 진주지방 곳곳에서 아이들이 뛰놀면서 떼창으로 불러대던 이상한 노래의 노랫말이다.

진주목 아전들과 토호들이 결탁하여 농민들을 수탈하고 짓밟은 오래 오래된 모순덩어리를 참고 견디기만 해서는 안 되겠다는 분노와 항거의지를 은유적으로 드러낸 노래다. 이 노랫말을 짓고 아이들에게 노래를 가르친 사람이 진주농민항쟁을 주도한 류계춘 선생이다.

이 노랫말은 그로부터 32년 뒤 동학농민운동을 이끌었던 전봉준 장군이 지은 "새야 새야 파랑새야 녹두낡에 앉지 마라. 녹두꽃이 떨어지면 청포장수 울고 간다"는 그 유명한 혁명가와 무슨 아득한 인연이 닿지 않았을까 싶기도 하다. 뒷날 "다리뽑기"라는 이름이 붙여진 이 노랫말이 새겨진 비석이 진주 수곡면 원당골 야산 자락에 쓸쓸하게 누워계신 류계춘 선생 묘소 앞에 세워져 있다. 그런데 그 묘소를 아는 사람이 많지 않고, 찾아가려고 해도 아무런 표시 같은 것도 없다. 임술진주농민항쟁은 32년 뒤 동학농민운동을 태동시킨 역사적 선구인데, 동학은 자랑스런 혁명으로 기려지고 있지만 진주농민항쟁은 잊혀져간다.

그 노랫말을 새긴 기념물도 함께 외면당하고 있는 듯싶어 부끄럽고 아프다. 아픔은 참아서 약이 된다고 하지만 부끄러움은 덮어도 죄가 되고 후회로 남는다는 인류의 보편경험을 외면하지 않게 되기를 소망하면서 이 책을 펴놓는다.

2023년 3월 20일
동다헌에서 정동주

차례

제4장 새바람 부는 날들

제5장 민족

제8장 전야

제9장 그날

제1장

진주문화

진주문화의 뿌리

소싸움 역동·역사성 진주문화 불후의 명작

문화(文化)는 보다 나은 삶을 위하여 꿈꾸거나 이상을 품는 것이라 말할 수 있겠지요. 퍽 고전적 해석입니다. 이보다 더 적절한 표현이자 문화라는 개념의 원형이라 말할 수 있는 것이 '집(家)'입니다.

집에는 인간 삶의 모든 것이 들어있지요. 삶에서 죽음까지의 시간과 공간 안에 들어있는 생로병사, 희로애락의 출발점이자 귀결점인 '집' 말입니다. 그래서 인간은 누구나 집을 그리워합니다. 우리 집, 내 고향이라고도 하지요.

문화는 민족, 사회, 세계, 우주, 신까지를 모두 집이 되게 하려는 인간 의지를 뜻하기도 합니다. 여기서 말하는 의지는 여러 형태의 실천을 통하여 세상을 변화시켜 가는 힘을 가리킵니다.

도시를 만들고, 국가와 국가를 연결하기도 하지요. 자연과 우주에서도 인간의 입장에서 이해할 수 있는 공간으로 바꿔놓습니다. 인간을 에워싸고 있는 시공을 예술작품, 전설, 신화로 채워서 기쁨을 누리게도 합니다. 편안함, 행복감을 느끼면서 집이라는 작은 세계의 주인이 되었다는 성취감을 느끼게 하지요.

집은 때때로 집단적 환상일 수도 있습니다. 인간은 완전한 존재가 아닐뿐더러 영원한 것도 아니어서 인간조건은 항상 불안하기 때문입니다. 그 불안이 동기가 되어 집의 필요성이 생겼고, 그 필요성을 충족시키는 것이 문화의 본질이라고 말할 수 있습니다.

인간조건의 불안은 삶이 얼마나 위태로운 것이며 죽음을 동반하고 있는 미완의 존재라는 데서 생겨났습니다. 이런 인간조건의 위태로움을 인식하지 못하고 지은 집은 불행의 원인이 됩니다.

인간은 세대라는 변화를 겪게 되고, 집은 자연 속에서 영원할 수 없지요. 자연의 변화와 세대교체는 집의 변화를 가져옵니다. 그 변화 속에서 인간은 시공을 초월하고 싶은 꿈을 꾸고 이상을 품습니다. 유한한 삶의 과정에서라도 꿈과 이상을 실현해 보고 싶은 의지가 곧 문화입니다. 비록 자신의 세대에서는 불완전하더라도 세대를 계속하면서 완성도를 높여가고 싶은 소망이기도 하지요.

그런 점에서 문화는 항구성과 변화, 전체와 부분, 평화와 투쟁이라는 양극점 사이에 위태롭게 가로 걸쳐진 환상의 무지개라고도 할 수 있습니다. 환상의 무지개인 문화이기 때문에 한시적 삶을 살아가는 인간은 잠시라도 안주할 수 있는 집을 짓고자 하는 꿈과 이상을 포기하지 못하는가 봅니다.

진주사람들도 마찬가지였습니다. 진주라는 하나의 도시로서의 집, 진주사람 저마다의 집에 관한 고뇌와 추억, 희망과 좌절의 역사가 곧 진주문화사의 뼈가 되고 살점을 만들었으며, 정신의 피를 돌게 하여 천년도 넘게 '晋州'라는 이름을 지켜왔습니다. 천년 고도 진주문화가 지닌 무겁고 오랜 역사를 가장 편안하게 오늘 이 자리에 모셔 앉힐 수 있는 것이 무엇일까요?

남강물이 곁에서 영원의 거울을 닦아 빛나야 하고, 강기슭 대숲에서 두런거리는 삶과 죽음의 귓속말도 살아있어야 하며, 촉석루 추녀 끝에서 떨리는 달빛 음률에 되살아나는 진주성전투의 함성도 오롯해야 하며, 저 삼한 삼국시대와 청동기 적부터 농사지어 진주 사람 배불리 먹여온 농투성이들의 질박하고 가슴 더운 성정이 가장 잘 보이는 것이 무엇일까요?

진주문화를 가장 상징적으로 추억하고, 그리움에 가슴 떨게 하고, 다만 용서하고 참회하며 진주를 고향으로 선택받은 것을 뿌듯한 긍지로 삼게 해주는 것이 무엇일까요?

진주문화의 뿌리가 자그마치 3,500여 년 전 신석기시대까지 닿아있고, 그때부터 오늘 이 자리까지 변함없이 우리 곁에 있는 것이 있습니다.

그것은 다름 아닌 소(牛)입니다. 농사가 천하 제일가는 본분이었기 때문이지요. 남강을 끼고 펼쳐진 대평(큰들)과 상평(上平 : 큰들)에서 쟁기질하던 농투성이들이 진주문화의 첫 주인들이었습니다. 진주 남강 모래밭 위의 소싸움이 지닌 역동성과 역사성은 진주문화가 지닌 불후의 명작입니다.

그래서 농민 삶의 역사가 진주문화의 바탕이므로 진주목 아전들의 불법적 수탈과 전횡이 진주문화의 특징이 되어서는 안됩니다.

진주문화 기원: 큰들 문화론

한국 고고학의 보고 '남강 선사유적'

진주 소싸움 내력은 먼 옛날로 거슬러 올라가야 합니다. 소를 이용하여 농사지었던 시절까지 돌아가서 그때의 풍경을 열어봐야만 하거든요.

이 일은 간단하지 않습니다. 흘러 다니는 전설이나 무모한 상상력으로는 불가능한 일이지요.

신뢰할 수 있고 명쾌한 증거 위에서 먼 과거로의 시간 여행이어야만 합니다. 그런 증거를 우리는 꽤 많이 지니고 있는데, 고고학자인 조영제(趙榮濟) 교수와 경상대 박물관 연구자들의 고뇌에 찬 업적들이 진주문화사 첫 새벽을 열어두고 있습니다.

조영제 교수와 발굴팀이 진양호 수몰지구인 '진주 대평리(大平里) 옥방(玉房) 2지구, 3지구 선사유적'이란 이름으로 발표한 보고서 안에는 청동기시대 중에서도 이른 시대인 2700년 전쯤 이곳에서 살았던 진주인들의 가슴 뛰는 소식을 생생하게 살려서 담아놓았지요. 이때는 농경생활을 주로 하고 수렵과 어업을 보조수단으로 삼았으며 대부분 밭농사였던 것으로 보입니다. 여기서 발견된 밭터는 청동기시대에 우리 조상들이 경작생활을 했다는 우리나라 역사 최초의 직접 증거라고 합니다.

지리산에서 사시장철 흘러내리는 덕천강, 경호강 물은 강가에 사는 사람들에게 농사와 고기잡이를 선물했기 때문에 구석기시대부터 오늘에 이르기까지 한시도 그치지 않고 사람을 살게 했습니다. 따라서 대평 일대는 선사시대의 이른바 '진주특별시'로서 이곳을 중심으로 남부지방의 고대문화가 퍼져나간 문화거점이었다고 말할 수 있을 것입니다.

이 사실은 결코 지워지거나 깎아내릴 수 없는 진주문화의 존엄성이자 자긍이며 불멸의 역사입니다.

이같은 남강 유적은 유라시아대륙의 동부 남단에 자리한 대륙문화의 종착지이며, 대륙인들이 살기 좋은 곳을 찾아서 내려오다가 더는 나아갈 곳이 없는 한반도 최남단인 진주 남강 가에다 유토피아를 건설하기 시작했음을 읽을 수 있는 오래된 과거입니다.

이 사실로 인하여 남강 선사유적이 세계문화사상으로도 매우 중요한 위치에 놓여있다는 연구자들의 지적을 진주사람들은 명심해야 할 것입니다. 선사유적박물관을 짓는 일이 얼마나 고귀한 사업이 될 것인지를 깨닫는 것은 진주인을 문화인이라 말할 수 있는 한 표준이 될 것입니다. (편집자주, 2009년 진주청동기박물관 개관)

이 지역에서 발굴된 다양한 빗살무늬 토기편 등으로 미루어볼 때 신석기문화가 화려하게 꽃피웠던 곳이며, 연달아서 청동기시대, 삼한시대로 이어진 중첩된 문화층들은 각 시대의 변천 과정을 한자리에서 확인할 수 있는 한국 고고학의 보고로 일컬어지고 있습니다.

청동기시대의 밭은 그 이랑의 넓이와 고랑의 폭, 양아리가 없는 점으로 보아 소를 이용하여 쟁기질한 것이 아니라 나무로 만든 가래, 팽이로 만든 것으로 보인다는 것이 연구자들의 견해입니다. 소를 이용한 쟁기갈이는 삼국시대에 들어서야 가능했는데, 실제로 우리나라에서는 1800~2000년 전에 처음으로 소가 북쪽 지방에서 들어온 것으로 추정하고 있습니다.

쟁기를 끄는데 소를 이용할 줄 알았다는 것은 높은 문명을 창안할 줄 알았음을 뜻하지요.

농기구의 발달과 함께 우차(牛車) 즉 수레를 이용한 교통, 운반 수단의 발달은 사회경제적인 변혁의 핵심을 이루고 있었겠지요. 이같은 최첨단 기술이 진주문화사를 새롭게 장식하게 된 정확한 연대를 잘라 말하기는 어렵습니다.

대략 2~3세기 무렵부터 남강 가 비옥한 들판에서 소와 사람이 어울려서 그려내는 풍경화가 남강물에 비춰 어른거렸겠지요. 물총새 떼가 새끼 데리고 그 위를 날아가고, 해오라기와 황새무리도 뭉게구름을 물어다 수놓으며 고요를 적셨을 것입니다.

유유히 흐르는 남강물을 저만치 두고서 쟁기질하는 농부들 소모는 소리에 진주문화사 첫 페이지가 노래로 물들고 있습니다.

암소 잔등에 기어오른 황소의 우렁우렁한 심벌이 풍년을 예언합니다. 해 질 녘 남강 가 버들 숲길로 소 등에 탄 소년의 풀피리 소리가 대지 위에 뭇 생명들이 신명을 춤추게 합니다.

제2장

진주 소싸움

농업공동체 묶는 놀이문화

환란 극복해온 진주사람 미덕 녹아

'아즉 잡샀십니꺼?', '밥 묵었나?'

진주사람 인사법 중에서 이 말처럼 곡진함 묻어나는 말도 없을 것입니다. 양식이 많이 부족했던 배고픈 시대를 함께 건너면서 주고받았던 이 말은 숨길 수 없는 우리들의 비속한 자화상이자 서러운 은유법으로 서로의 생사를 확인하던 눈물 젖은 역사이기도 합니다.

그때 우리는 가족(家族)이란 말을 쓸 줄 몰랐지요. 식구(食口)라 불렀지요. 굳이 풀이하자면 '먹는 입'이라고나 할까요. 양식이 그만큼 귀했고, 흥부전설에서 보듯이 먹는 입이 많다는 것은 참기 어려운 고통이었지요. 식구라는 말이 통용되던 시절에는 끼니때 다른 사람 하나 더해지는 것을 '입 하나 더', '숟가락 하나 더'라고 했지요.

생구(生口)라는 말도 있습니다. 한집에 사는 하인이나 종을 뜻하지요. '산 입' 즉 '살아 있기에 뭐든지 먹어야만 하는 입'이라는 말입니다. 그런데 이 말은 정작 하인이나 종을 가리키는 경우보다 집에서 키우는 소를 일컬을 때 사용하는 것이 더 일반적입니다. 사람 대접할 만큼 소를 소중하게 여겨온 때문이지요. 소 없이는 농사를 지을 수가 없었으니 농사가 가장 중요한 산업이던 시절에는 어디

하인이며 종의 존재에 비유되는 데 그쳤겠습니까. '소 짐승만도 못한 놈'이라는 꾸지람이 생겨났을 정도니까요.

소가 비싸 재산으로서도 큰 구실을 했는데, 1950년대 이후부터 진주지방에서 서울에 있는 대학으로 유학할 수 있었던 선택받은 이들의 주요 학자금도 이 소를 판 돈이었습니다. 그래서 대학을 상징하는 상아탑(象牙塔)이라는 말 대신 우골탑(牛骨塔), 즉 소의 뼈로 쌓아 만든 탑이라는 말이 크게 유행했지요. 우골탑 시절 진주지역에서 서울 유학하는 청년들 숫자가 전국 어느 지역에 못지않았다는 사실은 곧 진주사람들이 그만큼 소를 많이 키웠고, 무엇보다 소와의 관계가 단순한 짐승 키우기 수준을 뛰어넘어 집안 식구처럼 함께 살았음을 말합니다.

소에 대한 우리의 관념은 예사롭지 않습니다. 음력 정월 첫 번째 축일(丑日)을 '소날'로 정해 놓고 그날 하루 소의 건강과 고마움에 대하여 진심어린 사례를 해왔지요. 그날 하루는 소에게 일을 시키지 않으며, 쇠죽에 콩을 듬뿍 넣어 특별한 먹이를 대접하지요. 도마질, 방아질을 하지도 않지요. 도마질이란 도마 위에 쇠고기를 얹고 썰어야 하는 잔인한 짓을 상징하며, 방아질은 소에 멍에를 얹고 연자방아 돌리는 것을 암시합니다.

또는 꿈에 소를 보는 것은 조상을 만났다는 뜻으로 풀이하거나, 절집의 법당 벽면에 심우도(尋牛圖)라 하며 잃어버린 자신의 마음을 찾는 종교적 상징물로도 소는 쓰였지요. 그런가 하면 매월당 김시습은 소 풀 뜯는 모습을 불자(佛者)가 설법 듣는 모양에 비교하기도 했고, 주인의 목숨을 구하기 위해 호랑이와의 처절한 싸움 끝에 죽은 소의 무덤에 관한 전설도 곳곳에 있습니다. 소의 충직함, 인내력, 우직한 성품을 예찬하여 간직해온 정서지요. 소의 이같은 성품은 진주문화사의 한 축으로 자리잡아 온 강직하고 충성스러우며 끈질긴 인내심으로 온갖 환란을 극복해온 진주사람의 미덕과도 어딘가 유사하다는 생각을 갖게 합니다.

식구들이 끼니를 굶는 일이 있어도 생구에게만은 어떻게든 먹여주어야만 맘이 편했던 진주사람들에게 소싸움의 내력은 몇 갈래로 전해옵니다.

사람은 물론 모든 생명체는 서로 다투며 살아갑니다. 싸운다는 것은 생존과 번식을 위해 꼭 필요한 일이지요. 다만 인간처럼 빼앗고, 죽이고, 이기기 위한 욕망에서가 아니라 자연이 지닌 에너지의 순환이자 생명력의 유지를 위한 운동이지요.

소들이 뿔을 맞대고 밀고 밀리면서 운동하는 것을 소싸움이라 이름 짓고 즐기기 시작한 것은 오래된 일일 것입니다. 소는 인간의 생활과 밀접한 관계를 지닌 동물인 데다 온순하며 주인의 말을 잘 알아듣는 점을 이용하여 놀이문화로 발전시켜왔지요.

씨족 혹은 부족연맹이나 공동체의 우의와 결속을 다지기 위한 놀이여서 주로 한가윗날을 이용하며 신명 나게 소싸움을 즐겼습니다. 추석을 명절로 삼은 것이 삼국시대 초기부터였으므로 진주 소싸움의 역사도 그만큼 오랜 내력을 지닌 아름다운 풍속의 하나입니다. 남강 가 기름진 땅을 갈아 곡식 가꾸며 역사 일궈온 진주사람 문화사 첫 페이지에 소싸움이 올라야 할 이유입니다.

천년고도 최고축제

진주성이라 부르는 저 언덕배기에 적의 공격을 방어하기 위하여 성벽을 쌓고 살기 시작한 것은 백제 때부터였습니다. 그때의 적은 신라였지요. 신라는 결국 문무왕 3년이던 663년 거열성(居烈城) 또는 거타성(居陀城)으로 부르던 그곳을 빼앗아 청주(菁州)라 불렀습니다. 신라땅이 된 것이지요. 그 후 청주, 강주(康州)라는 지명을 거쳐 지금의 진주(晉州)라는 이름이 처음 정해진 것이 995년이었으니 진주 천년이지요.

진주 소싸움은 아무래도 천년은 더 된 내력을 지녔습니다. 청주라는 이름이 붙여진 것이 627년이고, 그때는 이미 이 지역 문화의 중심이 대평 큰들에서 관청이 들어서 있는 성(城) 부근으로 이동했기 때문입니다.

천여 년 전의 소는 매우 신성한 물건이어서 소를 소유할 수 있는 사람이 제한되어 있었지요. '삼국지 위지 동이전', '진서' 등 옛 기록에 의하면 부여(夫餘)의 제천(祭天) 때 소를 잡아 하늘에 제사하고 발굽의 상태를 살펴 길흉을 점쳤다고 합니다.

제천의식을 주관하는 제사장은 무리를 이끄는 지도자이며 제사에 쓰이는 소는 곧 신성한 것으로써 인간과 하늘의 뜻을 동시에 전달하는 매개체였던 셈입니다.

따라서 소를 소유할 수 있는 사람은 제한되었고, 이 풍습은 조선시대까지 이어져 농사신인 신농씨(神農氏)와 후직씨(后稷氏)에게 소를 바쳐 제사를 올렸습니다.

이때 소 바치는 제단을 선농단(先農壇)이라 불렀으며, 해마다 임금이 경칩 후 첫 해일(亥日)에 선농제(先農祭)를 올렸는데, 이때 제물로 바쳤던 쇠고기로 탕을 끓여 제사에 참석한 사람들한테 나눠주었는데 이것이 오늘날 설렁탕의 뿌리가 되었다고 합니다.

이렇듯 국가 소유였던 소는 차츰 사유재산제도의 발전과 함께 개인소유로 변했습니다. 비록 개인소유로 변했다고는 하지만 그 개인은 일정한 국가 직위와 국가로부터 받은 넓은 토지를 가진 사람이었습니다.

따라서 여전히 소는 권위와 부를 가진 사람만이 소유할 수 있는 영물로 대접받았지요.

시대가 바뀌는 동안 소의 소유는 차츰 일반화되고, 이는 토지제도의 변화와 동시에 나타난 변화였기 때문에 보다 많은 사람이 소를 소유할 수 있게 되었지요. 그렇다고는 해도 소를 가질 수 있는 것은 여전히 벼슬과 상당한 토지를 동시에 가진 세도가나 큰 부자에 한정되었습니다.

제 토지를 가지지 못한 많은 사람은 토지 소유자의 소작농이 되거나 머슴이 되었지요. 매우 작은 토지를 소유할 수 있게 된 사람도 생겨났지만 자기 소를 이용하여 농사짓는 사람은 드물었지요. 소가 없는 이들은 지주나 부자들의 소를 빌려서 농사를 지었지요. 소 빌린 대가로 그해 농사를 지어준다는 조건으로 말입니다. 그렇게 되자 농사짓는 데 이용한 소를 중심으로 농민들이 일정한 유대 관계를 맺게 되었는데, 이는 농민의 생존권을 지키기 위해 농민 스스로 조직한 '두레'와 맞물려 있었습니다.

그리하여 소싸움은 그 소와 관련된 사람들의 이해와 관심이 얽힌 공동의 놀이로 자리잡게 된 것입니다.

소를 이용하여 농사를 짓는 사람들은 그 소가 나서는 소싸움의 열렬한 응원군이 되지요. 소싸움은 소의 주인과 이해관계가 있는 쪽과 이에 맞서는 쪽 사이에서 벌어지는 한판 힘겨루기이자 축제인 셈입니다.

소를 매개로 한 종교의식에서 정치적 세력 대결 양상으로 변화해 간 것이 소싸움의 초기 모습입니다. 이런 소싸움은 추석 명절이라는 전통에 의지함으로써 종교적 속성과 정치적 갈등을 극복하고 민족의 축제로 자리잡을 수 있게 된 것으로 보입니다.

소의 주인은 보통 한 마을을 대표할 만한 권위와 부를 지닌 사람이어서 이를 중심으로 일종의 세력이 형성되지요.

주인은 앞에 나서지 않고 대신 그집 큰머슴이 나서서 소싸움에 관련된 일들을 이끌어가는데, 추석날의 대회전은 추석 이전 5, 6, 7월의 남강 기슭 들녘에서 자연스럽게 벌어지는 소들끼리의 힘겨루기나 의도적인 시합을 거치면서 승승장구한 녀석들의 판이 됩니다. 뭐랄까요. 긴긴 여름 들판에서 치러지는 숱한 예선을 통과한 멋진 황소들만 참여하는 하늘아래 제일가는 축제라고나 할까요.

한가위 소싸움

온 동네 한판 신명

대평 큰들, 상평 큰들 모래밭에서 소싸움 벌어지는 추석은 진주 사람 아니고는 누리기 어려운 특별한 재미와 감동이 있는 명절이었지요.

해마다 농사철이 시작되는 삼월 삼짇날을 시작으로 해서 남강 기슭 마을마다 있는 두레가 모임을 하고 그해 일을 의논하지요. 두레 모임은 마을 한복판에 있는 두레의 본부이자 공동 집회 장소이기도 한 농청(農廳)에서 갖습니다. 이날 두레꾼이 모여 두레를 이끌어갈 주요 일꾼을 뽑는데, 맨 먼저 두레의 총책임자로서 두레꾼을 통솔하며 작업계획을 세우고 작업의 차례를 정하는 등 두레의 모든 일을 지휘하는 사람을 정하지요.

지방에 따라 영좌(領座), 좌상(座上), 행수(行首), 영수(領首), 반수(班首), 좌장(座長) 등으로 불리는데, 대평 큰들 지역에서는 주로 좌상이라 불렸던 것 같습니다. 이곳 두레 조직은 1862년 임술년 농민항쟁을 계획하고 주도했는데, 이때 총책임자로 선출된 이가 이 지역 사람이었던 이계열(李季烈)이었으며, 그의 직함을 좌상(座上)이라 불렀다는 기록이 남아있습니다. 이 명칭은 두레 조직에서 쓰였던 것이지요. 구체적인 것은 진주농민항쟁을 다룰 때 살펴보기로 하겠습니다.

아무튼 농사에 관한 모든 것은 두레를 통하여 이뤄졌고, 농사라는 대장정의 한가운데는 변함없이 소가 우뚝 서 있게 마련이었지요. 소는 농사와 농민의 역사에서 잠시도 떼어놓을 수 없는 존재여서 두레를 이끄는 일꾼 중에는 소를 돌보는 직책인 방목감(放牧監)을 맡을 사람을 뽑게 되어 있었거든요.

　소를 잘 관리해야만 농사가 원만하게 이뤄지고, 마을의 번영도 가져올 수 있기 때문에 방목감은 다른 어떤 소임에 못지않은 중요한 직책이었습니다. 논 갈기를 시작으로 모내기까지 이 고된 과정이 끝나고 나면 그때부터는 본격적으로 소를 돌봐주는 차례지요. 마을의 소들을 남강 가 편편한 풀밭이나 산기슭으로 몰고 가서 배불리 풀을 뜯어 먹게 해주지요. 방목감이 마을의 소들과 소먹이는 아이들을 도맡아서 데리고 다닙니다. 송아지를 데리고 다니는 젖통이 탐스런 암소, 새끼를 배서 눈이 유난히 고운 암소, 아직 코를 뚫지 않은 예쁘고 윤이 흐르는 중간소, 힘세고 일 잘하기로 소문난 황소들이 유유히 풀을 뜯거나 졸기도 하면서 푸른 여름을 수놓습니다.

　남강에는 소 목욕을 시켜주면서 장난치는 아이들의 푸른 고함이 자욱합니다. 왜가리 몇 마리가 먹이를 잡다 말고 길게 목을 뽑은 채 아이들 소리나는 쪽을 물끄러미 바라봅니다. 황소 한 마리가 금빛 게으른 울음을 길게 뽑습니다. 강가 버들 숲에서 쏴, 우는 매미 소리가 황소울음에 자맥질하듯 가까워졌다 멀어지기를 반복합니다. 울음 뽑던 황소는 무슨 꿍꿍이가 있었던 모양입니다. 옆에서 풀을 뜯고 있던 암소 잔등을 걸타고 오른 것이 잠시 뒤였거든요.

알 수 없는 것은 암소의 태도입니다. 암소는 은근히 기다렸던 듯이 황소의 사랑을 싫은 기색없이 묵묵히 받아들이고 있으니 말입니다. 이 광경을 조무래기들이 놓칠 리 없지요. 황소는 보란 듯이 힘 자랑을 합니다. 호기심 어린 눈빛의 소년들이 먼저 긴장합니다.

소년의 팔뚝만 한 선홍빛 수컷의 그것이 암소 사타구니를 사정 없이 더듬어댑니다. 사타구니를 빗겨 난 수컷에서 흰 물살이 세게 뿜어 나옵니다. 마른침을 삼키며 소들의 사랑을 지켜보고 있던 한 소년의 얼굴을 향하여 황소 그것에서 뿜어져 나오던 물줄기가 날아갑니다. 조무래기들이 와르르 웃습니다.

황소도 무안한 듯 슬그머니 암소를 싸고 있던 앞발을 내리고 암소 사타구니에 코를 갖다대며 킁킁거리다가 희고 야문 앞니를 드러내 보이며 멋쩍게 웃습니다. 이른바 소 웃음입니다.

그렇듯 설레는 풍경이 산그늘 내릴 때까지 이어지고 있을 때였습니다. 강가 모래밭에서 황소 두 녀석이 힘자랑을 시작한 모양입니다. 마을에서 전답이 가장 많은 이 참판댁의 범소와 두레 좌상인 황 참봉댁 큰머슴이 공들여 키우는 견디기소가 또 한판 붙은 것입니다.

범소는 하루 논 열 닷마지기를 갈아치우고도 힘이 남아돌 만큼 굉장한 녀석인데, 작년 추석 때 소싸움판에 나와서 장원을 했지요. 견디기소는 범소와의 결승에서 밀려나 지기는 했지만 한 번 더 붙어볼 만하다는 칭찬을 들었던 녀석입니다. 소 먹이러 온 아이들이 모여들고, 들일 하던 어른들도 달려옵니다.

사회적 약자들의 카타르시스

이 참판댁 범소는 호랑이처럼 돌진하면서 상대를 밀어붙이는데 일단 공격 기회를 잡게 되면 상대가 등을 보이며 달아날 때까지 무서운 힘을 집중시킵니다. 범소라는 별명을 얻게 된 것도 그런 이유 때문입니다.

범소 공격이 시작되면 응원나온 이 참판댁 사람들뿐만 아니라 상대편 사람들까지도 소리소리치면서 흥분합니다.

소들끼리의 싸움에 사람들이 더 난리치는 데는 그럴만한 까닭이 있을 것입니다. 세상 살면서 누구한테도 하소연할 수 없는 기구한 속내를 폭풍처럼 질주하는 범소의 공격을 보면서 대리만족하는 것일지도 모르지요. 언제 한번 그렇게 속 시원하게 상대를 이겨본 적이 없는 사람들일수록 더욱더 열광하게 마련이거든요.

앉으나 서나 끊임없이 시달려야 하는 가난과 낮은 신분이 겪어야 하는 온갖 설움과 핍박으로 인한 고통의 무게에 짓눌린 삶을 한 순간만이라도 잊게 해주는 소싸움이기 때문이지요.

탄성과 절규가 뒤섞인 거대한 열정의 소용돌이 속에서 그래도 살아갈 수밖에 없는 삶의 애환을 태워내리고 나서 새로운 희망을 장만하곤 하는 것이 진주 소싸움을 구경하러 나온 서민들의 슬기였지요.

아무튼 그 범소는 두 뿔 끝이 안으로 살며시 오그라진 옥뿔입니다. 옥뿔 소는 다른 모양의 뿔을 가진 소를 제압하는 데 유리하기도 하지만 노고지리뿔 소에게는 뜻밖으로 약점을 보이기도 합니다. 이 참판댁 범소와 맞서고 있는 황 참봉댁 견디기소가 바로 노고지리뿔인데, 지난해 추석 때 있었던 막판에서 덩치가 훨씬 클 뿐만 아니라 경력면에서도 산전수전 다 겪었다는 범소가 혼쭐이 났던 것이지요.

추석날 벌어지는 소싸움판처럼 오랜 전통과 권위를 가진 자리에서 견디기소를 천신만고 끝에 간신히 이겼다는 사실이 노고지리뿔에게 약하다는 것을 증명해 보인 셈이지요. 대평 까꼬실 황 참봉댁 견디기소는 지구력이 정말 놀랍습니다. 몸집은 범소에 비해 얼마간 작아 보입니다만 앞발은 짧고 발목은 홀쭉하니 가늘지요. 그런데다 머리를 낮게 숙이면서 상대를 파고드는 장기는 보는 사람으로 하여금 탄성을 자아내기에 충분하지요. 범소가 밀어붙이면 처음엔 견디기소가 밀립니다. 하지만 잠시 뒤에는 견디기소의 날렵한 좌우 피하기 동작이 나타나고 저돌적인 범소의 직선 공격을 견디기소는 좌우로 급회전하면서 범소를 당황하게 만들지요.

그러면서 빈틈을 노립니다. 한동안 반격 기회를 엿보며 견디다가 느닷없이 상대편 목 언저리를 돌격하거나 뿔 사이에 상대의 목을 얹고 벌떡 일어서면서 뒤집어버리기도 하는 재주때문에 견디기소라는 별명을 얻은 것이지요.

노고지리 머리에 난 뾰족한 것처럼 생긴 뿔을 지녔다 하여 노고지리뿔이라 이름 붙인 견디기소의 특징 중 하나는 좌우의 뿔을 이용하여 상대의 뿔이나 머리통을 치는 것입니다.

마치 권투 선수의 좌우 훅처럼 빠르고 격렬하게 뿔을 휘두르는 것이지요.

옥뿔을 가진 범소의 뿔 언저리는 금방 찢어져 피를 보이게 되고 얼굴과 목에도 상처가 생깁니다.

툭툭 잽을 던지듯 몇 번 좌우 뿔 공격을 하던 견디기소는 갑자기 땅바닥 가까이 머리를 숙이면서 밀어붙입니다.

밀리는 범소의 저항도 완강합니다. 피투성이 얼굴로 맞받아칠 때마다 뿔끼리 부딪치는 소리가 툭툭 거칠게 나지요. 밀고 밀리는 순간순간 구경꾼들은 탄성을 내지르거나 안타깝다는 말들을 큰 소리로 떠들면서 손에 땀을 쥡니다.

길길이 날뛰면서 주먹을 휘둘러대는 사람, 벌겋게 상기된 얼굴에 땀을 줄줄 흘리면서 고래고래 소리치는 사람, 팔짱을 낀 채 몇 가닥뿐인 염소수염을 배배 꼬면서 실눈꼬리로 뭔가를 속으로 계산하는 사람, 앞사람 옆사람 어깨를 잡아 흔들면서 좋아하는 사람들의 표정이 한데 어울려서 소싸움판의 흥분과 열기를 그려냅니다.

진주 남강을 마시며 사는 진주 소들이 지닌 뿔에 대해서는 옛날부터 몇 가지로 나누어서 저마다의 이름과 특징을 매겨 놓고 있었습니다.

쌈 잘하것다!

소싸움 하는 소의 뿔은 다섯 가지가 있습니다. 옥뿔, 반옥뿔, 비녀뿔, 노고지리뿔, 잦뱅이뿔로 나눕니다. 비녀뿔은 여인들이 비녀 지른 것처럼 좌우 옆으로 뻗은 것이고, 잦뱅이뿔은 뿔 끝이 뒤쪽으로 잦혀진 소를 말하는데 잦뱅이뿔 소는 독하기로 정평이 나 있습니다. 쌈 잘하는 소는 몇 가지 특징이 있는데, 뿔의 생김새는 노고지리뿔이 다소 유리하다는 주장도 있지만, 반드시 그렇다고는 말하기 어려운 것도 사실입니다.

싸움소는 무엇보다 눈빛이 독사눈처럼 독이 서려 있어야 한다고들 하지요. 그런 소에 대하여 진주지방에서 전해 오는 말이 있는데, '행토 있게 생긴 놈'이라는 말입니다. '행토'는 '행투'라고도 하며 행짜를 부리는 버릇을 뜻하는 행티라는 말의 사투리지요.

심술을 부려 남을 해치는 짓을 행짜라고 하는데, 싸움소를 그렇게 부르는 것은 눈에 독기를 머금고 머리를 숙이면서 금방이라도 달려들 듯이 보이는 싸움소를 두려워하는 표현이 일반화된 것으로 보입니다.

우락부락한 표정에다 지나가는 사람을 무섭게 쏘아보면서 시비를 걸어 올 듯 행동하는 건달의 눈빛을 두고도 '행토 있게 생긴 놈'이라고도 하지요. 눈빛 다음으로 중요한 싸움소의 특징은 귀의 생김새지요.

귀는 작아야 하고, 뿔 가까이 붙어야 하며, 귓속털이 많아야만 힘이 세다고 알려져 왔습니다. 꼬리를 흔히 꽁지머리라고 하는데, 말꼬리처럼 끝이 두툼하고 길어야 좋습니다. 항문은 클수록 좋습니다. 항문이 커야 대담성이 있고 판단력이 좋다고 합니다. 진주사람들 언어 중에 '니 똥 굵다'는 표현이 있는데, 싸움소의 항문이 클수록 대담하다고 보는 견해와 어딘가 유사점이 있어 보입니다.

소 키는 낮으면서 특히 앞다리가 짧아야만 파고들어 공격하기가 쉬운데, 발목은 잘록하게 가늘어야 순발력이 있습니다. 키는 낮지만 몸길이는 길수록 좋은 소로 평가되지요. 이런 소를 두고 '끈이 좋다'고 하는데, 끈기를 줄여서 부르는 말이지요. 목은 길면서 굵어야 합니다. 껍질은 얇고 뼈대는 굵어야 끈기가 있습니다. 끈기가 있어 장기전에 능한 소의 특징은 배 언저리에 흰점이 있거나 수컷의 상징에 털이 무성하고 길다는 점인데 이런 조건을 갖춘 녀석은 독종이기 쉽습니다.

싸움소에 대한 이런 특징들은 진주사람이라면 대개 알고 있을 정도로 소싸움은 오래된 진주문화의 신명에 대한 다른 이름이기도 하지요.

소싸움에서 이름을 떨친 소는 보통 소보다 값을 더 쳐 받기도 합니다. 진주에서 이름난 부자들은 그런 소를 손에 넣으려고 애쓰기도 했는데, 돈을 벌기 위해서가 아니라 위세에서 밀리지 않기 위해서였지요. 예부터 소싸움은 가문의 위세 겨루기 성격이 강하며 소싸움에서 이기고 지는 것은 곧 명예와 자존심에 관한 문제가 되었던 것 같습니다. 지연, 학연, 혈연관계를 유난히 중시하는 진주사람의 특성은 가문 중심으로 세 대결하는 소싸움의 원류와도 어떤 관련이 있는 것은 아닌지 열린 가슴으로 연구해 볼 과제라고 생각됩니다.

아무튼 진주 소싸움은 전설적인 세 부자 집안이었다는 강(姜) 부자, 문(文) 부자, 정(鄭) 부자 집안이 주도했는데, 남강 모래밭에 차일을 쳐 놓고 기생들을 불러다 춤과 노래를 곁들여 잔치하면서 소싸움이 벌어졌더라고 합니다. 그야말로 흥겨운 놀이였던 모양입니다.

그런 전통은 해방 후에도 계속되었습니다.

진주를 대표하는 다섯 가문을 중심으로 해마다 소싸움이 진주사람들의 신명 나는 축제로 이어졌다고 합니다.

①정상진(은초 정명수 선생 부친) 가문의 소, ②박기인(진주 건어물 상인) 가문의 소, ③김두태(김창수씨의 부친) 가문의 소, ④방창원(보건약국 방자원씨의 형님) 가문의 소, ⑤이석암(도남철강 이화진씨의 부친) 가문의 소가 명승부전을 벌였지요.

그중에서 정상진 가문의 소가 가장 많은 우승을 했고, 가끔은 진주농고에서 키운 소가 우승할 때도 있었지요.

우승한 가문에서는 푸짐하게 술과 떡을 장만하여 구경꾼들에게 대접했고, 구경꾼들은 우승한 가문의 큰 덕을 칭송하면서 즐거운 하루를 보냈지요.

이런 소싸움판에 어김없이 참석하여 소들에게 눈길을 주는 사람이 있었습니다. 옥봉이나 서장대 밑에 사는 백정들이지요. 싸움에서 진 소를 사기 위해서 온 백정들은 저 유명한 1923년 진주형평사 운동의 주역들이었습니다.

제3장

섭천쇠가 윗는 까닭

슬픈 '백정 역사'가 만들어낸

천대와 차별, 한풀이 은어

박경리 선생의 소설 '토지'에 진주백정 얘기가 잠시 나옵니다. "섭천 소가 웃는다"는 말을 인용하면서 1923년 진주형평사운동에 관련된 듯한 한 사내의 소설적 행적이 짧게 그려져 있지요.

여기서 말하는 '섭천'은 지금의 망경동, 강남동, 칠암동을 통틀어 일컬었던 옛 지명입니다.

진주지방에서는 본디 소를 '쇠'라 부르고, '웃는다'는 말을 '윗는다'로 발음하기 때문에 '섭천 소가 웃는다'는 말을 '섭천쇠가 윗는다'로 되는 것이 에나 진주사람 말이지요.

이 말이 생겨난 것은, 언제부터인가 섭천에 백정(白丁)으로 불리는 직업을 가진 이들이 살았던 사실과 관련이 있는 것 같습니다. 그들 신분이 천민이어서 강 건너 진주에 사는 양반들로부터 지독한 차별과 모욕을 당하며 짐승처럼 취급되었던 긴 역사가 있었지요. 이 슬픈 역사 속에서 생긴 말 중에는 섭천 밖을 벗어나 진주지방 전역에서 일반적으로 사용되고 있는 말이 몇 가지 더 있습니다. 이 말들은 모두 백정들끼리만 통용되는 특수어(特殊語)이자 은어(隱語)인데 주로 진주지방 서민들 사이에서 거친 감정을 토로하거나 아무런 주저없이 내뱉는 언어에서 주로 인용되고 있습니다.

가장 흔하게 쓰이는 말은 '조진다'는 것입니다. 원래 이 말은 백정이 소를 허가 없이 밀도실하는 행위에 대한 은어입니다.

조선시대의 백정은 사찰의 관할 아래서 엄격한 규칙과 통제를 받으면서 사는 사람과 지방 토호의 노비처럼 사는 사람, 누구의 간섭도 받지 않고 사는 사람들로 구분되었습니다.

대부분은 큰 사찰의 관할 아래서 생활했는데, 합천, 의령, 진주 백정들은 대개 사찰과 깊은 관련이 있었습니다. 조선시대 불교 탄압 정책으로 강요되었던 사찰의 도축장 경영 문제는 아직도 장막에 가려져있는 한국사의 부끄러움입니다만 사실임은 분명합니다. 이 분야의 은밀함을 최초로 연구한 분은 서정범(徐廷範) 교수인데, 그분의 석사학위 청구 논문(지도교수 문학박사 이숭녕)이 그 증거입니다. '한국 특수어 연구(韓國特殊語研究), 은어 발생 기원을 중심으로 하여 은어로 본 백정사회'라는 논문에서 이 희귀한 비밀의 속살이 아프게 드러나 있습니다.

아무튼 조선시대 백정들은 사찰이 규정한 날짜, 시간, 방법에 의해서만 소를 도축할 수 있게 되어 있었습니다.

백정이 엄격한 도축 허가 없이 밀도살한다는 것은 주로 가난 때문이며, 몹시 거칠게 서두르며 짧은 시간 안에 해치울 수밖에 없겠지요. 소의 영혼을 천도하기 위한 염불이며 생명의 고귀함을 일깨우는 의식도 모두 생략한 채 오직 허기를 달래줄 돈을 손에 쥐기 위한 저돌성과 야만성으로 저지른 살생을 '조진다'고 했지요.

이런 심각한 뜻을 지닌 '조진다'는 말이 진주지방 서민들 사이에서 통용될 때는 보통 도덕적 윤리적으로 정당하지 않거나 규범 등에 위배되는 일을 저지를 때 사용합니다.

'공친다'는 말도 있습니다. 백정이 소를 도축할 때 염불하지 않고 도살하는 행위를 뜻하지요.

'대갈통(대가리)을 깨뿔라!' 하는 말은, 소의 머리에 있는 급소를 망치로 때려 소를 도살하는 것을 백정 은어에서 그냥 '대가리'라고 하는데, 이 말에서 비롯된 것입니다. 목을 친다는 말이지요.

'막살여어삐라!'는 말도 있습니다. '막살'은 소를 도살하는 도축장을 말합니다. '막수'라고도 하지요. 그만둔다는 의미로 사용하는데, 사실 이보다 더 잔혹한 뜻을 상징하는 말이지요.

'쇠빠진다'는 말도 있지요. 백정 은어에서 '쐐뽀루'라는 것이 있는데, 시댁(媤宅)에 가져가기 위해 잡은 소를 말합니다. 어딘지 모르게 손해 본다는 느낌, 괜스레 헛고생하거나 체면 때문에 당한다는 부정적 의미를 강하게 내포하고 있습니다.

그 무엇보다 나쁘게 사용되어 온 것은 '백정늠 뙤리쥑이고도 살인친다'는 말입니다. 어쩌다가 백정을 죽였더라도 살인이 안되는 때가 있었는데, 백정은 호적이 없으며 짐승처럼 취급되었기 때문이지요. 이 지독한 말은 억울함을 항변할 때 곧잘 인용되었지요. 이렇듯 진주지역에는 백정 역사와 연관된 생활언어가 아직도 더러 남아서 사용되고 있으며, 진주 근현대사 첫 장에 기록된 독립운동과 형평사운동은 백정의 인권해방 문제와 맞물려 있습니다.

이 땅에 뿌리내린 이방인들의 슬픈 이름 '백정'

백정(白丁)이란 말이 우리 역사에 처음 나타난 것은 고려 때였습니다. 고려의 주된 백성으로서 관직이나 일정한 직함이 없이 주로 농사짓고 사는 사람을 부르는 말이었지요. 소나 다른 가축, 짐승의 육류를 가공하고 피혁제품을 만들며 생활하는 작업과는 전혀 무관했던 말이었습니다.

고려 때 육류 가공이나 피혁으로 제품을 만들던 사람을 부르는 말은 따로 있었지요. 수척(水尺), 양수척(楊水尺), 화척(禾尺)이란 말로 불렸던 이들이었지요.

이들은 원래 한국인과는 뿌리가 다른 이방인들이었습니다.

타타르(Tartar)족과 여진족(女眞族)의 후예들로서 고구려 성립과 같은 시기에 고구려의 포로가 되어 격리 수용되면서부터 애환과 수난의 역사가 시작된 사람들이지요.

'삼국사기 권 13, 고구려 본기 제1, 시조 동명성왕조'에 이들에 관한 기록이 있습니다. 포로로 끌려온 이들이 고구려 사람과 섞여 살지 못하게 하기 위하여 국경 부근의 특정 장소에 그들끼리만 모여 살게 했으며, 그들이 모여 사는 곳을 '부락(部落)'이라 했다는 내용입니다.

따라서 '부락'이란 말은 포로와 이민족 집단이 사는 곳을 말하며, 한국인의 거주지는 마을, 동네, 고을이라 불렀습니다. 1910년 한국을 식민지로 삼은 일제가 한국인의 고유한 역사와 정서를 능멸할 목적으로 마을, 동네, 고을이란 말을 금지하고 '부락'이란 말을 공문서에 표기토록 한 것이 지금까지도 우리가 정신을 놓고 사는 바람에 '부락'이란 말을 쓸 때가 있습니다. 하기야 일제 때 일본 입장에서 보면 한국이 일본의 식민지로서 한국인은 일본의 포로나 마찬가지니까 한국인의 거주지를 '부락'이라 했을지도 모르긴 모를 일입니다만……

그렇게 이국 생활이 시작된 그 포로들은 원래부터 유목민족이었던 탓으로 주된 생업이 가축을 기르고, 짐승을 사냥하며 육류나 피혁을 가공하며 살았습니다.

고구려의 변방에서 살게 된 그들도 세월과 함께 차츰 한민족의 문화를 받아들여 변화해 갔지요. 하지만 근본적인 생활 방법은 쉽게 바꾸지 않았던가 봅니다. 그들의 수가 늘어나고, 한민족과의 문화적 교류 기회가 조금씩 늘어나기도 하면서 그들 고유의 생활수단인 육류 가공과 피혁 가공 기술이 한민족의 생활에 유익한 기여를 하게 되었지요.

삼국시대를 거쳐 고려조까지 오는 동안 그들의 수는 이제 무시할 수 없을 정도로 증가했고, 토지와 다른 재산 소유도 늘어나 고려 정부는 더이상 그들을 소외시키고 무시할 수만은 없게 되었습니다. 젊은이에게는 군인이 될 수 있는 기회를 주고, 일정 규모 이상의 재산에 대해서는 세금을 부과하면서 고려 사람과의 융화정책을 시도했지만 모두 실패했지요.

그들은 여전히 수척, 양수척, 화척이라 불리기를 고집했고, 부락에서 고립된 삶을 포기하지 않았지요. 그런 그들과 백정은 전혀 다른 신분이었습니다.

그러다 고려가 망하고 조선시대가 시작된 이후 백정이란 고려의 말은 커다란 변화를 겪었지요. 고려 때의 특수 신분인 양수척들을 백정으로 바꿔 부르고, 일반인들에겐 인민(人民)이란 이름을 새로 붙였습니다. 인민은 다시 백성으로도 불렸지요.

수척, 양수척, 화척에서 백정으로 바뀐 그들은 조선시대의 엄격한 신분제도 아래서 천민 중의 최하층 천민으로 분류되었고, 고려 때의 최상류 신분이었던 불교 승려도 천민으로 곤두박질치게 만든 다음, 같은 천민 신분인 승려와 사찰로 백정들을 관할케 함으로써 불교를 능멸하고 탄압하게 된 것입니다.

승려와 사찰에서는 가장 모욕적인 이 정책을 묵묵히 견디었습니다. 살생을 생업으로 삼는 백정들에게 생명사상에 대해 가르쳤지요. 백정이 되기 위해서는 일정기간 절에서 계율 공부를 마쳐야만 하게 제도를 만들고, 도살하되 날짜와 방법을 엄격하게 지키도록 하며, 도살하기 전에는 반드시 도살장을 관할하는 사찰의 허락을 받아 정해진 불교 의식을 거쳐 도살하며, 도살에 쓰는 칼은 철저하게 절에서 관리하며 함부로 살생하지 못하도록 했지요.

그 과정에서 해당 사찰과 백정들 사이에서 많은 은어(隱語)가 생겨나 통용되었는데, 합천지방과 진주지방에는 지금도 그 흔적이 있지요. 따라서 백정은 아무나 될 수 있는 것이 아니며, 그들이 생업으로 삼았던 살생은 돈벌이 목적의 행동이 아니라 죽일 수밖에 없는 종교적 갈등의 역사였습니다. 인간의 원죄(原罪) 문제와도 맥이 닿는 세계라 할 수 있을 것입니다.

구속과 억압의 경계 '남강'

그리고 백정들의 '섭천탈출'

진주 남강 소싸움 때면 구경꾼 속에 어김없이 나타나 소들의 몸짓을 유심히 지켜보는 눈이 있습니다. 싸움에 진 소가 나오면 그 소의 주인에게 다가가 소를 팔지 않겠느냐고 흥정을 거는 사람의 눈이지요. 그가 곧 섭천백정이었지요. 해방 이후 진주 소싸움 판에서 가장 널리 알려진 이름 이○출(李○出 작고)씨가 그런 분 중의 한 사람인데 그이는 서장대 아래(지금의 인사동 일대)에서 '막수'라고 부르는 도축장을 경영했습니다.

그런 막수는 옥봉 부근(장대동 일대를 포함한)과 배 건너 섭천(육거리 부근)에도 몇 개 있었습니다.

백정 직업을 생활수단으로 삼았던 이들이 언제부터 진주에서 살기 시작했는지를 정확하게 기록한 문헌은 아직 발견되지 않았지만, 이들이 전국 주요 관청 소재지마다 분포되어 살게 된 기록은 많습니다.

'승정원일기(承政院日記)', '일성록(日省錄)', '비변사등록(備邊司謄錄)', '천일록(千一錄)', '독립신문' 등에 매우 상세하게 기록해 놓았습니다.

그 중 '승정원일기' 247책, 숙종 1년(1675년) 5월 22일조 기록이 가장 인상적입니다. 여기에는 우리 역사상 최초의 정육점이라

할 수 있는 것이 법으로 허가된 것은 세조 12년이던 1466년의 일이며, 국가가 공인해 준 수육 판매점을 '현대방(懸大房)', '현방(懸房)'이라 이름했다고 합니다.

오늘날 정육점(푸줏간)의 효시인 현대방, 현방 또는 댓방제도가 생겨난 이유를 알려면 먼저 조선시대 신분제도의 특징을 이해해야 합니다. 조선시대는 양신분(良身分)과 천신분(賤身分)이 있었고, 양신분은 양반, 중인, 평민으로 나누었지요. 천신분은 곧 천민인데 칠반공천(七般公賤)과 팔반사천(八般私賤)으로 구분했습니다.

칠반공천은 ①기생 ②궁녀 ③아전 ④역졸 ⑤옥졸 ⑥관청노비 ⑦지명 수배자를 말하고, 팔반사천은 ①승려 ②광대 ③재인 ④무당 ⑤사당패 ⑥유랑극단 ⑦가죽장이 ⑧백정이었지요. 백정은 천민 중에서도 천민이었음을 알 수 있습니다.

백정은 평민과 함께 살지 못하고 그들끼리만 모여 살도록 '경국대전'에 못박아 두었고, 그들의 거주지를 부락(部落)이라 불렀지요. 백정은 거주 이전의 자유가 없으며, 일정 거리를 이동하려면 해당 관청의 허가를 받아야만 했지요. 이런 백정은 다시 둘로 분류했지요. 짐승 가죽으로 신발이나 갑옷 등을 만드는 이들을 피공(皮工)이라 하여 관노비로 일하는 이들과, 성균관(成均館)에 속해진 전복(典僕)으로 나누었습니다.

성균관 전복이란 성균관의 대성전(大成殿) 및 문묘를 지키는 관원의 하인인데, 이들은 성균관 제사에 쓰이는 제물 중에서 쇠고기로 만드는 음식 종류를 담당하는 전문직에 종사했지요. 그들이 모여 사는 곳을 반촌(泮村)으로 불렀으며, 노비 신분이기 때문에 아무 보수도 없었지요.

그들은 생계유지를 위해 법으로 금지된 육류와 부산물을 비밀리에 팔았지요. 국가와의 오랜 갈등을 겪다가 나라에서는 공식적인 육류판매를 허가해줌과 동시에 세금을 징수하게 되었습니다. 천민의 직업에 허가제도가 도입된 최초의 일이자 천민에게 세금을 징수한 최초의 사건이었습니다.

그러자 지방의 주요 관청에서도 현방제도를 실시하면서 세금 징수를 시작했는데, 현방을 유지하기 위하여 꼭 필요한 백정을 관청 소재지마다 두게 되면서부터 '부락'이 생겨났고, 섭천에 백정이 살게 된 것도 진주목과 경상우병영의 관할 아래 있는 현방을 두게 되면서부터였던 것으로 보입니다. 대략 300년 전쯤의 일입니다.

현방제도가 지닌 진취성과 합리성에도 불구하고 백정들은 재산을 모으거나 평등권을 누리지는 못했고, 여전히 가난하고 차별받는 최하층 천민으로 살 수밖에 없었습니다. 완강한 신분제도의 틀 때문이었지요.

섭천 부락에 살던 백정들이 거주이전의 자유를 얻어 남강으로 자유롭게 건너다니면서 살게 된 것은 1864년 고종(高宗)이 조선왕조 제26대 왕위에 오르면서 베푼 특별 조치로 인해서였습니다.

특정 장소에 영원히 붙박여 살아야만 한다는 '경국대전' 단취조항(團聚條項)을 혁파했기 때문이지요. 요즘 말로 하자면 왕위에 취임하면서 베푼 특별사면이었던 셈입니다. 고종으로서는 참으로 놀라운 일을 단행했습니다. 그날로 섭천백정들은 앞다투어 남강을 건너기 시작했습니다. 남강만 건너면 신천지가 펼쳐지리라 믿었던 것 같습니다.

　강 하나 건너는 데 수백 년이 걸린 이 기막힌 섭천탈출 사건은 백정들 아니고는 어느 누구도 그 기막힌 구금과 차별대우의 세월을 짐작조차 할 수 없는 일이었지요.

소 영혼 극락세계 이끈 섭천백정 왼손

섭천백정을 무자리라고도 불렀습니다. 고려 때의 명칭이었던 수척(水尺)을 무자리로 바꿔 부르는 것이지요. 그들에겐 매우 특이한 습속이 있었습니다. 산 짐승 목숨 앗으며 살아야 했기에 항상 따라붙는 두렵고 괴로운 마음을 달래기 위한 애처로운 것이었을 수도 있겠지요.

그런 죄스럽고 짐 진 심정을 위안하기 위해 유별스러운 금기와 종교적 체취가 느껴지기도 하는 습속을 여럿 지녔던 것 같습니다.

그 습속 중에는 '왼손'을 신성하게 여기는 것과 관련하여 생겨난 것으로 보이는 말이 하나 있는데, '에나'라는 말의 근원이 아닐까 싶습니다.

그들은 소를 도축할 때면 반드시 왼손에다 도구를 쥡니다. 그 왼손을 '올림이'라는 은어로 표현하는데, 소의 영혼을 하늘나라로 올려보내는 역할을 하는 손이라는 뜻입니다. 그 왼손에 쥐었던 칼은 '신팽이'라 부릅니다. 소의 영혼을 서방정토 극락으로 인도하는 '지팽이'라는 뜻이어서 '神팽이'라고도 씁니다.

오른손보다 동작이 빠르다고 하여 '빨랭이', 왼손으로 하는 모든 행동은 하느님이 낱낱이 보고 듣는다 하여 '들리'라고도 했지요.

세속 사람들은 대개 오른손을 쓰기 때문에 오른손에 잡귀가 달라붙어서 오른손으로 온갖 죄를 짓지만, 백정은 이런 세속의 죄악에 물들지 않기 위하여 왼손을 사용한다고 믿었던 것이지요.

천국의 왼쪽에 극락세계가 있고 오른쪽에 지옥이 있으며, 극락으로 들어가는 길은 좁고 험하며 왼쪽으로만 굽어 있다고 했지요.

항상 왼손을 사용하면서 비좁은 땅에서만 살아온 사람은 안전하게 그 길을 들어갈 수 있다는 믿음을 지니고 살았습니다.

거주 이전의 자유 없이 그늘지고 협소한 장소에서 수백 년 동안을 붙박여 살아야만했던 그들의 참담한 역사를 되짚어보게 하는 습속입니다.

또한 죽어 하늘나라에 오를 때는 외나무다리를 건너야 하는데, 외나무다리 왼쪽에만 밧줄이 내려와 있어서 왼손을 쓰는 사람은 왼편의 줄을 잡고 올라갈 수 있지만, 오른손잡이는 어렵다고도 여겼지요.

천궁(天宮)으로 들어가는 문의 열쇠구멍도 왼구멍이어서 왼손잡이라야 유리하며, 천국에서 심판받을 때도 왼손을 들어 보이면 백정질하다가 온 줄 안다고 여겼습니다. 왼손잡이임이 밝혀지면 이승에 살때 약간의 죄를 지었다 하더라도 좋은 일을 더 많이 했을 것이라며 용서받는다고 굳게 믿었던 것 같습니다.

왼손은 힘이 더 세며, 손금을 볼 때도 왼손을 보며, 소가 죽을 때는 왼쪽 눈을 감고 오른쪽 눈만 뜨니까 백정의 왼손에 쥐여있는 도끼를 보지 못하며, 왼손잡이는 하는 일이 잘 된다고도 믿었습니다.

'복띠기'라는 말이 있지요. 왼손이 큰 백정이라는 뜻의 은어입니다. 시체가 누워있는 방구들 밑으로나 굴뚝, 지붕 위로 고양이가 지나가면 송장이 벌떡 일어서는데 이때 상주가 송장의 왼뺨을 때리면 도로 넘어간다고도 여겼습니다.

이렇듯 왼손에 대한 금기와 습속은 매우 뿌리 깊은 것이어서 이보다 더 소중하게 여기는 것은 따로 없었지요.

왼손이 지닌 신성과 금기에 대한 믿음은 그들이 중대한 결정을 내릴 때나 확고한 다짐을 할 때 하늘에다 맹세한다는 뜻을 지닌 은어를 사용했습니다. '왼손으로 다짐하겠느냐?'는 뜻의 은어였지요.

섭천백정도 서부 경남 사투리 표현법을 따르기 때문에 '왼쪽'을 '엔쪽'이라 발음하였습니다. '왼'이 '엔'으로 되었지요. 그래서 '왼손으로 다짐하것나?' 하는 문장의 첫 글자인 '왼' 자와 마지막 글자인 '나' 자를 따서 '왼나'라는 은어를 만들어 낸 것입니다.

백정들의 말 대부분이 은어로만 이루어져 있다는 점을 감안해 보면 긴 문장이나 복잡한 말들을 간략하게 줄여서 은어로 만들어 쓰는 지혜가 그들에겐 있었습니다.

이렇게 생겨난 '왼나'를 진주지방 사투리로 표현하면 '엔나'가 되지요. 이 '엔나'와 진주사람들 생활 속에 깊이 뿌리내리고 있는 '에나'라는 말이 동일한 의미를 지닌, 같은 원류가 아닐까 싶기도 합니다. 진주사람들이 흔히 대화 중에 '니 말이 에나가?' 하고 물으면 틀림없다, 진실이다, 혹은 목을 걸고 맹세하겠다는 매우 강렬한 부정이나 긍정의 뜻을 담고 있는 짧은 단어를 사용합니다. 진주사람의 특징적인 언어 중의 하나이기도 합니다.

이와 같은 견해를 부정할 만한 국어학적, 민속학적, 역사학적 증거는 아직 발견되지 않고 있어서 이렇게든 저렇게든 단정짓기는 어렵습니다만 '엔나'나 '에나'의 의미가 동일한 것만은 분명합니다.

이런 습속으로 살던 섭천백정들이 남강을 건너 거주이전의 자유를 실감하기에 앞서 그들 내부에서의 갈등과 두려움, 번민이 먼저 그들을 심문했습니다. 무작정 강을 건너고 보자는 파, 아무리 왕이 은전을 베풀었다고 하지만 그 말을 어떻게 믿을 수 있겠느냐는 일단의 백정들, 좀 더 지켜보다가 어떻게든 결정해도 늦을 일은 아니지 않겠느냐는 사람들로 나뉘었지요. 아직 한 번도 나라님으로부터 이렇다 할 은전을 입어본 적도 없었거니와 그토록 시퍼런 단취조항이 하룻밤 사이에 어떻게 소멸할 수 있겠느냐는 의구심 안에는 뿌리 깊은 두려움과 불신이 도사리고 있었지요.

며칠이 지나는 동안 한두 사람씩 남강을 건너가는 이들이 생겨났고, 강을 건너간 이들이 다시 건너와서 소식을 전했지요. 별일 없더라고 말입니다. 그들 중 한패는 옥골(봉) 부근으로 가고, 다른 한패는 서장대 아래에다 서럽고 목메는 생존의 짐을 풀었습니다.

남강을 건너 온 백정들 중에는 농사나 다른 일에 손을 대면서 백정 차별을 피하고자 했다.

남강은 건넜지만……

백정이란 이름의 차별 멸시에 피울음

섭천 무자리가 남강을 건너기는 했지만 대안동, 본성동, 봉곡동, 계동처럼 관청 부근이나 진주 한복판에는 얼씬도 못하고, 서장대 밑 남강둔치나 숯골쪽에서 남강으로 흐르는 나불천 기슭, 옥봉 일대 같은 변두리에 집단으로 몰려 살아야 했습니다.

강을 건너와서야 섭천땅 바라보면서 또 한 번 탄식했지요. 강 하나 건너는 데 수백 년이 걸렸는데, 막상 건너와서 보니 차별과 멸시의 칼날은 조금도 무디어지지 않았다는 걸 씹고 또 씹으면서 피울음을 울었지요.

사람 살만한 곳엔 얼씬도 못해보고 변두리 버려졌던 땅에다 움막을 둘러치고 통한의 개척시절을 시작했습니다.

직업이 달라질 수야 없었지요. 저주받은 직업이라 여기는 젊은이 중에는 칼을 버리고 세속의 직업을 얻고자 했지만 얼마나 위험한 발상인지를 아프게 깨닫고는 또 한 번 좌절을 겪었지요.

그러면서도 이제부터는 기죽지만 말고 할 말도 좀 해가면서 살아보자는 자못 위험한 맹세를 하는 청년들이 늘어났습니다. 누구도 예상하지 못했던 변화였습니다.

진주장날 때마다 청년들과 진주 부근 농민들과의 다툼이 벌어지곤 했지요. 이제는 아무리 먼 곳을 여행하게 되어도 옛날처럼 관청이 발행하는 여행허가장을 받아야만 되는 일도 없었고, 봄가을로 진주향교 제향 때마다 쇠고기를 갖다 바쳐야 하는 무서운 짐을 지지 않아도 좋았습니다. 섭천 살 때의 괴로움 중에 여행허가장 받는 일만큼 더럽고 치사한 일은 없었지요. 허가를 해주는 진주목 아전들은 온갖 구실을 붙여 쇠고기를 가져오라, 돈을 더 내라는 둥 백정을 괴롭혔지요. 여행허가장 없이 나돌아다니다가 발각되면 어떤 처벌이든 달게 받아야만 했기 때문입니다. 향교에 바쳐야 하는 쇠고기 또한 등줄기를 훑는 고통이었습니다. 제향을 준비한답시고 일년내내 쇠고기를 가져오라는 명령을 내렸고, 어쩌다가 준비가 덜 되었거나 불평이라도 하는 날엔 향교 뜰에 형틀을 벌여놓고 죽을 만큼 곤장을 치기도 했고, 너무 심하게 매를 맞은 나머지 장독이 올라 병신이 되거나 죽어 나가기도 했지요.

몇 해를 지나면서 백정들은 차츰 개척지의 삶에 익숙해졌고, 진주사람들과 잦은 교류를 통하여 새로운 삶을 빠르게 배워나갔습니다. 경제적 여유가 있는 이들은 자식들에게 글을 배울 수 있는 기회를 붙잡는 데 강한 집념을 보였고, 진주의 몇몇 열린 양반댁 젊은이들은 백정들의 비인간적 처우를 바로잡아야 한다면서 백정 청년들과의 만남을 스스로 만들기도 했지요.

1862년 제2차 진주농민항쟁을 준비하던 이필제 등 동학교도들이 산청 덕산에서 발각되자 진주지방은 또 한 번 격랑에 흔들렸습니다. 지금껏 진주를 지탱해 왔던 양반 지주들과 진주목, 경상우병영 관리들 중심의 전횡과 폭거가 더는 용납되지 않게 변해 갔지요.

특히 가난한 농민, 소작농, 천민들의 행동과 말씨가 조금씩 자유스러워졌습니다. 기존의 국가체제의 틀은 분명 흔들리고, 깨어지고, 무너지고 있었지만, 그 체제에 억눌려 살아온 사람들은 차츰 인간다운 모습이 어떤 것인지를 스스로 생각하면서 행동과 말씨에 자신감이 생기기 시작했지요. 1871년 신미양요를 지나면서 조선 전역이 이른바 민란의 열기에 휩싸여 갔습니다.

최익현이 대원군의 독재를 탄핵하는 상소를 올리는 사건도 터졌지요. 천주교 전파 문제가 정치문제로 비화되고 함경도 사람들은 학정을 견디지 못해 두만강을 건너 만주로 집단 탈출하는 사태도 계속되었습니다.

일본인들은 조선을 정복하기 위해 온갖 술수를 동원하여 조선을 서서히 포위해 오고, 양반에게도 상업을 허락할 만큼 조선의 사회 경제 사정은 급변했지요. 천민에게도 세금이 부과되었습니다. 천민을 사람으로 여긴다는 첫 증거였지요. 동학이 터지고, 명성황후가 시해되고, 단발령이 내려지자 남강 배다리 이쪽저쪽에서는 가위를 든 포졸들이 나타났습니다.

강을 건너려는 남자들을 붙들고 사정없이 상투머리를 댕강댕강 잘라버리기 시작했지요.

그러자 최익현을 흠모하던 진주사람 노응규(盧應奎)는 단발령을 반대하는 사람들을 규합하여 한때 1만 5,000여 명의 놀라운 규모로 경상우병영을 습격하여 무기를 탈취하고 전투라도 벌일 기세로 분노가 들끓었던 적도 있었습니다. 일본의 조선 침략 정책이 서서히 실천되던 과정이었지요.

결국 대한제국은 일본의 식민지가 되고 말았습니다.

한국 지배를 책임진 조선총독부는 한국의 정체성을 파괴하는 데 주력했습니다. 한국말을 금지하고, 역사를 왜곡하면서, 한국 정서가 가장 잘 녹아있는 불교제도의 죽음이라 할 수 있는 대처승 제도를 강요했지요. 그중에서 가장 중요한 것은 동네, 마을이란 수천 년 된 한국의 자연 취락 거주 구조를 붕괴시키면서 '부락(部落)'이란 이름으로 한국의 모습을 바꿔버린 점입니다.

한국과 한국인은 백정이 사는 부락이 되고 천민이 됨과 동시에 일본과 일본인은 양반 지배계급이 된다는 무서운 뜻이 숨겨진 행정제도 개혁이 단행되었지요. 이제 한국에서 백정과 백정 아닌 사람의 구분이 제도적으로는 없어진 셈입니다.

제4장

새바람 부는 날들

패랭이 팽개치고 갓 쓴 백정들

섭천백정들이 남강을 건넌 지 30년째 되던 해 동학혁명이 일어났지요. 이 동학은 32년 전인 1862년 진주농민항쟁 때 농민들이 흘린 피와 절규 속에서 잉태되어 역사로 태어난 것이지요.

임술년 진주농민항쟁은 조선왕조 최초의 농민들에 의한 반정부 투쟁이었습니다. 정부 정책과 관료들의 무능 부패를 문제 삼아 일으켰던 이 항쟁은 농민들과 함께 진주지방 천민들에게도 그릇된 제도와 악습에 대한 적극적 반대의사를 표명하는 계기가 되었던 것 같습니다.

동학혁명은 백정들에게 새로운 세상이 열릴 기대감을 품게 했습니다. 더는 내려앉을 자리 없는 최하층 신분이기 때문에 어떠한 시대 변화에도 두렵거나 후회하지 않고 적극적으로 맞서나갔습니다. 그것은 용기이기도 했고 최후의 배수진을 친 온몸의 처절한 생존 투쟁이기도 했지요.

동학은 갑오개혁을 이끌어냈지요. 백정을 포함한 천민제도를 혁파한다는 선언을 하게 되고, 오래도록 억압받아온 천민들은 해방되었습니다.

백정들은 갑오개혁에서 선포된 천민제도 혁파를 믿었습니다. 가누기 힘든 희열로 벅차오른 나머지 그들은 오래 꿈꾸어온 일들을 서둘러 실천에 옮기면서 혁명의 결실을 맛보고자 했지요. 맨 먼저 행동으로 표현한 것은 양반들이 머리에 쓰는 갓을 쓰고 진주장날을 떠들썩하게 만든 것이지요. 원래 백정은 어떤 경우에도 갓을 쓸수 없도록 되어 있었지요. 그들에게 허용된 것은 패랭이였습니다.

옥봉을 비롯해, 서장대 아래 백정 수백 명이 갓을 쓰고 진주장터를 돌아다니자 진주장터는 물론 온 진주 일대가 그 놀라운 사건으로 하여 여러 날을 크게 술렁거렸지요. 그러자 진주 양반들은 향교를 중심으로 하여 백정들이 갓을 쓰고 돌아다니지 못하도록 하기 위한 의논을 한 끝에 진주군수가 백정들의 분별없는 행동을 금지해 주도록 강력하게 건의했습니다. 진주목 제도가 바뀌어 부(府)가 되었다가 다시 군(郡)으로 바뀐 뒤였지요.

진주군수는 포졸을 풀어서 갓을 쓰고 돌아다니는 백정들을 체포하여 곤장 열대씩 때리고 갓을 빼앗아 불태워버리라고 명령했지요. 포졸들한테 끌려가서 곤욕을 치른 뒤에야 천민제도 혁파라는 선포가 어디까지나 말뿐임을 뼈저리게 느껴야했지요. 하지만 그 선포가 번복된 것은 아니어서 세상 물정에 밝은 백정은 머잖아 새로운 시대가 열릴 것이라는 조심스러운 희망을 몰래 감춘 채 묵묵히 차별의 늪을 건넜지요.

포졸한테 곤장을 맞은 백정들은 며칠이 지나자 다시 갓을 써보고 싶어졌습니다. 참을 수 없는 유혹이었거든요. 말은 안 해도 백정 모두의 가슴속에는 보란 듯이 갓을 쓰고 진주 큰길을 활보해 보고 싶다는 소망이 들어있었지요.

그토록 간절한 소망은 기어코 밖으로 터져 나오고야 말았습니다. 그러자 옥봉백정 지도자들은 더 큰 화로 확대되기 전에 어떻게든 일을 수습하기 위해 의논을 거듭한 끝에 진주군수를 찾아가 청원해 보기로 했습니다. 갓을 쓰되, 특별히 정한 규칙에 따르겠으니 그 규칙을 허락해 달라는 내용의 청원이었지요.

진주군수는 한마디로 거절하면서 준엄하게 꾸짖었습니다. 당장 물러나지 않으면 모두 체포하여 엄벌에 처하겠다는 것이었지요. 일단 물러났습니다. 그러나 갓을 쓴 백정과 이를 못마땅하게 여기는 양반 또는 농민들과의 사이에서 갈등과 싸움은 하루도 그칠 날이 없었습니다.

싸움이 계속될수록 백정들이 유리해지는 듯싶었습니다. 19세기 말 대한제국 모습은 백정이 갓을 쓰는 일로 국력을 허비하고 있을 겨를이 없었습니다. 일본과 청국의 노골적인 내정간섭은 날로 심해지고, 국론은 분열되어갔습니다. 그런 중에 대한제국 농상공부(農商工部)에서는 백정제도에 대한 일대 혁신을 법률로 제정해 반포했습니다. 도축과 육류 판매를 법 제도화한 것이지요. 포사규칙(疱肆規則)이 그것입니다.

도축장은 예외 없이 법률에 정한 허가를 받아야만 하는데 도축장 허가를 준허장(准許狀)이라 했지요. 도살을 할 수 있는 도축자격증에 해당하는 빙표(憑票)제도도 함께 시행하여 일체의 무허가 무자격자의 도축행위를 근절시키겠다는 것이었습니다.

준허장을 받기 위해서는 십원(十元)이라는 큰 세금을 내야만 받을 수 있었고, 빙표를 발급받는 데도 일정한 금액이 필요했지요. 소 한 마리를 도축하기 위해서는 먼저 준허장을 가진 포주(疱主)가 소 한 마리당 80전의 세금을 관련 기관에 납부하고 받은 영수증이 있어야만 빙표를 가진 백정에게 도축을 위임할 수 있으며, 빙표를 지닌 백정은 소 한 마리당 여섯 냥의 노임을 받도록 정해져 있었지요. 1896년 1월에 제정한 법률입니다. 대한제국 정부가 백정들의 영업행위에 대하여 이토록 세심하고 엄격한 법 제도를 정하여 대처한 것은 도축업과 육류 가공, 피혁 가공업이 매우 큰 경제적 이익을 남긴 사업이었기 때문입니다. 농민은 비록 천민은 아니지만 경제적인 측면에서는 대부분 백정에 비해 매우 궁핍하고 이렇다 할 희망도 없었습니다. 그래도 백정보다 나은 신분이라는 명분 하나만 붙들고 기약 없이 수탈당하고 짓밟히는 세월을 살았습니다.

이렇게 이익이 많은 사업임이 알려지자 진주 근교의 부자 중에서 이 일에 군침을 흘리는 사람이 생겨났습니다. 일단 준허장만 손에 넣고 나서 실질적으로 도축을 하는 백정은 솜씨좋은 자로 골라서 고용하는 이른바 기업식 도축장을 경영해서 돈을 벌어보자는 것이었습니다. 백정 중에서 기업형태의 도축사업을 벌여서 백정 아닌 사람들의 진입을 막아 백정들의 전체 이익을 지켜주는 이가 나타났습니다.

의령에서 진주로 이사 온 장지필(張志弼)과 이학찬(李學贊)이 대표적인 사람들입니다.

금기의 벽은 무너지고

일본 폭력배가 궁궐에 난입하여 명성황후를 살해하고, 얼마 뒤에는 대원군이 죽고, 대한제국의 운명은 일본의 내정간섭으로 좌우되어 갔지요.

그나마 희망적인 것이 있었다면 만민공동회(萬民共同會), 관민공동회(官民共同會)가 열리고 나라의 모든 계층, 신분의 대표자들이 참석하여 현실문제와 미래를 위한 난상토론을 벌였다는 점이었습니다.

1898년 봄부터 시작된 이 모임은 그해 가을까지 간헐적으로 계속되었는데 서울 광화문 일대의 거리에서 열린 우리나라 최초의 민주적 민중 집회였지요.

누구든지 참석하여 자기 생각을 말할 수 있었던 이 집회는 나라의 미래가 더이상 왕이나 왕의 일가, 몇몇 귀족들, 소수의 권력자 손에 달리지 않았고 국민 모두의 일임을 뒤늦게나마 깨닫게 해주었습니다.

모임을 계획한 독립협회 측에서는 한국의 천민들도 이 대회에 참석하도록 미리 준비하여, 백정들을 대표한 박성춘(朴成春)이라는 백정이 이 대회의 개막 연설을 하도록 했습니다.

"나는 대한의 가장 천한 사람이고 무지몰각합니다……"로 시작된 그의 개막 연설은 역사적 사건이었지요. 이 대회에는 진주지역의 백정 대표 몇 사람도 참석하여 박성춘이 맨 먼저 연설했다는 사실을 전했고, 그날부터 백정들의 사기는 충천해졌습니다. 마치 백정의 신분 해방이라도 된 것처럼 기뻐했지요.

그러다 보니 일반인들 눈에 못마땅하게 보이는 행동들도 예사로 하게 되었고, 나라 곳곳에서 이런 백정들의 몸짓과 언어를 좋게 보아넘기지 못하는 이들과의 충돌이 많았습니다.

백정 등 천민들에게는 이보다 더 고마운 일이 없었지요. 부쩍 자신감을 얻은 옥봉, 서장대 밑의 백정들은 다가오는 미래를 위한 준비를 서둘렀습니다. 알차게 살림을 다져온 백정들이 주축이 되어 집안에다 독선생을 모셔 놓고 자제들에게 본격적인 교육을 받게 했습니다.

1896년에는 이미 진주에도 공립 소학교가 세워져서 양반 가문 자제들이 교육받기 시작했고, 연이어서 사립학교가 여럿 세워지면서 진주 양반 자제들에 대한 근대교육이 본격적으로 이루어졌습니다. 이들 학교에는 천민만 아니라면 누구든지 입학할 수 있었습니다. 하지만 백정에게는 1930년의 일본식 교육을 하는 학교에도 입학이 자유롭지 못했지요. 입학이 거부되거나 입학한 뒤에도 수업 중 차별 문제가 끊이질 않았습니다. 진주의 여러 소학교, 국민학교에서 백정 자제들과 같은 학교, 같은 반에서 수업하는 것을 꺼리는 일반인 자제들과 학부모들의 동맹휴학, 동맹결석 등의 압력과 시위로 백정 자제들을 퇴학시키거나 입학 거부라는 차별은 끈질겼습니다.

그런 와중에 백정들 고유의 직업인 도축제도에도 본질적인 변화의 움직임이 나타났지요. 도축제도가 법제화되고, 모든 도축행위가 법률의 허가사항으로 바뀌면서 철저하게 세금을 물리기 시작한 것이지요. 그만큼 이익이 큰 업종이었음을 짐작하게 하는 대목이기도 합니다.

법에 따라 허가받고, 세금 내면서 하는 도축인데도 공공연한 수탈과 탄압은 계속되었습니다. 인간을 짐승처럼 차별하는 뿌리 깊은 관습 탓이었지요. 수탈은 크게 세 가지였습니다. 첫 번째는 진주군청, 경상우병영의 군수나 병사는 물론 아전들에게까지 쇠고기를 갖다 바쳐야 하는 '관포'와 관련된 수탈과 탄압이 가장 심했습니다. 진주지역 관청의 민중 수탈 행위는 예부터 뿌리 깊은 악습 중의 악습이었지요. 1862년 진주농민항쟁이 그 증거니까요. 두 번째는 '찬포'인데, 향교와 진주지방 유력한 가문 재실의 제사 때마다 갖다 바치는 쇠고기도 수월찮았지요.

세 번째는 토호들의 뒷배를 봐주거나 관청과 은밀하게 끈이 닿아 온갖 부정을 저지르며 먹고 사는 건달들, 진주장터와 나무전에서 장사치들을 뜯어먹고 사는 주먹잡이들에게 수시로 바쳐야 하는 '사포'는 참으로 끈질기고 무서운 수탈이었습니다.

첫 번째와 두 번째 경우 일제 강점기가 되면서 근절되었습니다. 도축과 관련된 모든 일이 조선총독부의 직영체제로 바뀌었기 때문입니다. 그러나 세 번째 경우인 사포의 해악은 계속되었습니다. 백정들을 괴롭히던 폭력배들은 이제 일제 앞잡이로 변신하여 더욱 활개 치게 된 때문입니다. 결국 이들은 뒷날 진주공원에서 옥봉의 한 젊은 백정을 공공연하게 폭행하여 죽음에까지 이르게하고, 이를 계기로 진주의 청년 지식인들이 백정차별 문제를 공식적으로 거론하며 사회 문제화시킴으로써 이른바 형평사운동이 일어나는 하나의 계기가 되었습니다.

그렇게 1900년이라는 새로운 백 년이 시작되었지만, 대한제국은 무너져 내렸지요. 1905년 11월 17일 을사늑약이 강제로 체결되자 '황성신문' 1905년 11월 20자는 '시일야방성대곡'이라는 제목으로 국권 침탈 조약을 폭로하고, 일제침략과 을사오적을 규탄, 국권 회복을 위한 국민 총궐기를 호소하는 논설을 일본 헌병대의 사전 검열을 거치지 않고 전국에 배포하는 일대 사건이 터졌습니다.

이 유명한 논설의 집필자는 위암(韋庵) 장지연(張志淵) 선생이셨지요.

그 후 1909년 10월 진주에서 '경남일보'가 창간되자 주필로 초빙되어 다시 언론 구국운동을 계속, 1910년 8월 일제가 나라를 병탄하자 이에 항의하는 황현(黃玹)의 절명시(絶命詩)를 '경남일보'에 실어 일제의 탄압을 받다가 마침내 '경남일보'는 폐간이라는 운명을 겪었지요. 이렇듯 진주는 '경남일보'라는 민족 자긍심의 깃발을 맨 먼저 달 줄 안, 평등과 자유의 신천지를 향하여 행동하는 역사의 고장이었습니다.

국혼 일깨울 민족·지방언론 선봉

경남일보 '횃불' 밝히다

진주의 '경남일보'는 우리나라 최초의 지방신문입니다. 1909년 10월 15일 경상남도 진주군 성내 1동에 발행소를 두고 시작했지요. 장지연 선생을 주필로 초빙하였고 김홍조(金弘祚)씨가 사장 겸 발행인이었지요. 이 신문은 1909년 2월 영남의 유림 김홍조, 정홍석(鄭弘錫), 조민환(曺敏煥), 이판수(李判洙) 등과 사업가 김영진(金營鎭) 등이 신문 창간 발기문을 발표하고, 6월 중순 관찰부에 신문 발행 청원서를 냈습니다.

8월 19일 내부(內部)의 허가를 받아 10월 12일 주주총회를 열고 10월 15일에 창간호를 발행했습니다. 당시 '대한매일신보'는 그 신문 논설에서, "오! 경남일보여, 분발하며 전진하여 인민의 복리를 고취하며 나라의 문명을 환기하여 그 책임을 쾌히 담당하라"고 격려했습니다.

1910년 10월 11일 자에 국권 상실로 인해 자결 순국한 황현의 절필사장(絶筆四章)을 장지연 주필의 해설을 곁들여서 실은 것이 문제가 되어 통감부로부터 발행 정지당했지요. 국권 상실로 한국인 이름으로 발행되던 모든 신문이 강제 폐간 또는 매수되어 자취를 감추었지만, 경남일보만은 존속하여 1912년 1월 27일 '회사령(會社令)'에 의하여 새로 허가받아 발간을 계속하다가 1914년에 결국 폐간되고 만 우리나라 언론사상 가장 민족적이며 양심적인 신문이라는 명예를 얻었던 지방언론의 선봉이었지요.

1909년 11월 6일 경남일보 제3호에는 한 편의 창간 축시가 실렸습니다. '경남학생친목회장'이라는 직함을 가진 '강경호(姜璟鎬)'라는 청년이었습니다.

"역사 기록이 있고 나니

충신과 반역자를 알겠구나

굳이 상벌을 주지 않아도

(글로) 된 대로 적고 깎아내버리니 두렵구나

사람 됨됨이를 비평하는 일이 없었다면

꿈같은 이 세상을 어찌 깨어났으랴.

유럽 아시아를 알지 못하고

(그곳에 관한) 지식이며 오가는 교통도 없었으나

세계가 마치 한 동네처럼 되었으니

치열한 경쟁으로 살아남는 세상임을 모르면

누워서 천정이나 보고 있는 꼴이다.

국민을 일깨우는 기관이 되어

황성제국이 되게 하여라

사람마다 기쁜 소식 듣게 하니

대한의 정신이 바로 (경남일보) 아닌가.

뉴스가 참으로 공정하여

지난날을 되새겨 보고 앞날을 조심하게 하라.

깨어나라, 깨어나라 하는 소리

집집마다 들리는 듯하도다

경남이여 우리 경남이여

못 들은 척 깊은 잠에 빠졌느냐

앞서가는 지도자들이 깨달아

경남일보를 창간하였구나.

깨어나세, 깨어나세, 모두 깨어나서

경남일보 읽고 어서 깨어나세

완고한 옛 습관을 눈녹이듯 없애버리고

가르치고 배우는 데 모두 나서세.

한 사람 한 사람이 깨달으면

이 나라의 정신은 (진주사람) 차지다.

경사났네 경남이여

문명 세계를 바라볼 일이구나

찬송이여, 찬송이여

학생들이 드높여 노래하는구나

모두 만세를 부르자, 모두 만세를 부르자

경남일보여, 천만세여."

그때 강경호는 공립진주보통학교 재학생으로서 경남지역 학생 친목회(학생연맹의 일종)를 이끌고 있었으며, 진주에서 경남일보가 창간된 것을 알고 '우리나라의 정신을 일깨워 줄' 경사로 보았습니다. 어쩌면 오늘날 진주사람들이 일으켜 세우려고 온갖 애를 쓰고 있는 '진주정신'이란 말과 그 뜻을 강경호가 이 축시에서 말하려고 했던 것인지도 모를 일입니다. 그때 그의 나이 22살이었습니다.

민족·인권해방운동 헌신 '진주지성'

경남일보 창간 축시를 쓴 강경호(姜璟鎬)는 뒷날 강상호(姜相鎬)라는 새로운 이름으로 바꾸어 20세기 중반에 이르기까지 진주지역 지성인 중 한 분으로 사셨던 어른입니다.

그는 1887년 경남 진주군 정촌면 가좌리 449번지에서 어머니 전주 이씨(全州 李氏)와 아버지 강재순(姜在淳)의 맏아들로 태어났습니다.

그의 부모님은 아들만 4형제를 두셨는데 큰아들 상호(相鎬, 1887~1957), 둘째 기호(基鎬, 어려서 병으로 죽음), 셋째 영호(英鎬, 1899~1950), 넷째 신호(信鎬, 1904~1927)였습니다.

셋째 영호는 1920년대에 방정환(方定煥, 1899~1931)과 함께 일본에 유학(일본대학 철학과)했으며, 1923년 3월 16일에 발족하여 그해 5월 1일 일본 동경에서 창립된 '색동회' 창립 멤버 8명 중한 사람이었지요.

넷째 신호는 23살에 요절한 천재 화가였는데, 강상호 형제들의 삶은 곧 진주문화의 폭과 깊이를 더하는 데 매우 큰 영향을 끼쳤습니다. 이들의 생애와 진주문화사 관계는 뒤에서 다시 살펴보겠습니다.

경호(璟鎬)라는 이름에서 상호(相鎬)로 고친 것은 1916년인데 그때 그의 나이 30세였습니다. 결국 그는 젊은 시절 30년은 강경호로 살았고, 나머지 40여 년은 강상호로 살았던 셈이지요.

젊은 시절 30년 동안 그는 한학과 신학문을 두루 배우고, 15~17세에 혼인했으며, 구한말 사회적 사상적 혼란 속에서 삶의 목적과 방향을 탐색하는데 시간의 대부분을 보낸 것 같습니다.

　생의 후반 40여 년 동안은 민족운동과 인권해방운동에 헌신한 것으로 정리해볼 수 있을 것 같습니다. 즉 3·1독립운동과 감옥생활, 형평사 창립과 백정해방운동, 동아일보 창간 참여를 통한 언론운동, 노동운동, 신간회 참여와 민족주의운동 등 그의 생애 대부분이 민족운동에 바쳐졌지요.

　그의 이같은 삶은 그의 부모님으로부터 크게 영향을 받은 것이며 그가 살았던 진주사회 여러 특성의 도움으로 불멸의 지성사 한 페이지에 수록될 수 있었습니다. 그의 부모님 생애는 그와 그의 형제들 미래를 어느 만큼 선명한 밑그림으로 그려 두었던 것으로 보입니다. 한 세기가 지난 지금 생각해봐도 그의 부모님이 자식들을 가르치고 도와주신 방법은 참으로 놀랍습니다. 자식들 스스로가 철저하게 계획하고 실천하도록 한 것은 오늘날 부모 되어 자식 키우는 우리에게 많은 깨달음을 느끼게 해줍니다. 자기 자신이나 집안의 명예와 재산을 지키고 보태는 삶보다는 이웃과 공동체의 이익을 위한 삶, 권력이나 물질적 이익을 위한 생활보다는 인권, 예술, 민족적 가치에 더 큰 의미를 두고 살도록 가르치신 그의 부모님 생애는 오늘 우리들에게도 감동과 교훈으로 다가옵니다. 강상호의 아버지 강재순의 호적부(일제 때 작성된 진주군 정촌면 민적부)에 따르면 강재순의 부친은 강시문(姜時文), 모친은 청주 한씨(淸州 韓氏)였습니다. 강재순은 외동이었는데 '홍화(弘化) 2년'

12월 13일 진주군 정촌면 가좌리 449번지에서 태어난 것으로 되어 있습니다.

이 호적부의 '홍화(弘化)'라는 기록이 이채롭게 보입니다. '弘化'는 일본 제121대 천황인 고메이(孝明) 천황의 연호입니다. 고메이 재위 기간은 1844~1866년간인데, 홍화 2년이면 1845년이며, 따라서 강재순은 1845년생이 됩니다. 홍화라는 연호는 1844~1848년까지만 사용했습니다.

그런데 이 '弘化'라는 연호는 우리에게 매우 흥미로운 역사를 되짚어 보게 하는 묘한 의미를 지니고 있거든요. 고메이 천황 아들은 조선왕조의 멸망을 재촉하며 한국이 일본 식민지로 고통받게 하는 수난을 총지휘한 저주와 공포의 이름 명치(明治) 천황입니다. 명치유신(明治維新)이라는 유혈혁명과 함께 122대 천황에 등극한 명치 천황은 그때 나이 15살이었습니다. 고메이 천황은 여러 가지 면에서 조선 말 고종 황제의 아버지였던 대원군과 매우 유사한 인물이었지요. 1840~1860년의 일본은 미국, 프랑스, 영국 등 서양 제국들로부터 문호 개방 압력을 받아 일본 안의 견해는 찬반으로 나뉘어서 심하게 갈등을 빚었지요. 고메이 천황은 철저한 쇄국론자여서 개방만이 살길이라고 여기는 신진세력들과 팽팽하게 맞선 채 서구 열강과의 교섭을 완강히 거부했습니다.

19세기 일본의 실질적 지배자는 천황이 아니었지요. 봉건적 군사적 분권상태를 정리하여 새로운 권력자로 등장한 바쿠한(幕藩) 체제였습니다. 천황은 허수아비였지요. 그런 중에 1850년대로 접어들자 서양 제국들은 일본을 개방시키기 위해 끊임없이 압력을 가해왔지요.

일본은 쇄국으로 맞섰습니다. 개방 압력은 점점 드세졌지만 그럴수록 일본은 낡은 방법으로 낡은 체제를 유지하려고만 들었습니다. 그러자 정치 개혁과 산업 개발을 주장하는 젊은 세력이 나타나 쇄국정책을 비판하면서 새로운 기류를 만들기 시작했지요.

바쿠한 체제의 핵심인 하급 무사, 다이묘, 쇼군을 부정하면서 바쿠한의 허수아비가 되어버린 천황을 받들고 오랑캐를 물리치자(尊王攘夷)는 운동을 일으킨 것이지요.

사이고 다카모리(西鄕隆盛) 등 개혁파들은 고메이 천황에게 개혁과 개방을 강력하게 권하면서 천황의 권세를 회복시켜 주겠다고 나선 것입니다.

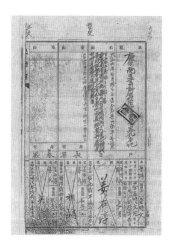

강상호 일가의 일제시대 호적부.

불법·타락으로 병들었던 사회

일본 개혁파들은 지사(志士)라는 존칭어를 부여받고 있었는데 고메이 천황을 설득하기 위해 많은 시간과 공력을 기울였지만, 고메이의 생각은 변하지 않았습니다. 지사들은 고메이 천황이 일본 미래에 큰 장애물이라고 판단했습니다. 결국 1866년 극비리에 고메이 천황을 암살해 버렸지요. 그리고는 그의 어린 아들 무쓰히토(睦仁)를 천황으로 옹립하여 메이지(明治) 천황이라 부르게 하고 그의 시대를 명치시대(明治時代)라 정했습니다.

명치유신에 성공한 사이고 다카모리 등은 서양 열강의 통상 교섭을 적극 받아들여 새로운 시대를 여는 데 주저하지 않았지요. 많은 제도가 개혁되면서 일본인의 생각과 행동도 변화되었습니다. 그렇게 새로운 정치 체제를 구축한 일본은 서양 열강과의 교섭 경험을 무기 삼아 조선에 대한 내정간섭을 시도했지요. 그 과정에서 대원군이라는 쇄국주의자를 만나게 되자 그들은 고메이 천황의 비참한 최후를 떠올리며 속으로 웃었다고 합니다.

그때 명성황후라는 전혀 뜻밖의 장애물이 나타났지요. 명치유신의 주역들은 고메이 천황을 제거했던 그 칼로 명성황후를 제거해 버렸습니다.

적어도 그들의 생각은 명성황후 살해라는 엄청난 국제 정치적 사건을 그다지 심각한 문제로는 보지 않았으며, 그들만의 생존법이자 정당한 권리행사쯤으로 여겼던 것 같고, 지금도 크게 달라지지 않았습니다.

　결국 그들 뜻대로 조선왕조를 붕괴시키고, 대한제국을 그들 식민지로 삼는 데 성공했습니다.

　강재순의 호적부에 기록된 '홍화(弘化)'라는 두 글자는 이렇듯 한국의 근현대사 운명을 비극적으로 결정짓는 일본 제국주의의 출현을 암시합니다.

　강재순 본인의 뜻과는 아무 상관도 없는 이 '홍화'라는 연호로 출생연도가 기록되게 된 강재순 본인과 그의 자식들이 식민지로 변한 조국에서 예사롭지 않은 삶을 살게 된 것은 우연이지만, 어딘가 운명의 손이 은밀하게 작용한 것처럼 생각되기도 합니다.

　강재순의 부친 강시문은 상당한 재력가였던 것으로 전해집니다. 하지만 자식이 귀하여 강재순 하나밖에 두지 못했습니다. 강재순의 나이 열 살이 채 못되었을 때 강시문과 부인 한씨가 돌림병으로 죽었습니다. 어린 강재순 혼자 남게 되었지요. 장례식을 대충 치른 며칠 뒤 어린 강재순도 그의 부친이 남긴 상당한 토지의 소유권을 빼앗기게 될 위기를 맞았습니다. 부친 소유의 토지를 빌려 소작 짓던 사람들과 머슴살이하던 사람 외에 딴 마을 사람들까지 합세하여 어린 강재순이 상속을 포기하도록 위협하거나, 가짜로 작성한 토지매매 계약서에 손도장을 찍도록 강요하고 나선 것입니다. 온갖 회유와 협박에 시달리던 강재순은 목숨에 위협을 느껴 그들이 시키는 대로 해주었지요.

　며칠 사이에 부친의 모든 토지는 소유권자가 다른 여러 사람으로 바뀌고 말았지요. 비록 나이 어린 강재순이었지만 자신이 겪은 일들이 전혀 정당한 것이 아니라는 것을 알 수는 있었습니다. 남은 것이라곤 자신이 태어난 집뿐이었지요. 강재순은 너무나 억울하여 세상에 호소하고 싶었지요. 하지만 이웃의 누구도 그의 호소를 들어주려 하지 않았습니다. 토지를 빼앗아 간 사람들의 위세가 두려웠기 때문이지요. 그래도 강재순은 포기하지 않았습니다. 집에서 걸어 뒤벼리 고개를 넘어 진주로 갔지요.

사람들의 통행이 가장 빈번한 촉석나루터로 갔습니다. 그때 진주 남강에는 촉석나루, 모디기뱃가, 범골나루 등 세 개의 나루가 있었는데, 모디기뱃가는 섭천 사람들이나 돗골, 큰들 사람들이 주로 이용했고, 진주를 드나드는 대부분 사람은 촉석나루를 건너다녔지요.

그 촉석나루 한쪽 끝에 서서 지나가는 사람들을 붙들고 울면서 자신의 억울한 사정 얘기를 좀 들어달라고 애원했습니다.

진주장날이면 기구한 한 소년의 사정 얘기로 진주 가근방을 술렁거리게도 했지만 정작 누구 한 사람 소년의 피울음 사연을 귀담아 들어주려 하지는 않았습니다. 남의 재산을 강탈해 간 자들로부터 당할지도 모를 위해가 두려워서였겠지요.

해괴한 이런 일이 터진 시기가 1850년대였으니까 1862년 임술년 진주농민항쟁이 폭발하기 몇 년 앞이고 보면 당시 진주사회가 얼마나 불법과 타락으로 병들어 있었던지를 어렵지 않게 짐작할 수가 있었습니다. 당시 진주목사며 경상우병사는 온갖 방법으로 이권 챙기기에 혈안이 되어 있었고, 크고 작은 관청 관리들도 그들대로 국가 공금은 물론 국민들의 사유재산도 서슴없이 훔치고 빼앗았으며 불법과 탈법으로 세금을 거둬들여 착복하고, 관청의 비리를 입에 담은 이들은 모조리 체포하여 옥에 가두고, 폭력과 사기를 일삼으면서 관리들과 유착관계를 맺은 자들이 진주사회를 휘젓고 다니던 때였습니다.

강재순의 눈물겨운 호소는 아무런 메아리도 만들지 못한 채 무심한 남강물살에 떠내려가는 듯싶었습니다. 그러던 어느 날 나루를 건너던 스님 한 분이 소년의 딱한 몰골에 눈길을 주었습니다.

사정 얘기를 듣고 난 스님은 소년에게 물었지요. 자기를 따라가겠느냐고.

불의·패륜 뒤범벅 진주관청 관료 맞서

순리의 새날 향한 '진주기상'

집안사람들의 말에 따르면 그 낯선 스님은 소년 강재순을 서울로 데려가겠다고 했더랍니다. 가련해 보이는 소년을 위로해 주기 위한 격려로서가 아니라 소년의 미래까지도 책임져 줄 수 있다는 의지가 느껴지는 말이었지요.

그러나 소년은 고향을 떠나기 전에 꼭 해결해야 할 일이 있다면서 얼마간의 시간을 허락받았습니다. 소년은 선산(先山)을 찾았습니다. 조상님 산소에 일일이 성묘를 한 뒤에 어느 조상의 묘를 파헤치기 시작했습니다.

그 묘는 그의 부친 생전에 유명하다는 어느 지사(地師)의 말을 듣고 다른 곳에서 옮겨온 윗대 어른의 무덤이었습니다. 지사는 그곳에다 묘를 앉히면 명당의 기운이 뻗쳐서 집안이 번창할 것이라고 했는데, 그의 부친은 어린 강재순에게 여러 번 그 예언을 들려주었지요. 스님을 따라 고향을 떠나려고 하자 부친께서 하셨던 그 말씀이 불현듯 떠올랐고, 비록 소년에 불과한 강재순이었지만 아무래도 그 예언은 틀린 말이라고 단정 지었던가 봅니다.

집안이 번창하기는커녕 멸망으로 곤두박질치고 있지 않은가 말입니다. 건강하던 부모님이 급사하고, 두 눈 뜨고 있는 앞에서 재산을 강탈당하고, 형제는커녕 가까운 일가친척 하나 없이 혈혈단

신으로 떨구어진 자기 모습으로 아무리 들여다봐도 그 지관의 예언과는 정반대라고 여겼던 것 같습니다.

그렇게 고향을 떠난 강재순은 스님을 따라 여러 곳을 다니면서 많은 것을 깨닫게 되었지요. 스님과 함께 보낸 시간이 정확하게 몇 년이나 되었는지는 아는 사람이 없지만 강재순이 다시 고향으로 돌아와 집안을 되 일으켜 세우는 과정에서 보여 준 모습으로 짐작하자면 상당한 세월이었던 것으로 추측됩니다. 우선 강재순은 한학은 물론 불경까지도 익혀서 돌아왔습니다. 그 스님의 도움으로 꽤 점잖고 재력도 있는 가문의 따님과 혼인도 했습니다. 그 부인이 뒷날 자비보살로 소문났던 전주 이씨였지요.

무엇보다 이웃 사람들을 감동하게 한 것은 강재순을 협박하여 재산을 빼앗아 간 사람들을 용서해 주면서 원한의 감정을 품고 있지 않았다는 사실이었습니다.

그것은 참으로 큰 변화이자 강재순이 재기할 수있는 무엇보다 든든한 기반이 되었습니다. 그러자 재산을 탈취해 갔던 몇몇은 땅문서를 도로 돌려주며 용서를 빌었고, 또 몇몇은 비록 그 땅을 날려버렸지만 살아가면서 성심껏 갚겠다며 사죄하기도 했습니다. 그때는 강재순이 마음만 먹으면 얼마든지 그들을 처벌하고 재산을 되찾을 수도 있었지만, 그는 일체 지난 일을 들먹이지 않고 철저히 덮어버렸지요.

강재순은 자식들을 여럿 두게 되면서 스스로 거듭 다짐을 했습니다. 조상의 산소를 명당에다 모셔서 그 음덕으로 잘살게 되기를 바라지 않겠으며, 능력과 시간이 허락한다면 자식들에게 권력이나 재산보다는 이웃을 위해 살도록 하라고 가르칠 것이라는 맹세를 했습니다.

지난날의 원한 감정을 마음에 담아두면 오히려 자신이 먼저 피해자가 되고, 자신이 지닌 많은 장점과 능력들이 원한의 감정에 갇혀버리거나 변질하여 많은 사람을 불행하게 만드는 원천이 된다는 스님의 가르침을 잊지 않겠다는 다짐도 거듭했습니다.

이웃을 이익되게 하는 일이야말로 인간으로 태어나 살게 된 데 대한 최고의 가치 있는 것임을 그는 절절하게 느꼈던 것 같습니다.

강재순은 그의 나이 16세 때 임술년 진주농민항쟁의 불길을 보았습니다. 그가 고향으로 돌아온 것도 그 분노의 불길이 진주지방을 휩쓸고 지나간 뒤였던 것으로 보입니다. 진주목사는 물론 높고 낮은 온갖 관리들과 아전은 온통 백성들의 피를 빨아먹는 벌레들이라는 격앙된 분노의 목청이 어느 정도 가라앉고 난 뒤에도 진주 지역의 정서는 한참 더 불안했던 것 같습니다.

진주농민항쟁의 책임을 농민들에게만 떠넘기고 따져 묻는 정부의 태도는 또 한 번의 거대한 국민적 분노를 스스로 만드는 것이었습니다. 예나 지금이나 국가며 행정기관에서 일하는 사람들은 국민들의 심부름꾼임이 분명합니다. 그런데도 그들이 국민 위에 군림하고, 명령하고 지시하는 것은 옳은 일이 아닙니다. 그런 일은 또다시 제2, 제3의 진주농민항쟁을 초래하는 부끄럽고도 부끄러운 과오일 뿐입니다.

진주사람들의 피가 유난히 더운 까닭도 진주 관청 관리들의 끈질긴 토색질과 기생 놀음으로 탕진하는 국민 세금, 평양감사를 마다하고 진주목사를 하겠다던 말의 속뜻이 토색질로 목돈 거머쥐기가 제일 유리한 곳이 진주였다는 것입니다. 그런 관리들의 비리와 잘못된 정치를 꾸짖다 보니 의로운 기상이 더욱 강해지고 피는 더 워질 수밖에 없었지요.

진주정신은 순리와 예절로 세워진 덕목이 아니라 불의와 패륜을 꾸짖고 바로잡아 사람 사는 이치를 세워나가는 과정에서 아프게 생겨난 깨달음입니다. 이런 진주땅에서 일천 석(一千石) 가까운 부자로 성공한 강재순은 그의 외로움을 달래주고도 남는 아들 사형제를 낳아 키울 수 있었습니다.

1,000석이면 토지가 1,000마지기인 셈이지요. 논 한 마지기에 한 섬(石)의 수확을 한다고 보면 되거든요. 구한말 진주지역에서 토지 1,000석이 넘는 부자는 여럿 있었습니다. 집현, 대곡, 산청, 안뜰, 까꼬실, 정촌 등지에는 1,000석을 넘는 부자도 있었지요. 그런데도 강재순의 삶이 우리에게 유독 눈에 띄는 것은 그의 이웃을 향해 열려있었던 생각과 실천때문인 것 같습니다.

근대 교육기관 '낙육재' 진주설립

자비보살이란 고운 별명으로 널리 알려진 강재순 아내 전주 이씨의 삶은 소리가 나지 않는, 고요하고 그윽한 향기를 뿜었던 것 같습니다.

많은 토지를 경작하는 데 꼭 필요한 일손은 머슴들 말고도 여러 사람의 노고가 있어야만 했지요. 토지가 한 들판에 집중되어 있지 않고 멀게는 백여리 밖까지도 있어서 먼 곳의 토지는 마름을 따로 두어 소작으로 농사를 지을 수밖에 없었지요.

지금은 개양 부근, 예하리와 강주리 일대, 두량저수지가 생긴 1930년대 이전 매우 비옥하고 넓은 들판이었을 때의 소곡리, 대축리, 두량마을이 인접된 들판에도 토지가 있었습니다.

마름을 두어 먼 곳의 농사를 짓는 데는 바깥양반의 사람 부리는 지혜와 약정된 계약 외에도 여러 가지 눈에 잘 안 뜨이는 마음 씀씀이가 꼭 필요했지요. 그것은 안방마님인 이씨부인 몫이었지요. 소작인의 생일에 찹쌀이나 떡을 보낸다든가, 선친 생신이나 제사에 큼직한 조기 한 마리를 사 보내는 것은 보통이었습니다. 소작인의 딸자식 혼사 소식을 듣게 되면 자비보살의 마음 씀씀이는 자별했지요.

목화로 솜을 타고, 올이 가는 무명베나 명주베로 이불을 지어서 신부댁의 휘는 허리를 떠받쳐주기도 했고, 혼수 장만하는데 결코 서운하지 않을 만큼 피륙이며 재물을 보태주면서도 겉으로 소리를 내지 않아서 당사자가 일부러 발설치 않으면 아무도 모르도록 손을 숨겼습니다.

가난은 여간해서 벗어나기 어려운 고통입니다. 소작인이나 머슴들은 해마다 가을걷이 때를 얼마 지나지 않아 양식이 바닥나기 일쑤였지요.

봄과 여름을 나자면 또 부잣집 곳간에서 양식을 빌려야 하고, 다음 해 가을 농사 때는 이자를 보태 빌린 곡식을 갚고 나면 양식은 부족해지고, 그같은 악순환은 대를 이어서 반복되었지요.

자비보살은 가난한 소작인들의 생활을 외면하지 않았습니다. 양식을 빌려주되 이자를 받지 않거나 때때로는 빌려 간 곡식 자체를 탕감해 주기도 했지요. 가난하지만 착한 소작인들의 노고 아니면, 그 많은 농사를 어떻게 다 지어낼 것이며, 해면 해마다 토지를 늘려갈 수 있는 여유가 생길 수 있을 것인가를 헤아리면서 소작인들 삶을 걱정했습니다.

그러다 보니 강재순의 소작인은 바뀌는 경우가 거의 없었다고 합니다.

또한 강재순 집의 대문은 항상 열려있어서 밤낮 안 가리고 낯선 사람들이 드나드는 집으로 알려져 있었습니다.

여비가 떨어진 나그네들, 배를 곯은 떠돌이들, 잠자리가 마땅치 않은 장사꾼들, 바람 부는 세상을 등지거나 바람을 향하여 가는 가슴 더운 이들도 강재순의 사랑채에서 쉬어가고, 허기를 채운 뒤 제 갈 길을 가곤 했습니다.

그런 생활 속에서 자라난 자식들이 가장 먼저 보고 배운 것은 사람을 차별하지 않고 대우하는 것과 무엇이든 베풀면서 함께 살아야 한다는 것이었지요.

강재순은 나이 마흔 살이 되도록 자식을 얻지 못했습니다. 큰아들 상호를 본 것이 그의 나이 마흔두 살 때였으니까 그동안 얼마나 자식을 기다렸을지 짐작하기 어렵지 않습니다. 자비보살의 마음이 더욱 아팠겠지요.

자식을 기다리는 동안 두 내외는 더욱더 베풀고, 이웃을 도우면서 자식 점지받기를 기원했지요. 나중에는 강재순이 소년일 적에 파헤쳐버린 윗대 조상의 산소도 떠올랐다 합니다. 그 조상이 재앙을 내리는 것이 아니겠느냐는 사람들의 묘한 소문이 강재순을 불안하게 만들었지만, 그의 결심은 흔들리지 않았습니다. 죽고 없는 사람 산소를 호화롭게 지어서 잘 사느니보다는, 내 눈앞에 살아있는 사람을 위해주면서 살고 싶다는 것이 절에서 집으로 돌아온 강재순의 철학이라면 철학일 수 있었던 것 같습니다. 결국 그들 부부의 뜻대로 늦게나마 자식을 얻게 되었습니다.

맏이를 42살 때 본 뒤로 둘째를 얻었지만 끝내 사람 구실 못 한 채 죽었고, 셋째를 맞은 것은 54세 때였으며, 막내 신호가 태어났을 때는 그의 나이 59세였습니다.

큰아들 상호는 총명했습니다. 여섯 살 때부터 한문을 깨치기 시작하자 강재순은 집에다 독선생을 초빙하여 상호를 맡겼지요. 원충여(元忠如) 선생에게서 착실하게 한학을 익히면서 나이 열 살을 넘어선 상호는 재 너머 진주에 있는 향교에서도 한학과 세상의 변화를 공부했습니다.

강재순은 상호가 어서 자라서 장가를 들고 손자를 여럿 낳아 집안에 자손들이 그득했으면 싶었습니다. 그리하여 상호가 열다섯 살로 접어들자 좋은 집안의 규수와 혼인을 시켰습니다.

신부는 상호와 동갑내기였는데, 인자한 성품을 지닌 집안이며 유복한 진주의 양반인 이규화(李奎和)의 큰딸인 귀인(貴仁) 낭자였습니다.

상호는 장가든 뒤에도 학업을 계속했습니다. 그때 진주에는 '낙육재(樂育齋)'라는 근대 교육기관이 생겨 유수한 인재들이 모여들고 있었거든요.

낙육재란 본디 유생을 위한 관립 서재로서 경상도 감영(監營)이 있던 대구에서 처음 열렸는데, 1896년 경상도가 남도와 북도로 나뉘고, 경상남도 감영을 진주에 두게 됨으로써 진주에도 낙육재가 세워졌지요.

낙육재 건물은 조선시대 지방 군대가 주둔했던 진영(鎭營) 건물이 1895년 진영의 철폐로 비어있던 것을 고쳐서 사용했지요. 진주에 낙육재가 생기자 경남 최고 학당이 되었으며 도내의 여러 향교에서 배운 청년 유생들이 모여들었지요. 1897년 대한제국 선포 후 관립 '진주낙육학교'로 개편되어 진주지역 의병활동 중심지가 되었습니다.

강상호가 낙육학교를 졸업한 것은 그의 나이 18세 되던 1904년이었습니다.

1904년 강상호의 낙육학교 졸업식 사진. 앞줄 맨왼쪽이 강상호이다.

지식인 항일운동 근거지 진주낙육학교

스무 살이 채 안 된 강상호가 처음으로 민족의식에 눈을 뜬 것은 낙육학교에 입학하고 나서부터였던 것으로 보입니다.

낙육학교에는 경남 여러 지역에서 향교를 마친 수재들이 모여들 었습니다. 학교의 문을 연 시기가 1897년이어서 일제 통감부의 조선 정부 장악 이전이었지요.

따라서 일제의 조선 점령 야욕이 점점 구체화되어 가는 과정을 바라보게 된 낙육학교 청년들은 조국의 위기와 함께 항일의식이 싹트면서 자연스럽게 민족의식이 생겨났지요.

강상호가 낙육학교를 졸업한 이듬해에 을사늑약이 체결되자 낙육학교 재학생과 졸업생들은 학교를 주축으로 항일운동을 시작했 습니다.

'동아개진교육회'라는 비밀결사 조직을 만들어 의병 활동을 시작 했지요.

이미 전국의 유림들이 거국적인 항일운동에 돌입하여 온 나라가 흥분과 분노로 들끓고 있던 때여서 낙육학교 관계자들과 학생들의 움직임은 곧바로 일본 헌병대에 포착되었지요.

일본 헌병대는 1905년 12월, 낙육학교를 공격했습니다. 학교 안에서 운동을 준비하고 있던 젊은이 중 몇 명은 총살하고 나머지는 모두 강제해산시키는 사태가 발생했습니다.

그 뒤 조심스럽게 다시 문을 열었지만 낙육학교 학생들의 항일

의병투쟁이 비밀리에 계속되자, 1908년에는 완전히 폐쇄해 버렸습니다.

낙육학교는 폐쇄되었지만 건물은 남아 있었습니다. 1910년 4월 공립진주실업학교가 이 역사적인 건물에서 시작되었지요.

강상호는 낙육학교를 마친 뒤 부모님의 간곡한 당부를 뿌리치지 못해 집에서 독서로 지냈습니다만, 나라가 붕괴하여 가는 모습을 앉아서 바라보고만 있다는 것은 자신의 영일을 도모하는 정도에 그치는 것이 아니라 씻을 수 없는 과오가 된다는 것을 뼈저리게 느끼며 괴로워했습니다.

아버지는 벌써 손자를 기다렸습니다. 하지만 강상호 내외에게는 자식이 생기지 않았고, 그의 아내는 조금씩 초조해지기 시작했습니다.

강상호는 의병투쟁에 나선 사람들이 겪는 고초와 위험을 날마다 듣고 보아야 했습니다. 아버지 몰래 얼마간의 돈이며 식량을 장만하여 고생하는 사람들에게 보내기도 했지만 그럴수록 자기 삶이 한없이 비열하고 이기적이라는 결론 앞에서 고뇌했지요. 아내는 그런 강상호에게 몹시 죄스러워하며 전전긍긍했지요. 그럴 때 아들을 쑥 낳아서 시아버지를 기쁘게 해드린다면 남편의 괴로움이 덜할 것임을 알기 때문이었지요. 하지만 임신은 먼 남의 일이었습니다. 강재순이 괴로워하는 아들의 심정을 모를 리가 없었겠지요.

그렇다고 자식을 의병투쟁의 길로 나서라는 말은 할 수도 없었습니다. 상호 뒤를 이어 둘째 아들 기호(基鎬)가 태어나 늦게나마 집안에 웃음꽃이 핀다 싶었더니 기호는 돌림병을 앓아 끝내 강재순의 가슴에 굵고 깊은 통한의 대못을 박아 놓고 저승길 들고 말았습니다.

강재순은 상호 내외가 아들 손자를 낳는다면 무엇보다 경사가 되리라 여겼지만, 소식이 없었지요.

둘째 기호 뒤를 이어 셋째 영호가 태어나고 다시 신호가 태어났습니다. 강재순은 늦둥이를 여럿 둔 재미에 푹 빠져 살았습니다. 그러면서도 손자를 더 기다렸습니다. 세상은 점점 불행의 나락으로 변해 갔고, 큰아들 상호가 괴로워하는 이유를 강재순도 언제까지 외면하면서 집안의 대이을 일에만 매달리도록 할 수도 없었습니다.

그러던 중 강재순은 상호에게 생활의 변화를 겪게 해주고 싶었습니다.

공립진주보통학교에 다니도록 해주면 좋겠다고 여긴 것이지요. 세상 돌아가는 모양은 아무래도 일본의 영향력이 자꾸 커져서 일본과의 관계를 끊기는 어려울듯싶었습니다. 상호를 늦깎이로라도 보통학교에 입학시키기로 결심한 것은 어떻게 변해갈지 알 수 없는 세상에서 조금이라도 덜 위험한 삶을 살 수 있는 길을 찾게 해주자는 뜻에서였습니다.

그 길이란 상호가 교사로서 살게 되기를 바라는 것이었습니다. 강재순의 눈에 비친 한국사회는 문맹과 무지에다 가난의 짐을 무겁게 짊어진 절대다수 민중이 배우고 가진 자들로부터 멸시당하면서 원망하고 저주하는 모습으로 비틀거렸습니다.

많이 배우고 가진 자들은 벌써 일본의 눈치를 살피면서 조심하거나 아예 일본의 앞잡이가 되어 더 큰 이익을 노렸지만, 그들로부터 차별받으면서 고생하는 대부분의 민중에게는 갈수록 절망적인 것들뿐이었습니다.

상호가 그 민중들의 무지를 일깨워 주는 교사가 되기를 바라는 강재순의 속마음은 자식이 의병투쟁이라는 위험하기 그지없는 일을 하지 않고도 손가락질당하지 않는 삶을 살 수 있는 방법을 찾은 셈이지요.

의병투쟁은 자칫 본인 자신의 죽음은 물론이고 가족 모두를 몰살당하게 하는 극한 행동이어서 어떻게든 그 길만은 모면하고 싶었던 것이지요. 상호는 그런 아버지의 심중을 읽었습니다. 순순히 아버지 뜻에 따라 공립진주보통학교에 입학하여 5년 동안 다닌 후 1910년 3월 이 학교의 제1회 졸업생 14명 중의 한 사람이 되었습니다.

보통학교를 졸업할 때까지도 아내는 아이를 갖지 못하여 애를 태웠습니다.

"백정들과는 예배 같이 못 봐"

강상호는 스물네 살 나던 해 3월 진주보통학교를 졸업했으니까 한참 늦깎이였습니다.

그의 뇌리엔 일본의 침략과 몽매한 민중들, 앞뒤 안 가리고 친일로 나서기 시작하는 진주지역 몇몇 부자들과 고급 관리를 배출해 온 집안들의 행동에 대한 평가와 나름의 대책들이 꼬리를 물고 이어졌습니다.

그동안 그의 집안에는 둘째 아우 영호가 열두 살, 막내아우 신호는 일곱 살로 접어들어 유달리 자식 탐 많은 부친의 갈증을 어느 만큼은 풀어주고 있었지요. 하지만 부친은 이제 자식이 아닌 손자를 기다리면서 며느리의 표정을 살피고 젖먹이 울음소리가 담장을 넘어야 집안에 기운이 살아난다는 말을 자주 했습니다. 강상호 아내는 그럴 적마다 애간장이 탔지요.

강상호는 진주를 벗어나고 싶었습니다. 서울로 가서 학교도 다니고 폭넓은 교류를 하면서 보다 활발하게 세상을 살아가고 싶었습니다만 부친은 한사코 거절했습니다. 장가든 지 여러 해가 지나도록 자식을 얻지 못하고 있는 것이 가장 직접적인 반대 이유였습니다.

동생들은 아직 어리고, 부모님의 나이는 이제 더이상 자식을 둘 수 없는 노인이어서 손자를 기다리는 부모님의 간곡한 뜻을 거역할 수도 없었지요.

진주에는 강상호가 다닐 만한 학교가 없었습니다. 급변하는 세상을 향한 강상호의 호기심과 눈뜨기 시작한 민족적 열정은 강상호를 진주에 붙들어두려는 부친의 생각과 소리 없는 갈등을 겪었지요.

진주에도 상당한 변화의 바람이 불어닥치고 있었습니다. 가장 현저한 변화는 일본인과 일본 문화의 출현이었습니다. 그다음으로는 기독교의 전파에 따른 신문물의 유행이었는데 1906년 가을 진주성 바깥인 대안면에 '야소교 예배당'이 생긴 것이었습니다.

이 예수교 예배당을 세운 사람은 영국 식민지였던 오스트레일리아(호주)의 장로교 소속 선교사 '커렐(의사, 진주 배돈병원 설립자, 한국 이름 거열휴)'이었는데 이미 1905년 9월부터 진주에서의 선교활동이 시작되고 있었습니다. 커렐의 진주 선교활동 중에서 진주사람들 관심을 끌게 된 최초의 사건은 전혀 엉뚱한 곳에서 발생했습니다.

강상호는 그 사건이 발생한 며칠 뒤부터 사건이 수습될 때까지 유심히 지켜보았습니다. 사건의 핵심은 이 교회에 함께 다니던 사람들 사이에서 생긴 인간차별 문제였지요. 즉 커렐 선교사는 한국인 기독교 신자이면서 안내자인 김성애를 통하여 성별, 신분, 계층이나 그 어떤 것도 가리지 않고 교회에 나올 수 있으며, 다만 하나님을 믿고 구원받기를 원하는 사람이기만 하면 된다는 평등사상을 선교의 깃발로 내걸었지요. 이같은 선교 방침을 가장 환영한 것은 옥봉에 사는 백정들이었습니다. 옥봉백정들은 이미 자체적인 자제 교육을 통하여 상당한 지식을 갖춘 집안이 많았고, 육류 산업의 발달에 적극 나서서 경제적 기반까지도 갖춘 채 더 큰 변화의 바람이 불어오기만을 기다리는 이들이 많았습니다. 그들 중 수십 명이 한꺼번에 교회 문을 들어섰고, 기독교의 평등관은 그들에게 빠른 교화와 변혁을 갖다주었습니다.

커렐은 몹시 기뻐했지만, 김성애는 백정 신자의 급속한 팽창을 두려운 눈으로 지켜보았습니다. 일반(양반 계층) 신자들의 불평을 여러 번 목격했기 때문입니다.

김성애는 커렐에게 신분의 갈등 문제를 귀띔해 주었습니다. 커렐도 그 점을 유념하면서 예배를 주도해 갔습니다.

그러다가 우려했던 일이 사건으로 터졌습니다. 일반 신자들이 백정들과 함께 예배를 볼 수 없다고 반발한 것입니다. 처음 얼마 동안은 그런대로 참았지만, 날이 갈수록 백정 신자는 늘어났고, 거기에 비해 일반 신자는 거의 늘어나지 않고 있는 데다, 교회 안에서는 물론이고 교회 바깥에서까지도 백정 신자들의 말씨가 일반 신자들을 자극했기 때문입니다.

백정은 아무리 나이가 많아도 일반인에게 반드시 허리를 굽혀 존칭어를 사용해야 하는데, 어느새 반말을 하더니 그만 같은 신분처럼 말을 건네기 시작했지요. 그러자 기독교인이 아닌 일반인들이 기독교인들을 보고 비난하기 시작했습니다. 예수쟁이들 때문에 옥봉백정놈들 간뎅이가 커져서 아무한테나 말을 마구 해댄다는 것이었지요. 거기에다 교회에 가면 백정들 숫자가 계속 증가하여 일반 신자들이 백정 신자들에게 에워싸인 것처럼 느껴질 정도였지요. 일반 신자들의 마음은 자꾸 불편해졌습니다.

그러다가 그만 속에 들었던 감정이 폭발하게 된 것이었지요. 신앙심에 따른 행동이 아니라 진주사회에서 수백 년 동안 뿌리내리고 휘저어온 인간차별 감정에서 비롯된 악습이었지요.

"백정들하고는 한자리에 앉아 예배를 볼 수가 없다."

"만약 하나님을 믿어서 죽은 뒤에 백정과 양반이 똑같은 천당에 가야 한다면 그런 하나님은 믿지 않겠다"며 일반 신자들은 결연하게 교회를 떠났습니다.

사건은 차츰 교회 울타리 밖을 벗어나 진주사회의 여론으로까지 커졌습니다. 강상호는 이 사건을 지켜보면서 많은 것을 생각하게 되었습니다.

백정들의 사회 참여는 이제 어떤 힘으로도 저지할 수 없을 만큼 그들의 힘은 커지고 있고, 그들의 사회 참여를 막아서도 안 된다는 것이 그의 결론이었습니다. 더구나 일본이 한국을 식민지로 만드는 것은 이제 형식적인 절차만 남았다는 사실을 모르는 것은 젖먹이들뿐이었지요.

그런데도 같은 한국인들끼리 서로 헐뜯고 싸우는 모습은 일본만 유리하게 만드는 것이라는 생각을 했지요. 험한 강을 건너는 배 안에서 서로 싸우다가 배까지 뒤집히고 마는 어리석음이 눈앞에서 펼쳐지고 있었지요.

박해 피해 천주교인들 점차 유입

강상호가 진주보통학교를 마치던 1910년 무렵 진주는 외부에서 불어오는 바람을 더이상 거부하지 못하고 조금씩 받아들이기 시작했습니다.

그 새로운 바람은 기독교와 천주교였는데, 진주땅에 맨 먼저 들어온 서구 문화는 천주교였습니다. 천주교는 동학혁명을 완성한 주된 사상이었던 천도교보다 먼저 진주땅에 들어왔습니다.

진주지방에 천주교의 영향이 미치게 된 내력을 짚어보려면 1827년 무렵부터 거슬러 올라가야 합니다. 1827년 전라도 곡성지방에서 옹기 굽는 사람으로 변신한 천주교인들이 있었습니다. 이들은 경기도지방에 살다가 박해를 피해 남쪽으로 숨어들어 온 뒤 옹기 굽는 일을 배워서 천주교를 전파하던 사람들이었지요. 이들도 끝내 집요한 정부의 색출 작전으로 발각되어 1839년 기해년 박해 사건으로 치달았습니다.

이때 전라도지방의 천주교인 대탄압을 피해 심심산골 진안, 무주, 장수로 몸을 피했던 교인들은 체포조의 경계가 다소 느슨해지자 서부 경남인 함양, 진주, 고성 등지로 숨어들었습니다.

그 무렵 경상도 북부 산악지대인 문경, 예천, 상주, 청송 등지로 피신해 살던 교인들도 남하를 계속하여 경주, 울산, 기장, 언양, 동래 등지로 옮겨와 새 삶의 둥지를 틀었습니다. 이들 중에서도 또 일단의 교인들은 낙동강 유역을 따라 대구, 칠곡, 칠원, 성주, 밀양, 김해, 양산으로 옮겨 살게 되었지요. 그러자 1849년 겨울 다블 뤼안 신부가 경상도지방을 순회하면서 교인들의 삶을 위로하고 이끌어갔습니다. 1850년 봄부터는 한국인 최양업 신부가 경상도지방 전교를 맡아 1861년 6월 과로와 식물중독으로 세상을 떠날 때까지 10여 년 동안 경상도의 천주교는 눈부신 꽃을 피웠습니다.

천주교는 놀라운 새바람이었고, 낡은 폐습과 고루한 제도의 사슬에 묶여 신음하던 민중들에게 새로운 하늘과 빛을 보게 해주었습니다.

인간은 하늘 아래서 모두가 평등하다는 것, 전통과 시대가 강요해온 복종과 수탈을 거부할 수 있는 천부적 권리가 모든 인간에게 있다는 것은 정녕 신천지를 만나게 해준 기적 같은 일이었지요.

하지만 철옹성 같은 진주의 폐쇄 문화는 천주교의 전파를 선뜻 용납하지 않았습니다. 그러자 문산, 사봉 등 진주 동쪽 관문에 해당하는 변방에서 은밀하게 천주교 전파가 이뤄졌습니다.

문산은 예로부터 월아부곡(部曲)이었던 관계로 진주목, 경상우병영에 소속된 아전들과 관노비들이 주로 살았던 곳이지요. 그들은 모순된 정치 체제와 수탈구조를 옹호하는 사회제도에 불만을 품고 살았지요. 그 오랜 불만과 불신을 보복과 응징이 아닌 용서와 이해로 변화시키는 신비한 힘을 지닌 것이 천주교의 매력이었던 것 같습니다.

문산에서 그리 멀지 않은 사봉은 일찍이 고려와 조선왕조 교체시기에 두 임금을 섬길 수 없다는 푸른 솔 같은 지조로 많은 이들로부터 존경받았던 정온(鄭溫)의 후손들이 그 곧고 푸른 지조를 유산 받아서 살고 있었지요.

정온의 후손 중에 정찬문(鄭燦文)이 있었습니다. 지금의 사봉면 이촌리 중촌마을에서 태어난 정온의 27세 손이 됩니다.

온(溫)은 진양 정씨(晋陽 鄭氏) 진산부원군파(晋山府院君派)의 시조인 헌(櫶)의 장손인데, 사봉 정씨들은 대대로 유학에 전념해온 전형적인 진주인들이라고 볼 수 있습니다. 따라서 정찬문(1822~1866)이 천주교 신자가 된다는 것은 쉽게 상상할 수 없었지요.

그런데도 정찬문은 진주지방 최초의 천주교 순교자가 되었는데, 그가 천주교 신자가 될 수 있었던 것은 그의 부인이 그와 혼인한 뒤에 전교한 데서 비롯된 놀랍고 감동적인 일대 사건이었지요.

정찬문은 1822년 10월 13일 사봉면 중촌에서 아버지 정서진(瑞珍, 1782~1850)의 셋째 아들로 태어났으며, 어머니는 선산 김씨였습니다. 정서진은 원래 본관을 울산으로 하는 김상연(金尙鍊)의 딸인 울산 김씨(1782~1814)와 혼인하여 아들 기문(騎文)을 두었으나 부인이 병으로 죽자 선산 김씨와 재혼했습니다.

선산 김씨는 필문(弼文), 찬문(燦文) 두 아들을 낳아 길렀지요.

찬문의 아버지 정서진은 5형제 중 막내였습니다. 서복(瑞福), 서일(瑞一), 서곤(瑞坤), 서장(瑞璋), 서진(瑞珍)인데, 장자 서복과 넷째아들 서장은 각각 외동아들을 낳아 대를 물릴 수 있었으나 둘째 서일, 셋째 서곤에게는 자식이 없었습니다. 그리하여 서진이 재혼하여 얻은 두 아들은 차례로 서일, 서곤의 양자로 입적했습니다. 그런 뒤 정찬문은 칠원 윤씨 가문의 딸과 혼인했는데, 정찬문의 장인되는 윤재건(尹載建)은 예천 신간 지역으로 피신했다가 대구를 거쳐 칠원 땅으로 옮겨와 자리잡은 천주교 교인이었습니다.

정찬문은 아내의 간곡한 전교를 기꺼이 받아들여 안또니오라는 세례명을 받고 천주교인이 되었지요. 두 사람은 아들 도순(道舜)을 낳고 부부 신자가 되어 서부 경남의 전교 활동을 도왔습니다.

진주(양) 정씨 진산부원군파 세보에 나타나 있는 정찬문 가계도(선 안).

진주지역 최초 천주교 순교자

안또니오 정찬문

경상도 남부평야 지역 전교를 맡은 리델 신부를 도와 정찬문 내외의 천주교 포교 활동은 큰 성과를 거두고 있었지요.

그러던 중 참혹했던 병인박해 전주곡이 경상도 전역에 음울하게 울려퍼졌습니다. 진주목사와 경상우병영 병마절도사에겐 정찬문을 체포하라는 비밀 지령이 내려졌습니다.

정찬문을 체포하기 위한 탐문에 동원된 것은 진주목과 병영의 아전들과 오랜 유착관계를 유지해온 망나니들이었지요.

진주의 아전들은 그 오래된 역사만큼이나 큰 세력이 놀라웠고 그들의 힘이 미치지 않는 곳이 없었지요. 진주는 본디 유구한 역사의 땅입니다. 그만큼 진주 특유의 전통과 인심이 깊은 향기를 지니고 있었습니다만 그보다는 일찍부터 진주목과 경상우병영이라는 큰 관청이 자리잡아 온 나머지 관리들의 위세가 유달리 강했던 곳으로도 잘 알려진 곳이지요.

진주목사와 병마절도사는 서울에서 부임했다가 임기가 끝나면 진주를 떠나기 때문에 진주목과 병영의 실질적인 일은 아전(衙前)들이 수행했습니다. 아전은 향리(鄕吏)라고도 불렀지요. 관청이 있는 그 지방 출신으로서 대를 물려 아전 직을 수행합니다. 그런데 아전은 관청의 업무를 보조하면서도 녹봉이 없었기 때문에 이들이 먹고사는 방법은 자연히 토색질이 될 수밖에 없었지요. 일만 실컷 하고 녹봉에 해당하는 대가를 전혀 받을 수가 없다면 누구도 아전 질을 하지 않았겠지요. 공식적인 급여가 없는데 아전질을 세습한 다는 것은 그럴 만한 이익이 있기 때문이었지요.

뭐랄까요. 국가가 공공연하게 국민 재산을 토색질하고 인권을 유린하는 하급 관리를 법으로 보호해 주었다는 결론이 됩니다.

진주는 이런 아전들의 토색질이 다른 어느 지역보다 심하고, 그 역사 또한 오래되어서 진주지방 아전은 진주목사와 병사를 종종 허수아비로 만들거나 그들과의 유착으로 대담한 수탈을 자행하기 도 했습니다.

아전의 숫자도 많았지요. 한 번 임명되면 대를 물리기 예사이고, 해마다 새로 임명되는 아전이 있기 때문에 수가 증가하는 것은 당 연하지요. 목사나 병사가 아전들의 도움 없이는 업무 수행이 차질 을 빚게 되는 것도 아전들이 진주지방에서 오래 살아온 토착민들 인 데다 토호로 성장하여 그들끼리 끈끈한 유대로 뭉쳐있어서 임 기직인 목사와 병사는 아전들을 결코 얕잡아볼 수가 없었습니다.

1862년 진주에서 조선왕조 최대 규모의 농민항쟁이 일어난 것 도 진주가 아전의 전횡으로 점철되어온 곳임과 깊은 관련이 있습 니다. 그 시대 조선 어느 곳인들 관리들의 토색질이 없고 아전의 횡포 없는 곳은 찾아볼 수가 없었습니다. 그런데 유독 진주에서 농 민항쟁이 최초로 터진 것은 그만큼 관리와 아전들의 토색질이 극 심하고 인권 유린이 많았기 때문입니다.

진주농민들의, 불의를 참지 못하는 의로운 기상 때문이었다고 할 수도 있겠지만 그보다는 인간으로서 인내할 수 있는 한계점을 넘는 국가의 부패와 관리, 아전들의 폭력과 탐학 때문에 터진 자연현상과도 같았습니다. 관청을 끼고 돌면서 온갖 이권에 끼어들어 욕심을 채우고, 크고 작은 일이란 일을 죄다 관청 중심으로 해결하려는 악습을 아전문화의 폐해라고 말할 수 있을 것 같습니다.

그런 아전들은 지역 내 집집의 살림살이며 친인척 관계까지 소상하게 파악하고 있어서 그들의 도움 없이는 천주교인들이 극비리에 전교하는 집회를 갖는 것을 알아내기는 어려웠지요.

그런데 천주교인들의 비밀 또한 아전들의 그런 행태를 미리부터 잘 간파한 위에서 유지되고 있어서 아전들로서도 당황할 수밖에 없었지요. 그러자 정부는 천주교인을 밀고하는 자에게 큰돈을 주겠다는 현상금까지 내걸자 아전들은 그들의 손발처럼 움직이는 망나니들을 풀었습니다. 망나니들은 피 흘리며 달아나는 산짐승을 좇는 사냥개처럼 교인들을 추적했습니다.

정찬문이 체포된 것도 진주아전들이 쳐둔 망나니 그물에 걸려들었기 때문입니다.

정찬문은 체포되어 온갖 형벌을 받으면서 배교(背敎)를 강요당했지만 꿋꿋이 잘 버텨냈습니다. 그의 아내는 아직 돌을 안 지난 아들 도순을 업고 남편이 수감되어 있는 감옥 안으로 들어가기 위해 옥졸들을 회유시켰습니다. 옥졸들은 하루 세 차례 윤씨 부인을 감옥 안으로 들여보내 주었고, 윤씨 부인은 그때마다 주먹밥을 싸가지고 가서 남편에게 배교하지 말 것을 애원했습니다.

누가 천주교인이며, 어디서 집회를 가져왔는지 말하지 않는 것도 자신의 신앙을 지키는 일만큼 중요했지요. 아내와 이런 이들을 만난 뒤로 정찬문의 결심은 더욱 확고해졌습니다. 결국 정찬문은 모든 책임을 자신의 한 몸에 짊어지고 처형당했습니다. 지금의 시외버스 주차장인 사형장에서 참수형을 받았습니다. 정찬문의 머리는 촉석나루터에 높이 매달려 행인들에게 천주교 박해가 어떤 것인지를 보여주었고, 머리 없는 시신만 고향 뒷산에 묻혔습니다.

정찬문의 순교 후에도 그의 집안에는 천주교 신앙이 끊어지지 않다가 정삼규(鄭三圭) 요한 신부, 정영규 마르꼬 신부를 키워냈습니다.

진주지역 최초의 순교자 정찬문의 무덤. 일명 무두묘(無頭墓)라고 불렀다.

민초들의 삶, 이국 종교 타고 새물결

정찬문이 진주지방 최초의 순교자가 된 이후 경남의 천주교는 잠시 침체하였습니다. 그러다가 1898년 한 프랑스인 신부가 진주를 찾아오게 되면서부터 다시 생명력을 얻었습니다. 프랑스 외방 전교회 소속의 에밀리오 따께 신부가 그분입니다.

따께 신부는 1896년 한국에 파견돼 강원도 원주지방에서 2년간 전교하다가 경남의 담임 신부가 되어 진주로 부임한 것이었지요.

먼저 진주 배나무골(이현동)에 허름한 집 한 채를 장만하여 임시 성당을 꾸몄습니다. 많은 숫자는 아니었지만 정찬문의 순교 후임에도 불구하고 천주교인의 맥이 완전히 단절되지는 않아서 젊은 따께 신부를 환영하는 사람들이 있었다는 것은 종교의 힘이 어떤 것인지를 생각하게 해줍니다.

그동안 진주 교인들은 신앙을 이끌어주는 지도자도 없이 외롭고 두려운 마음으로 신앙생활을 해오던 중이어서 따께 신부의 부임은 큰 기쁨이었지요.

그러나 그 기쁨은 오래가지 못했습니다. 배나무골에서 천주교인들이 집회를 갖는다는 소문은 금방 진주 전역에 퍼졌습니다.

며칠 뒤 아전들의 사주를 받은 망나니들이 성당에 나타나 욕설을 퍼부으면서 협박했지요. 당장 문을 닫고 해산하지 않으면 그냥 두지 않겠다는 것이었지요. 따께 신부는 전혀 두려워하지 않고 그들을 만났습니다. 오히려 멈칫거리는 쪽은 그들이었지요. 신자들은 은근히 걱정되었습니다.

진주장터에서 장세(場稅) 받는 일에서부터 기생집 술값을 받아가는 일까지 그들의 행패가 안 미치는 데 없다는 것을 잘 알기 때문이었지요. 그들은 다시 왔고 행동은 더 거칠었습니다. 집회 중인 따께 신부의 멱살을 잡거나 교인들을 폭행하면서 사납게 으르렁거렸습니다. 그들이 다시 성당 안으로 들어왔을 때는 포졸들까지 데리고 왔지요. 성당 안 기물을 파괴하고 교인들을 체포하며 끌고 갔습니다.

계속되는 협박과 폭행에 시달리면서도 교인들의 집회는 계속되었습니다. 사정이 매우 나빠져 가자 뮈뗄 주교는 따께 신부로 하여금 일단 진주를 벗어나 진주에서 그다지 멀지 않는 비라실(장대동)에다 다시 성당으로 쓸 수 있는 초가 한 채를 장만하도록 배려했습니다.

따께 신부는 비록 진주에서 밀려났지만 비라실에 성당을 열고 야학을 개설했습니다. 야학에서는 한글을 가르쳤는데 굳이 천주교를 믿지 않더라도 글을 배우려는 이는 누구든지 반겼습니다. 따께 신부의 문맹퇴치운동은 진주의 많은 이들에게 깊은 감명을 심어주었습니다.

그 프랑스인 에밀리오 따께 신부는 서부경남 천주교회의 개척자였습니다. 그 후 1905년 호주 선교회가 개신교로서는 처음으로 진주에 예배당을 냈습니다. 1913년에는 옥봉리 교회 옆에다 근대식 병원인 배돈병원(培敦病院)을 세워 돈 없는 빈민 환자들에게 무료 진료를 해주면서 선교활동을 폈지요.

이처럼 서양인들에 의한 기독교의 전파와 함께 이루어진 빈민들에 대한 의료사업과 문맹퇴치를 위한 야학의 개설, 본격적인 서구식 교육 방법에 의한 학교의 설립과 교육은 진주의 몇몇 선각자들에게 커다란 충격이자 감동이었지요.

아무리 예수를 믿게 하려는 의도라 할지라도 돈 없고 불쌍한 사람들의 질병을 치료해 주고, 천민이어서 차별받거나 궁핍한 탓으로 글을 배울 수 없는 사람들에게 글을 가르쳐 주고 학교를 지어 인간의 길을 보여주려 하는 것은 결코 무시되거나 외면할 수 없는 놀라움이었지요.

특히 진주의 대표적인 재산가들이자 학식을 겸한 이들에게는 고개를 들 수 없는 부끄러움이자 뼈저리게 자신들의 사는 방법을 돌이켜보게 만드는, 도저히 부정할 수 없는 교훈이었지요.

자신들이 살아가고 있는 삶이란 고작 넓은 토지를 소작 주거나 머슴들을 혹사해 곡물 수입을 늘리고, 그 수익으로 또 토지를 사모으고, 제 자식 잘되기만을 바라서 독선생 들여앉혀 공부시키고, 넘쳐나는 돈을 주체할 수 없어 기생 놀음이며 첩실이나 거느리고 호의호식하는 게 전부였지요.

그런 중에 나라는 일본 식민지가 되고, 그 많던 토지도 식민지로 바뀌어 일본의 간섭을 받게 되고 보니 자신들이 살아온 삶이 한없이 부끄러웠지요.

그런 진주 부자들에게 인간 사는 참모습을 보여준 것은 진주 부자 김기태의 할머니셨던 '정부인 김씨'의 여성교육에 대한 관심이었습니다.

진주 재력가들의 이같은 움직임 가운데서 뒤벼리 재너머 정촌에 살던 강재순의 행동이 가장 돋보였습니다.

　강재순은 일단 정촌의 본가를 그대로 두고 진주 대안면에다 새로 집 한 채를 지었습니다.

　어차피 큰아들 상호가 보통학교를 마친 뒤 곧바로 진주공립농업학교에 진학했고, 둘째 영호, 막내 신호도 진주보통학교에 다녀야 하기 때문에 집이 필요하던 참이기도 했습니다.

　일제에 의해 폐쇄된 낙육학교 건물에서 1910년 4월 공립진주실업학교란 이름으로 시작하여 자리를 옮기면서 새로 지은 명칭이 진주공립농업학교였는데 강상호는 이 학교의 첫 입학생이 된 것입니다.

　대안면에 새집을 지어 진주 나들이가 빈번해진 강재순은 대안면장으로 임명되었습니다. 강재순의 재력과 인품, 자식들의 됨됨이도 그랬지만 무엇보다 강재순 아내에 대한 진주사람들의 좋은 평판이 강재순을 대안면장에 임명받도록 한 것입니다. 소리나지 않게 이웃의 어려움을 챙겨온 그의 부인을 두고 세상은 자비보살이라는 별명을 붙여주었으니까요.

제5장

민족

농민항쟁 불길 잦아든 폐허 위에 선

위로와 희망의 평등사상 '동학'

민족(民族)이란 말이 있지요. 역사와 문화 전통 중에서도 동일한 언어를 가장 중요한 요소로 여기는 민족을 두고 그 기원에 관한 두 가지 견해가 있습니다. 하나는 고대부터 존재해 온 원초적 실재라고 주장하는 데 반하여 다른 하나는 자본주의와 함께 생겨난 근대의 발명품이라는 견해입니다.

우리나라의 경우 중국에서 생겨난 여러 국가와 일본으로부터의 오래고 잔혹한 침략을 겪어왔습니다. 길게는 백년, 짧게는 반세기에 걸쳐 식민지가 된 적이 있었고, 수년에서 수십 년간에 걸친 침략 전쟁의 참화를 겪으면서 기적처럼 나라를 되 일으키기 백여 차례였습니다. 그 많은 외침 속에서 살아남으려는 개인적 집단적 필사의 노력은 곧잘 씨족끼리의 단결, 이웃 간의 끈끈한 정처럼 언어, 관습, 경제생활과 제도를 같이해온 사람들끼리 의지하여 혼란과 재앙을 극복해 왔습니다.

수많은 외침 중에서도 20세기의 절반을 식민지로 삼았던 일본의 침략은 한국인에게 그 어떤 과거의 위험들보다 본질적이고 광범위한 것이었지요.

한국인의 기원과 역사 발전 과정, 언어, 습속, 역사와 전통, 경제 제도 등 생활의 모든 요소를 말살시켜버린 위에 일본적인 것을 강제 이식시키기 위한 인류 역사상 가장 잔혹한 식민정책을 강요했습니다.

이같은 위험 앞에서 한국인의 정체성과 미래를 확보하기 위하여 등장한 것이 민족, 민족주의였음을 부정할 수 없습니다.

따라서 민족이란 자본주의의 한 유형인 제국주의 폭력에 맞서기 위한 대안으로 제기된 상상력의 소산이라는 견해가 우리나라의 실정에는 훨씬 더 설득력을 얻고 있습니다.

민족이란 말이 '우리'라는 개념과 일치하면서 일제의 극악한 침략을 극복하기 위한 이념으로 널리 사용되고 자리잡아 왔음도 부정할 수 없습니다.

19세기 후반, 우수한 성능을 지닌 무기와 잘 훈련된 군대를 한국에 주둔시킨 일본은 한국을 식민지로 삼기 위하여 한국의 오랜 역사적 운명과 문화적 전통을 부정하기 시작했지요.

강재순, 강상호를 비롯해, 진주의 운명을 걱정하는 사람들은 1900년 이전부터 진주지역에서 줄기차게 있어 온 진주의 운명과 한국의 운명은 하나라는 생각과 실천의 역사를 반추하면서 새로운 도전을 준비했지요. 1900년 이전 일본 침략에 대한 진주인들의 항거는 동학혁명에의 참여를 가장 상징적인 역사로 볼 수 있을 것 같습니다.

동학혁명을 동족끼리 싸워 피를 흘린 수치의 역사로 말해서는 안됩니다. 일본군의 간섭을 뿌리치지 못한 한국 군대와 일본군이 연합전선을 펴고 동학 농민군을 공격한 이 가슴 아픈 역사는 그 이후 일제강점기의 독립군에 대한 군사행동, 6·25 전쟁 때의 미군과 소련, 중국 군대와 연합하여 남북 서로를 공격한 한국 군대의 행동에 대한 정치적 해석 방법의 차이가 우리를 다만, 슬프게 만들고 있는 이유가 무엇인지를 다시 되뇌게 합니다.

어쨌든 동학운동과 진주와의 관련은 1862년 진주농민항쟁이 가장 큰 계기였습니다. 농민항쟁의 불길이 휩쓸고 지나간 폐허 위에 동학의 평등사상이 위로와 희망의 깃발을 꽂으면서 도탄에 빠진 농민들을 쓸어안아 주었지요. 이른바 민족이란 넓고 따뜻한 품 안에다 굶주리고, 짓밟히며 병든 농민들을 품어안았지요. 동학은 그렇게 싹을 틔워 민족 속에다 뿌리를 내리고 잎을 피웠지요.

진주농민항쟁이 있은 지 22년 뒤에 동학은 청년이 되어 혁명의 새벽을 열었습니다.

경남 서부지역에 동학이 처음 씨앗을 뿌린 것은 1862년 12월 고성(固城)사람 성한서(成漢瑞)가 최제우(崔濟愚)로부터 직접 접주(接主)로 임명받게 된 사실입니다. 그로부터 1년 후인 1863년 12월에 최제우가 체포되고, 1864년에 처형당하자 동학의 교세는 많이 약해졌지요.

그러다가 1889년에 함안사람 이원식(李元植)이 천도교에 입도한 이후로 다시 교세가 신장하였습니다. 1892년 사천사람 김억준(金億俊), 이지우(李志祐), 곤양사람 김학두(金學斗), 진주 평거사람 윤치수(尹致洙), 곤양사람 김용수(金瑢洙), 최기현(崔璣鉉)이 입도했습니다.

또한 같은 해인 1892년 산청사람 백낙도(白樂道)가 전라북도 장수사람인 유해룡(劉海龍)에게서 도를 받고 돌아와 진주사람 손은석(孫殷錫)에게 도를 주었고, 손은석이 고만준(高萬俊), 임정롱(林正龍), 임말롱(林末龍)에게 도를 주는 것을 계기로 진주에 천도교인이 많이 늘어났습니다.

1893년 공주와 삼례에서 동학교인 수만 명이 모여 교조 최제우의 신원운동을 일으키자 교인의 숫자는 전국에 걸쳐 폭발적으로 증가되었습니다. 이때 진주에서도 교인이 많이 늘어났습니다.

진주 신안사람 김용옥, 평거사람 전희순(全熙淳), 허봉석(許鳳碩), 박규일(朴奎一), 최윤호(崔允鎬), 황수현(黃水現), 김상정(金相鼎), 강필만(姜泌晩), 정용안(鄭龍安), 박운기(朴雲基) 등입니다만 지식인들이 주로 천도교인이 됨으로써 동학은 단순한 종교가 아닌 일본의 침략에 항거하는 의지의 표현으로 작용하기 시작한 것이지요.

이렇듯 일찍이 볼 수 없었던 동학 혹은 천도교의 풍미현상은 1894년에 이르자 진주지역 최대의 관심거리로 떠올랐지요.

1894년 4월 덕산(지금의 산청군 시천면 사리)에서 접주 백낙도가 무기도 제대로 갖추지 못한 채 교인들과 함께 동학혁명운동을 일으켰지요. 그러자 진주영장 박희방(朴熙房)이 이끄는 관군에게 체포되어 살해당함으로써 진주지방에서의 첫 시도는 허망하게 끝이 났습니다.

동학군 항일투쟁 선봉에 서다

진주지방 동학농민운동을 이끈 백낙도(白樂道)와 지도자들은 1894년 4월 13일에 체포되어 15일 처형되었습니다. 진주목 영장 박희방은 300명의 관군을 동원하여 제대로 무기도 갖추지 못한 동학군을 무참하게 짓밟아버렸습니다.

이때 진주사람 손은석을 비롯한 고만준, 임정룡, 임말룡 등 쟁쟁한 접주들은 신속하게 몸을 피해 살아남을 수 있었지요. 고만준(高萬俊)은 1920년대 진주 천도교운동사에 소년운동, 즉 어린이날 제정과 색동회 출범의 기초를 이루는 소년운동을 지도했으며, 색동회 창설 멤버였던 강영호에게 소년운동의 중요성을 일깨워 준 고경인(高景仁, 1895~행방불명)의 아버지입니다.

위기를 모면한 손은석 등 진주사람들은 진주 영장 박희방과 관군들의 태도를 문제 삼아 1,000여 명의 동학군을 이끌고 진주를 공격했습니다.

1894년 4월 24일, 25일 이틀 동안에 걸쳐 감행된 이 운동은 한때 진주사람들을 크게 긴장시켰습니다. 진주 관군과 동학군이 동족상잔을 벌일 매우 염려되는 사건이었지요. 동학군이 쳐들어온다는 첩보를 들은 영장 박희방은 잽싸게 도망쳐버렸습니다.

하지만 경상우병사 민준호(閔俊鎬)는 박희방과 달리 동학군에 매우 우호적이었습니다. 동학군의 위세가 두려워서 거짓부렁으로 취한 태도가 아니라 상당 부분 동학군의 목적과 시대적 당위성을 인정하지만, 우병사라는 직함 때문에 드러내놓고 동조하지 않을 뿐이었습니다. 민준호는 동학도의 요구를 대부분 다 들어주겠다고 약속했습니다.

동학 지도자 중에는 지방 관청의 관리로 있거나 사족(士族) 신분을 지닌 이들이 적지 않았으며, 양반 사족들이 직접 동학에 입도하지는 않았지만, 동학을 우호적으로 협력했는데, 우병영에서 이들을 보호해 주겠다고 약속한 것입니다.

이렇듯 진주 동학도들은 1월 24·25일의 항의 시위로 경상우병사와 타협을 끌어내어 어느 정도 포교 활동의 자유를 확보할 수 있었습니다.

이를 계기로 경남 서부지역의 천도교 세력이 급신장하였고, 진주의 동학혁명운동 지도자들은 새로운 희망에 부풀었습니다. 그러나 진주지역을 제외한 다른 곳에서는 동학에 대한 탄압이 더욱더 치열해졌습니다. 1894년 7월 이후에는 지도자급 인물들만 골라서 10명씩 체포했습니다. 이같은 조치는 1894년 6월 21일 일본군이 경복궁을 침입하여 고종황제와 대신들을 한쪽 구석으로 몰아세워놓고 친일 정권인 김홍집 내각을 발족시키자 동학군들이 즉각 반발하고 나선 데 따른 예방책이었지요.

동학군은 그해 7, 8월에도 항일투쟁을 계속했습니다. 관군들도 적절히 대응하면서 전라도와 경남의 민심은 매우 거칠어졌습니다.

8월에 들어서자 전라도 동학군과 진주 동학군이 합세하여 경남 일대를 장악하려고 시도했습니다. 이 작전은 먼저 하동을 점거하는 데 주력했습니다.

마침내 9월 초순에 하동을 점령했습니다. 동학군의 하동 점령 소식은 진주 동학군들의 사기를 크게 북돋워 주었지요. 진주 동학군 지도자들은 경상우병사 민준호의 묵인 아래 각 지역 책임자에게 항일전을 위한 총동원령을 내렸습니다. 이 동원령은 '주한 일본 공사관 기록'에 적혀서 전해지고 있습니다.

"국가의 안위는 백성의 생사를 좌우하며, 백성의 생사는 국가의 안위에 달렸으니 어찌 보국안민할 방도가 없어서야 되겠는가. 앞서 이런 뜻을 적어 73개 면리수(面里首)에 통문을 돌려보게 했으나 없어지기도 하고 전해지기도 하여 이 점이 걱정된다. 우리 진주민은 거의 흩어져있어 별로 진출해 나아갈 방도가 없으니 어떻게 지보할 대책을 세울 것인가, 이달 초파일 오전에 각 리에서는 13명씩 모두 평거 광탄진두로 와서 회합을 갖고 의논 처결토록 하면 천만다행이겠다. 갑오 9월 초 2일

1. 이장은 리별로 사리에 밝은 사람 2명과 과유군(果遊軍 : 결단성 있고 과단성 있는 농군) 10명씩을 대동하고 죽립을 쓰고 대기할 것.

1. 만일 불참한 면이 있으면 마땅히 조치한다.

1. 각 리는 아래에 게재한 바와 같이 3일부터 식량을 제각기 갖고 와서 기다릴 것.

1. 시각을 어기지 말고 와서 대기할 것."

9월 8일 평거 광탄진대회에서 일본군을 물리치는데 나서자는 결의를 했습니다. 다시 9월 10일에는 방을 내거는 한편 동학도들에게 통문을 보냈는데, '영남우도민에게 항일전에 나서기를 호소하

는 방'의 내용은 대략 이러합니다.

"지금은 국운이 비색하고 인도가 퇴폐하므로 간신들이 화를 불러들여 왜적들이 우리 국경을 침범…… 아, 우리 동토의 의사들이여! 어찌 피를 뿌리며 분개하는 마음이 일어나지 않겠는가. 왜적을 섬멸하고 그들의 잔당을 초토할 뜻으로 진주에서 대회를 가졌도다……. 진주는 33읍 중에서 대절도사의 영문이며 삼도의 인후가되는 곳이다. 갑오 9월 초 10일 충경대도소."

진주 동학군을 끝까지 엄호해 주던 경상우병사 민준호는 결국 해임되고, 일본군의 앞잡이가 부임해 오면서부터 진주 동학군에게도 최후의 시간이 다가왔습니다.

동족 가슴에 겨눈 조선관군 총부리

하동을 점령한 전라도 동학군은 1894년 9월 11일에는 남해를, 13일에는 사천을, 15일에는 곤양을, 20일에는 진주까지 점령했습니다.

진주 동학도들도 대여촌(代如村, 금산면 용아리 일대)에 모여서 기다리고 있다가 때를 맞추어 진주로 들어가 진주장터에 장막을 치고 진주를 장악했습니다. 결국 손은석이 이끄는 진주 동학군들은 진주 북쪽 지역을 휩쓸었고, 전라도 동학군은 진주 서남쪽을 휩쓸어 경남 서남부를 완전히 장악했습니다. 한편 9월 18일에는 영호 대접주 김인배가 1,000여 명을 이끌고 진주성에 도착했습니다. 진주성 안에 있던 동학군이 성의 둘레에 오색 깃발을 휘날렸고, 성루 맨 앞 깃대에는 붉은 바탕에 보국안민(輔國安民)이라 쓴 대형 깃발을 내걸었습니다. 동라를 두드리고 북을 울리는 가운데 대포를 쏘아 장엄함이 마치 전쟁에서 승리하여 돌아오는 대장군을 맞이하는 환영식 같았습니다.

창검으로 무장한 동학군이 도열한 가운데로 김인배가 걸어나가자 번득이는 창검들이 일제히 길을 열어주면서 진주성이 쩌렁쩌렁 울리는 고함을 질러대는 모습을 본 진주읍민들은 새 세상이 왔다며 눈물을 글썽였습니다.

경상우병마절도사 민준호는 영장을 성 밖까지 내보내 김인배를 영접하도록 한 다음 자신을 낮추어 김인배를 환대하였습니다. 소를 잡아 성대한 주연을 베풀어주면서 그동안 관군에 의하여 처형되었거나 피해를 입은 동학군들의 관용을 빌었습니다.

동학군의 위세에 놀란 진주의 관속들은 일찌감치 도망쳐버렸지요. 관청은 텅텅 비었고 관아들은 마비상태에 빠졌습니다. 사법, 행정 기능은 정지되었고, 이같은 기이한 사태에 대해 누구도 항의하지 못했습니다. 진주성을 함락시킨 동학군들은 다시 각자의 연고지별로 돌아가기 시작했지요. 전라도 동학군들이 진주를 떠난 것은 그해 9월 24일이었습니다.

동학군의 이같은 활발한 움직임은 부산 동래에 주둔하고 있던 일본군에게 즉각 알려졌고, 일본군은 급히 정찰대를 진주로 파견했습니다.

일본 헌병 4명과 조선인 협력자 4명을 함께 보냈지요. 그들은 경남 남서부가 동학군에게 완전 장악되었음을 보고했습니다. 일본군으로서는 결코 그냥 지나칠 수 없는 중대한 장애물이 나타났다고 판단할 수밖에 없었지요.

이제 동학군과의 군사적 정면충돌은 피할 수 없게 되었습니다. 부산의 일본 영사관은 경남 각 지역 지방관에게 일방적 통보를 했습니다.

일본군 출병에 따른 모든 편의를 제공하라는 협박이었지요. 어떻게든 조선의 모든 상황에 걸쳐 군사적으로 개입할 기회를 엿보고 있던 일본에는 다시없이 좋은 상황이 벌어진 것이었지요.

이미 조선 정부는 일본의 군사행동을 저지할 만한 능력이 없다는 것이 여러 차례 입증되었고, 조선 정부의 고위 관리들과 조선의 토호 세력들은 어차피 외국 세력의 간섭을 받을 바에야 일본을 택하는 쪽이 유리하다는 결론을 내리고 있었지요. 이 점은 1910년 조선이 일본 식민지로 전락한 원인에 대해 조선 내부에서 일본의 지배를 강력히 원하고 있었기 때문이라는 일본 측 주장이 유력한 근거로 제시했던 것이기도 합니다.

아무튼 일본군은 1894년 9월 23~24일 일본군 남부병참감(南部兵站監)인 스즈키(鈴木) 대위와 엔다(遠田) 중위에게 각각 1개 중대(약 200명)와 2개 소대를 이끌고 배를 이용하여 통영으로 출동시켰습니다.

그러자 조선 정부에서도 일본의 협박으로 대구판관 지석영(池錫永)을 토포사(討捕使)로 임명하여 진주로 급파시켰습니다.

조선인 동학군을 공격하기 위하여 조선 정부 군대와 일본 군대가 연합전선을 구축한 것입니다.

10월 5일 일본군은 고성에 도착하여 미리 와서 기다리고 있던 조선 관군과 합류했습니다. 연합군은 지금의 사천 축동면 구호리를 지나 10월 7일에 곤양에서 진을 쳤지요. 곤양은 하동, 진주, 사천, 덕산 등 동서남북으로 통하는 중심지이기 때문인데, 이곳을 군사 작전지로 정한 것은 일본군이 아니라 진주 관군이었습니다.

곤양에 주둔한 연합군은 곤양지역 동학군 접주 임석준(林石俊)과 이 지역 동학군 관련자 17명을 체포하여 10월 8일 곤양장터에서 한꺼번에 죽였는데, 먼저 임석준을 총살한 뒤 다시 칼로 목을 베어 장터에다 내걸어놓고, 나머지 동학군들은 한꺼번에 총살했습니다.

이때 총을 쏜 것은 일본군이 아니라 조선 군대였는데, 이같은 작전을 세운 일본군은 조선인들끼리 반목질시하도록 교활한 심리전을 편 것입니다. 그런 뒤 연합군은 본격적인 동학군과의 전투에 돌입했는데, 동학군과의 첫 번째 전투는 하동군 진교면 안심리 뒷산인 금오산 자락 시루봉에서 벌어졌습니다. 곤양장터의 학살사건을 알게 된 동학군은 9일에 진교, 양보, 고전 일대로 들어와 시루봉에다 진을 쳤지요. 성을 쌓고, 깃발을 꽂고, 징, 나팔, 북을 울리며 기세를 올렸습니다. 동학군의 무기는 돌멩이가 주된 것이었고, 활과 화승총이 몇 자루 있긴 했으나 일본군의 무기와 대결하기에는 너무나 초라했습니다.

유해도 분묘도 없이 스러져간

하동 고승당산 동학군 영령들

시루봉에서의 첫 싸움은 한나절을 채 버티지 못한 동학군의 후퇴로 끝이 났습니다. 이 싸움에서 동학군 5명이 전사하고 28명이 생포되었습니다. 나팔 한 쌍, 총 3자루, 큰 징 1개, 북 1개, 도끼 1자루, 괭이 1자루, 쌀 닷 말도 뺏긴 채 동학군은 하동 쪽으로 달아났습니다.

두 번째 전투는 10월 10일 날, 진주 남강을 낀 상평(上坪)에서 벌어졌지요. 진주지역 동학군은 손은석 대접주를 비롯해 여러 지도자가 일본군의 출동에 대비하여 시천, 백곡, 송촌, 집현산, 정정(頂亭), 원본정(院本亭), 수곡, 상평에다 동학군을 배치해 놓고 있었지요. 그러나 일본군은 끝내 남강을 건너지 않았기 때문에 이렇다 할 전투가 이루어지지 않았습니다.

세 번째 전투는 10월 14일 하동 옥종면 고승당산 전투였습니다. 이날 싸움은 동학군과 일본군의 결전이기도 했습니다.

이날의 전투는 특별한 의미가 있었는데, 전투를 총지휘하는 일본군의 명령을 조선의 관군 지휘자가 교묘하게 따르지 않게 되어 일본군만이 동학군과 전투를 벌였지요. 조선의 관군이 빠진 상태에서 일본군과 동학군이 싸운 유일한 경우로 기록되고 있기도 합니다.

그러니까 고승당산 전투를 앞둔 일본군은 이 전투를 반드시 이겨야만 동학군 세력이 확산하는 것을 저지하는 것과 동시에 동학군의 기세를 꺾는 중대 고비가 될 것으로 판단하고 있었지요.

그렇기 때문에 통영에서 출병한 관군 100명과 진주 관군 208명을 토포사 지석영, 영장 박영진으로 하여금 지휘하게 하여 선두에서 공격하라는 명령을 내렸습니다. 그러자 토포사 지석영과 영장 박영진은 비밀리에 의논을 했습니다. 이번 전투는 쌍방이 매우 큰 희생을 치러야 할 것이며, 그러자면 동학군과 조선 관군이 또다시 정면으로 맞서 동족끼리 죽여야 하는 대참사가 벌어질 것은 자명한 일이었지요. 어떻게든 이번 전투만은 피해야 한다고 결론을 내린 뒤 그럴듯한 변명을 짜냈습니다.

통영 관군과 진주 관군 안에는 복잡한 문제가 발생하였는데, 이 문제를 원만히 해결하지 않은 채 전투에 임한다면 자중지란이 일어날 수 있다는 변명을 한 것입니다. 즉 그동안 진행된 여러 전투에서 조선 관군들은 동족인 동학군과 전투를 벌여 서로 죽고 죽이는 일이 계속되었는데, 조선 관군들 사이에서는 언제부터인가 동족끼리의 살상을 놓고 적잖은 논란이 일기 시작하여 자칫 우려할 만한 불상사로 확대될지도 모른다는 것이었지요.

따라서 시간을 두고 그들을 잘 타이르고 설득해야만 전투력이 강화될 수 있으며, 여러 지역에 분산 배치되어있는 관군들을 한 곳으로 불러 모으는 데도 어려움이 없으리라는 것이었지요.

일본군으로서는 더이상 조선 관군을 억압하지 못한 채 일본군 단독으로 전투를 치를 수밖에 없었습니다.

동학군은 5,000여 병력으로 하동 옥종 북방 들판과 고승당산 일대에 진을 쳤습니다. 일본군은 10월 14일 새벽 4시 수곡으로 이동했다가 7시경 덕천강 동쪽에서 강을 사이에 두고 동학군과 대치했습니다.

8시 무렵부터 동학군의 선제공격으로 전투가 시작되었습니다. 동학군은 두 문의 대포를 쏘았습니다만 소리만 요란할 뿐 녹슨 쇳덩어리에 불과했습니다. 일본군은 동학군에게 살상력이 큰 무기가 없음을 알고는 맹렬한 반격전을 폈습니다. 일본군의 신식 무기 앞에서 동학군은 허망하게 무너지기 시작했습니다.

들판에서 야산으로, 야산 기슭에서 다시 산 정상 부근으로 후퇴할 수밖에 없었지요. 결국 바윗덩어리로 천연 요새를 이루고 있는 고승당산 정상에서 최후의 저항을 하는 동학군과 일본군은 두 시간 동안 치열한 공방전을 벌였습니다. 산 정상에 지름 100여 미터 가량의 돌로 쌓은 성안에서 일본군과 싸웠지만 처참하게 패배했습니다.

기록에 따라 조금씩 다르지만 적어도 300여 명의 동학군이 전사한 이 전투는 임진왜란과 6·25를 제외한 그 어떤 역사에서도 그 유례를 찾기 힘든 불행한 사건이자 진주 역사가 안고 있는 또 하나의 치욕이자 슬픔이기도 합니다.

이 전투에서 살아남은 동학군들은 덕산 쪽으로 후퇴하여 전라도 동학군과 합류하여 본격적인 대 일본군, 관군 연합군과의 전투를 맞게 되고 대부분이 전사했습니다.

고승당산 전투에서 죽은 동학군들은 유해도, 분묘도 없이 다만 해마다 음력 10월 13일 저녁만 되면 하동군 옥종면 일대의 후손들이 집에서 제사 모시는 불빛만 서럽게 빛나고 있습니다.

1894년 12월 28일 동학군을 지도하던 전봉준(全琫準, 1854~1895)이 체포되어 1895년 4월 23일 처형 효수되면서 동학군의 민족성전은 새로운 체제로 변화하여 민족의 구원에 나섰고, 동학혁명은 마침내 청일전쟁이라는 새로운 불행을 낳게 되었지요.

진주의 동학혁명운동은 임진왜란 등 진주지역 특유의 역사적 항일의식을 배경에 깔고 있어서 농민은 물론 양반 지식인과 관리나 병사들까지도 이 운동에 동참할 수 있었습니다. 하지만 더 많은 양반 지배층은 역사의 변화를 외면한 채 낡은 성리학적 사회 질서를 유지하는데 발악하다가 침략자 일본군을 구세주처럼 받들면서 동족을 짓밟는데 앞장선 예도 허다합니다. 일제 침략을 정당화하여 부와 권세를 누리며 살았던 이들의 이름이 친일파라는 역사 심판과 함께 뒤벼리 바위에 새겨져 있습니다.

여성교육 선구자 탄생

강재순은 나름대로 민족이 무엇인지를 이해하고 있었던 것 같습니다. 그 자신과 자식들이 어떻게 살아야 진주사람으로서 부끄럽지 않은 삶이 될지를 깊이 생각한 흔적이 그것을 말해줍니다. 그 흔적이란 민족의 핵심을 이루는 이웃과 사회가 하나 되게 하는 것이 무엇인가를 깨닫고 실천한 것입니다.

그중 하나가 봉양학교(鳳陽學校)를 설립하는 데 참여하여 진주사회에서 사립학교 설립의 첫 길을 개척한 것입니다.

강재순이 저 흔해 빠졌던 비곗덩어리 토호로서의 악취 나는 포만과 추악한 안락에 빠져들지 않고 재산과 열정을 기울여 사회 참여의 길을 걷게된 데는 두 여성으로부터 받은 깊은 감명이 크게 작용한 듯싶습니다. 한 분은 구한말 여성 교육의 선구자였던 김 정부인(金 貞夫人)이었고, 또 한 분이 그의 아내였던 전주 이씨(全州 李氏)였습니다.

김 정부인의 생애와 사상은 강재순에게 올바른 삶의 방향을 제시해 준 이정표 같은 것이었지요. 탐욕적이고 저질스러우며 지연, 학연, 혈연을 패거리 압력 수단으로 악용하여 진주문화를 쥐락펴락했던 아전문화의 땅에서 김 정부인 같은 어른이 계셨음은 그저 놀라울 따름입니다.

그분 삶은 몇 가지 특징으로 묶어 말할 수 있을 것 같습니다.

어려운 사람을 따뜻하게 배려해 주는 것, 여성이 무지에서 깨어나야만 세상이 평등해진다는 것, 가난을 구제하는 방법으로서 가장 좋은 것은 개인의 근면과 절약이지만 그것으로서 안될 때는 국가 제도로서 대처해야 한다는 것, 개인의 재산도 궁극적으로 모든 사람의 것이라는 생각과 실천이었습니다.

정부인(貞夫人) 김씨(金氏)는 1843년 진주군 대안면에서 무관인 아버지 김유한(金裕漢) 혹은 규한(奎漢)의 큰 따님이셨습니다. 그다지 넉넉하지 못한 집안에서 자라 17살 되던 해에 진주군 나동면 가신리에 사는 김재권(金載權)과 혼인했습니다. 혼인한 뒤에 알게 된 사실이지만 남편되는 이는 방랑벽이 심한 바람 같은 사람이었습니다.

김재권의 행적에 관하여서는 조금씩 다른 기록들이 전해지고 있습니다.

'김 정부인 기념관(관장 김대준(金大俊))'에서 펴낸 '金正夫人'에서는 "남편이 집안을 돌보지 않고 전라도 지방을 돌아다니며 집에 잘 들어오지 않아 궁핍함은 실로 말할 수 없을 지경"이었다고 적혀 있습니다.

중안초등학교에서 펴낸 '함께하는 생활' 6학년 교재에서는, "김재권과 결혼하였으나 남편이 싫어하여 결혼한 뒤 몇 달 후에 전라도로 나가 버리고 6년 동안이나 돌아오지 않았다"고 했습니다.

박익환, 박기룡이 공동 집필한 논문 '진주권 신교육 발전에 공헌한 김 정부인 일가 행적 연구'에는 규장각 대제학을 지낸 김윤식(金允植)이 지은 비문을 인용하면서 "결혼 직후부터 김재권 공이 멀리 서울로 가서 몇 해가 지나도록 돌아오지 않으니 부인이 혼자

살면서"라고 되어 있습니다. 또 이 논문은 일제 때 조선총독부가 간행한 보통학교 '修身書' 권 5에는 김재권이 전라도로 간 것으로 되어 있음을 밝혀 두고 있습니다.

이같은 기록들을 종합해 볼 때 김재권이 어떤 이유로든 혼인한 지 얼마 안 지나서 집을 떠난 뒤 오랫동안 돌아오지 않았던 것은 분명합니다.

혼자 남은 색시는 신랑의 사랑법이 서운하고 밉기도 했었지만 열일곱, 여덟, 아홉 살 꽃 같은 나이에 어찌 태연할 수야 있었겠습니까.

아무리 뼈대 있고 학덕 갖춘 집안의 규수였기로 한두 해도 아닌 여섯 해를 소식 끊고 돌아오지 않는 남정네에게 어찌 망부가를 부르며 예의범절로 고통의 흔적을 가릴 수 있었겠습니까.

더구나 먹을 양식 끊어지고, 입을 옷 장만할 길 없이 궁핍의 가파른 절벽을 기어올라야 하는 막막한 처지에다 젊은 새댁을 버려 두고 돌아오지 않는 신랑의 경우는 어떤 말로도 변호될 수 없는 명백한 잘못이지요.

소식없는 남편 걱정으로 앉아 굶어죽을 수가 없었지요. 가장 손쉬운 일이 삯바느질이었고, 기왕 내친걸음에 체면따질 필요 없이 품도 팔았습니다. 새벽엔 일찍 일어나 개똥을 주워 모아서 거름으로 팔고, 빈터마다 채소 심고 가꾸어 채소 장사도 시작했습니다.

윤리적 비난 받을 일 아니면 무엇이든 악착같이 일해서 돈을 모으려고 했습니다. 밤낮 안 가리고 일 속에 파묻혀 사는 동안 남편에 대한 원망, 그리움, 자신의 거친 운명에 대한 자학도 잊어버리려고 악문 이를 더욱 악물었지요.

몇 해를 그렇게 일에 매달려 사는 동안 부인은 장사가 자신에게 잘 맞는 일임을 깨닫게 되었습니다. 차츰 장사에 전념했지요. 시집 온 지 3년 만인 나이 스무 살에 혼자 힘으로 논 13마지기를 장만할 수 있었습니다. 그러자 부인의 삶의 방식에 대하여 진주사람들은 이런저런 평가를 덧붙이기도 했지만, 부인은 귀담아듣지 않았습니다. 푼돈을 모아서 목돈으로 키우고 다시 목돈을 굴려서 큰돈이 되면 토지를 샀습니다. 부인 나이 26살 때까지 사 모은 토지가 무려 100마지기 가까웠습니다. 당시 벼 수확량이 1마지기당 보통 한 섬이었으니까 해마다 100섬의 벼를 수확했다는 얘기가 됩니다.

남편 소식은 지나가는 바람결에 얼핏얼핏 살아는 있다고 들렸습니다. 비록 재산이 늘기는 했지만 즐겁고 행복할 수는 없었지요. 끼니도 제대로 먹지 않았습니다. 무슨 재미로 골고루 반찬 갖춰 놓고 따스한 밥 지어 맛있게 먹을 수 있었겠습니까. 자식도 없으니 돈 쓸 일도 없었지요. 밥 한 그릇으로 아침과 저녁을 때우며 살기 10년을 계속했습니다. 10년 동안 점심을 굶었다는 얘기지요.

혼탁한 정치·흉년 틈타 농촌 피폐 아사자 늘자

'여성 군자' 가난 보듬어

혼인 후 남편이 집 떠난 뒤부터 점심을 굶기 시작했던 부인은 혼인한 지 10년 되던 해부터 점심을 먹었지요. 처음으로 임신을 했기 때문이지요. 하늘이 자신의 진실을 알아 점지해 준 자식이라 믿어 태아를 잘 키우기 위해서였지요.

29살에야 첫 자식을 보았습니다. 준섭(俊燮)을 낳은 뒤로 다시는 자식을 두지 못했습니다. 외아들을 두고부터는 더욱 근검절약했지요. 그런 어느 날 진주장에서 3푼을 주고 멸치를 사 와 된장국을 끓였습니다. 된장국을 반찬으로 하여 밥을 먹다 보니 반 그릇만 먹어야 할 밥을 그만 한 그릇 다 먹어 버렸지요. 멸치란 놈이 밥도둑이라며 크게 후회했습니다. 다시 모진 결심을 했지요. 날마다 멸치 반찬값에 해당하는 3푼을 따로 저축하면서 나이 45세 때까지 육류는 물론 생선 한 토막 입에 대지 않았지요.

쉰 살 전후 토지가 진주를 벗어나 곤양, 하동, 사천, 고성, 남해, 의령, 창원, 단성 등 9개 군까지 넓어져 해마다 4,000섬의 수확량을 거두는 경남의 갑부 반열에 올랐습니다.

아들 준섭은 어머니 마음속에 깊이 박혀 있는 한 여인으로서의 아픔을 보면서 자랐지요. 자신만이라도 어머니를 위해 드려야 한다는 생각을 잠시도 놓지 않았지요. 어머니께서 권하는 대로 강씨

(姜氏) 가문 처녀와 혼인하여 아들 넷, 딸 하나를 낳아 어머니의 허전한 품에 안겨드렸습니다. 부인은 참으로 오랜만에 사람 사는 정취를 느끼며 기뻐했지요. 그런 날들 속에서도 근검절약은 변치 않는 철학이었습니다. 진주사람들은 그런 부인에게 자린고비, 꼼쟁이 할매라는 별명을 붙여주었지요.

하지만 부인은 '돈을 모으는 것보다 잘 쓰기가 어렵다'는 나름의 철학을 터득했을 만큼 돈의 참된 가치를 누구보다 잘 아는 분이셨습니다.

19세기 후반 조선은 외세와의 잦은 갈등을 겪으면서 외국 문화를 거부하는 쇄국정책으로 일관했지요. 그러자 조선 정부 관료와 사회 지도자들은 쇄국정책을 지지하는 파와 반대하는 파로 분열되어 나라는 갈수록 혼미해졌습니다.

정치가 거칠어지면서 자연 재앙도 잦았지요. 지난 어느 세기보다 가뭄, 홍수 등의 흉년이 빈번하여 농민들의 삶은 회복하기 힘든 도탄에 빠졌고, 농민 소요는 그치질 않았지요. 가난과 굶주림은 끝없는 유랑민을 낳았지요. 농토가 황폐해지자 정부 재정도 바닥이 났습니다. 참으로 무능하고 부패한 정부였습니다. 진주지방도 가난의 깊은 폐해는 예외가 아니었지요.

그러자 부인은 곳간의 곡식을 풀고, 돈을 쓰기 시작했습니다. 우선 굶주리는 노인과 어린것들이 있는 집부터 양식을 나눠주고 소작인과 이웃에게 양식을 나눠주어서 굶어죽는 사람 숫자를 한 명이라도 줄이는데 진력했습니다.

가난은 언제 어디서든 생겨나는 것이 인간 세상입니다. 그래서 가난을 완전히 구제하는 것은 영원히 불가능한 일임을 잘 아는 부인은 보다 근원적인 방법을 내놓았습니다.

군청, 면(面)에 돈을 기증하여 그 돈으로 공유재산을 조성한 다음 그 수익금으로 지역의 빈곤 문제를 제도적으로 해결할 수 있도록 돕게 되었지요. 부인 나이 54세 때인 1897년 금산면, 축동면, 나동면을 비롯해 부인의 땅이 있는 지역마다 여러 차례 토지를 공유재산으로 내놓아 가난한 이들을 돕도록 했습니다.

인재 발굴에도 마음을 썼습니다. 농업에 재능을 보이는 젊은이들에게는 토지를 주었고, 상업에 솜씨를 보이는 청년에겐 장사 밑천을 마련해 주면서 용기를 북돋웠습니다.

그렇게 한창 생의 보람을 느끼기 시작하던 1898년 부인은 생애에서 가장 모진 시련을 겪었습니다. 아들 준섭이 26세의 나이로 요절한 것입니다. 부인은 자식이 떨구어 둔 다섯 명의 손자와 어질고 근검한 며느리 강씨를 껴안고 세상살이의 아픔을 달랬습니다.

아들을 잃은 뒤 부인의 생각은 또 한 번 세상을 향하여 눈을 떴지요. 남의 자식들을 거두어 키워줄 수 있는 길을 모색하게 된 것이지요. 내 자식만이 아니라 더 많은 자식을 키우는 길이 있다는 것을 깨닫게 된 것입니다.

그것도 아들이 아니라 딸들을 교육해야만 더욱 평등한 세상이 열릴 것이라는 선각자로서의 식견을 실천에 옮긴 것은, 동양 역사상 최초로 군자(君子) 반열에 오른 여성인 정부인(貞夫人) 안동(安東) 장씨(張氏)에 비길만한 일입니다.

여성이 무지에서 깨어나야만 인구의 절반인 여성의 힘을 세상

구원에 이용할 수 있을 것이라 여겨 부인 나이 66세 때인 1909년 첫 결실을 보았습니다.

진주 제일보통학교에 900원의 공사비를 부담하여 여학생을 가르칠 수 있는 교실 두 칸을 지어 기증한 것입니다. 이로 인해 이 학교에 3년제 여자부가 진주 최초로 생겨났으며, 우리나라에서 남녀공학의 효시였습니다.

유교의 신분 질서가 아직 강하게 지배하던 때여서 남녀가 한 학교와 한 교실에서 함께 수업받는 것은 생각하기 어려운 일이었지요. 부인의 판단은 늘 시대를 앞선 것이어서 남학생은 오전반, 여학생은 오후반으로 하는 2부제 수업으로 학급을 운영하는 우리나라 최초의 사건이었습니다.

며느리 강씨는 부인을 무척 존경했습니다. 아들 잃은 어머니 마음을 헤아리듯 며느리 강씨는 시어머니의 손발이 되어 함께 재산을 관리했습니다. 그리하여 마침내 3만 석의 영남 제일 갑부 반열에 올랐지요. 그런 뒤에도 부인의 근검절약은 조금도 느슨해지지 않았습니다. 웬만큼 여유를 보일 때가 되었지만 교만한 적은 없었습니다. 62세 노인이었지만 자신의 육신에 기운이 남아 있는 한 일해야 한다며 손수 집의 축대를 쌓는 일, 외출할 때 가마를 타면 두 사람 이상의 인력이 필요하니 자기 한 사람을 위해 여러 사람을 고용하는 것은 낭비라 여겨 기르는 말을 타고 다녔을 만큼 합리성과 능률을 중요하게 여겼습니다.

이와 같은 덕행으로 부인은 1909년 1월 7일 마산항 개항 기념식을 둘러보기 위해 마산에 내려온 고종황제로부터 며느리와 함께 비단 두 필을 받았습니다. 부인의 근검절약하는 삶과, 이웃의 어려움을 돕는 정신, 일찍 남편을 여읜 슬픔 속에서도 시어머니께 효도를 다 하고 자녀 교육에 헌신한 며느리를 칭송한 것입니다.

이렇듯 진주에는 두고두고 칭송하며 본받아야 할 여성 군자가 계셨습니다.

"학교 세우라" 순종 칙령 선포

김 정부인(金 貞夫人)의 삶은 진주지방 부자들에게 커다란 충격이었지요.

자신이 소유한 재산의 진정한 가치는 이웃의 고통을 외면하지 않는 도덕적 기초 위에서만 성립한다는 것을 실천해 보인 때문이었지요. 그런 부인을 원망하거나 애써 모른 척하려는 탐학에 눈먼 부자들도 많았습니다.

그때 강재순은 1,000석 가까운 정도의 살림이어서 김 정부인의 3만 석에는 감히 비교될 수 없었지요. 하지만 재력으로 휘두르는 위세의 과시가 아닌 참답게 사는 법을 배우려는 자세는 자못 진지했고, 그의 부인 전주 이씨는 이미 오래전부터 베푸는 삶을 소리 내지 않고 살아오고 있었습니다. 비록 큰 부자는 아니었어도 강재순의 토지 1,000여 마지기가 결코 초라한 보통 살림은 아니어서 소작인과 함께 농사를 거드는 사람은 많았습니다. 머슴도 여럿이었고, 걸어서 한나절 좋게 걸리는 먼 곳에도 토지가 있어서 마름을 따로 두기도 했지요. 이씨부인은 일 년 내내 그 많은 일꾼의 집안일을 소리나지 않게 도왔지요. 머슴이나 소작인들의 식구가 앓아누웠다는 소식을 알게 되면 의원을 보내거나 약을 지어 보내는 일에서부터 안식구가 출산했을 때는 미역이며 기운 차릴 먹거리를 보내주는 일, 아이들의 첫돌까지 빠짐없이 챙겨 주었지요.

봄철에서 여름을 날 동안까지 조상 제사를 모셔야 하는 집에는 꼭꼭 제삿날을 기억했다가 제수용 쌀 한 되라도 보내서 큰 시름 덜어주었지요. 가난한 집에서 여름철 제례 한 번 모셔내기란 여간 벅찬 일이 아니어서 조상 영혼이 편안하게 감응하기 어려울 거라는 말이 생겨났을 만큼 무거운 짐이었지요.

이씨부인의 숨은 손길이 은은한 감동과 잊을 수 없는 은혜로 와닿은 일은 이같은 일상사 외에도 많았습니다.

소작인, 머슴 등 일꾼의 딸이 혼인 준비를 할 때마다 여러 가지로 도왔지요. 아무리 옹색한 집안일지라도 혼수의 기본이라 할 수 있는 이불과 옷가지 몇 점은 장만하게 마련이지요. 만일 시댁에 층층으로 어른들이 계실 경우 신부의 집 혼수 준비에 드는 부담은 매우 큽니다.

어른들 치레 이불과 혼수 의복을 장만하는 일은 참으로 힘들고 벅찬 부담입니다. 명주베든 무명베든 베틀에서 베를 짜 겉감을 만들고, 겉감 염색 가공을 하고, 이불이며 겨울 바지 적삼에 넣을 목면을 마련해야 하고, 이불을 꾸미고 옷을 짓는데 드는 수고로움도 크지만, 재료의 마련은 더 힘든 사정이지요.

이 사정은 빈한한 집일수록 더 큰 부담이어서 딸자식을 여럿 둔 집안은 딸들을 시집보내면서 더욱 빈곤해지기 십상이었지요.

이씨부인은 그 많고 무거운 짐을 덜어주는 일을 도맡다시피 해주었습니다. 이불과 옷가지 외에도 떡이며 술과 밥에 드는 양식도 넉넉하게 내주어서 혼인 잔치가 볼품없이 끝나서 부모의 가슴에 못이 되는 일을 없애주었습니다.

자기 집 농사를 돌봐주는 식구가 아니냐며 마땅히 해야 할 일 했다며 인사받기를 싫어했습니다.

주인집은 떵떵거리고 사는데 그 집 일꾼들은 자식 혼사도 제대로 치르지 못해 고통받는다면 그 주인 인품을 뭐라 말하겠으며, 가진 그 재산의 의미가 뭘 뜻하겠느냐며 조금도 고마워할 일 아니라며 손사래 쳤지요.

그러자 시집간 일꾼의 딸들과 사위 되는 이들이 이씨부인을 평생 은인으로 여겼고, 그 부부 사이에서 난 아이들도 자라면서 이씨부인의 고마운 정을 전해 들을 수 있었습니다.

보살행은 비단 자기 농사와 관련된 사람들에 국한되지 않고 이웃들에게도 골고루 미쳤습니다. 가뭄이나 홍수로 흉년이 들면 가깝고 먼 거리를 따지지 않고 곳간의 양식을 나눠주고, 옷을 지어 헐벗은 이들의 슬픔을 감싸주었습니다.

항상 대문을 열어두었지요. 지나는 나그네나 배고픈 행상들뿐만 아니라 배고픈 이웃들도 집에 들어와서 배불리 먹고, 쉬어갈 수 있도록 아예 사랑채 한 채를 더 짓도록 강재순에게 부탁했을 정도였습니다. 그러다 보니 강재순 집에는 일 년 내내 낯선 사람들 발길이 끊이질 않았지요. 강재순은 그런 아내의 모습을 지켜보면서 많은 것을 느꼈습니다. 자신의 불우했던 유년 시절을 떠올리며 자신도 김 정부인이나 아내처럼 이웃에게 필요한 삶을 살게 되기를 바라면서 노력했습니다.

강재순이 대안면장에 추대된 것은 예순네 살 때인 1909년이었습니다. 그 해는 순종황제가 대한제국의 미래를 걱정하며 어린이와 청년들에게 신식교육을 해야겠다고 결심한 해였습니다. 국가

공유재산을 이용하여 각 지역마다 학교를 세우라는 칙령을 내린 해이기도 했지요.

공유재산이 소재한 곳마다 학교를 세운다는 원칙과 함께 그 지역에서 존경받는 인물을 중심으로 하여 학교 설립과 경영을 맡겨서 부족한 비용을 충당하도록 했었지요. 그 당시 진주에는 관립인 진주 공립보통학교, 진주낙육학교가 있었고, 외국 선교사가 세운 사립학교가 있기는 했습니다. 민간에 의해 운영된 것은 봉양재(鳳陽齋)가 유일했지요. 이 봉양재를 근간으로 진주 최초의 사립학교를 설립해 보라는 국가의 권유와 함께 대안면장 자리도 수락했습니다.

강재순이 대안면장이 된 것은 사립 진주봉양학교의 설립과 운영을 위한 명예직이었습니다.

진주 최초사립 봉양학교 설립

　대안면장이 된 강재순이 맨 먼저 하게 된 일은 대안면 소유로 되어 있는 공유지에다 학교를 세우는 일이었지요. 이 일은 진주의 교육 선각자로 알려진 김기수와 함께 추진했습니다. 학교를 세우려고 하는 땅은 이미 지난 1897년 김 정부인께서 고향 대안면에 기부한 400원으로 마련한 면유지도 포함되었던 것으로 보입니다.

　대안면 공유재산은 모두 220마지기였는데 이 토지 대부분을 면민들에게 소작으로 주어서 거두어들인 소작료로 대안면민들의 어려움을 돕는데 썼지요. 학교 설립 계획이 발표되자 공유지 소작인들이 생존권 박탈을 내세우면서 격렬하게 반대했습니다.

　군이 학교를 세울 것이면 농토가 아닌 곳에다 세울 일이지 하필이면 가난한 서민들의 생존 문제가 달린 농지에다 세우느냐는 것이었지요. 소작인들의 저항은 갈수록 완강해졌습니다. 그러자 진주사람들의 의견도 소작인들을 거들었지요. 강재순은 뜻밖의 반대에 부딪히자 곤혹스러웠습니다. 하지만 학교를 세우고 어린아이들에게 새로운 지식을 깨우치는 일도 농사만큼 중요하다는 것을 일일이 설득했습니다.

　농사지을 토지는 새로 장만하면 되지만 자라나는 청소년들에게 가르치고 배우는 일은 미룰 수 없지 않으냐며 농민들을 만났지만, 소작인들의 생각은 달랐습니다. 소작 지을 토지를 대신 내놓겠다는 강재순의 제안을 거절하면서 원망하는 사람도 생겼습니다. 농사짓기 쉽고 소작료도 싼 공유지 대신 내놓은 강재순의 토지는 무엇보다 거리가 멀고 물길도 좋지 않았기 때문입니다.

그런 어려운 가운데서도 학교 건물 짓는 공사가 시작되었지요. 학교가 들어설 땅만 공유지여서 학교 짓는 모든 비용은 전적으로 강재순을 비롯한 민간인들이 책임져야 했지요. 먼저 강재순이 공사비 대부분을 맡기로 하고서 공사를 시작한 다음 남평문씨가 큰돈을 보태주었고, 학교의 설립과 운영을 위한 계획을 마련한 김기수, 김원로씨가 불철주야 헌신했습니다.

진주 최초의 사립학교가 태어나는 일은 생각보다 어려웠습니다. 파란곡절을 겪은 끝에 학교가 모습을 드러낸 것은 불행하게도 대한제국이 일본의 식민지로 떨어지던 1910년이었습니다.

학교 이름은 봉양재를 따서 진주봉양학교(晋州鳳陽學校)라 지었습니다. 국가로부터 정식 설립 인가가 나고 학교 문을 열자 학생들이 모여들었고, 그렇게 상황이 변하게 되자 소작인들도 그들 주장을 거두어들이고 축하를 보냈습니다.

강재순은 초대 교장으로 부임하고 김기수씨가 초대 교감이 되어 학교 운영을 맡았습니다. 학교 문이 열리던 날, 초대받은 진주사람들은 매우 이채로운 모습을 보게 되었습니다. 강재순이 그의 집에서 가져온 종(鐘)을 학교 처마 밑에다 매달아 놓고 덩그렁 덩그렁 종을 울리는 모습이었습니다.

그 종은 강재순이 유년을 보낸 절에서 얻어 온 것이었는데, 그의 집 대청마루에 내걸어놓고 자주 울려오던 종이었지요. 강재순은 지난날의 불우함과 자신이 입어 온 은혜들을 잊지 않으며 나태해

지거나 정신이 혼란할 때 종을 울려서 자신을 가다듬어 왔던 종이
었습니다.

학교가 시작되던 날 강재순은 그 종을 떼어다 학교에 달았지요.
그때까지만 해도 서당이나 민간인이 세운 학교에서 수업 시간을
알리는 종을 치는 경우는 없었기 때문에 진주사람들에겐 자못 흥
미로운 한 사건이기도 했습니다.

1912년에는 전교생이 82명이었고, 강재순이 교장 겸 설립자로
되어 있었으며, 교감은 김기수에서 서진욱으로 바뀌었습니다.

강재순은 큰아들 강상호가 진주농업학교를 졸업하자 아들에게
봉양학교의 운영 책임을 맡기고 싶어 했습니다. 그 일은 일찍이 강
재순이 꿈꾸어 오던 일이기도 했거니와 자신의 나이가 벌써 예순
살이어서 그런 일을 맡기에는 적절치 못하다는 걸 알고 있었지요.
강상호도 아버지의 계획을 순순히 따랐습니다. 그의 나이도 벌써
28살이었고, 동생 영호는 16살, 신호는 11살이었지요.

강재순은 셋째 영호를 장가들이기로 마음먹고 있었습니다. 상호
가 나이 서른에 가깝도록 자식을 두지 못하자 몹시 서운해하던 나
머지였지요. 상호 아내 이귀인(李貴仁)의 고민은 매우 컸습니다.
자식을 가지기 위해 백방으로 애써 봤지만, 효험이 없었습니다. 친
정아버지 이규화(李奎和), 어머니 원씨(元氏)의 마음도 결코 편
칠 못했지요. 혼인한 지 10년이 훨씬 더 지나도록 출산하지 못하여
시댁 어른들에게 불효하는 딸자식의 번민을 짐작하면 더 늦기 전
에 무슨 결단을 내려주어야 하지 않겠느냐며 괴로워했습니다.

그 결단이란 사위 강상호로 하여금 소실을 들여 자식을 보도록

해주는 것이었지요. 원씨는 사위에게 그런 뜻을 내비쳤습니다만 강상호는 오히려 장모를 위로하며 웃어 보일 뿐이었습니다. 그 후로 소실을 들이라는 부인의 간곡한 권유가 계속되었지만, 강상호는 그럴수록 아내를 더욱 사랑했습니다.

강재순으로서도 그런 며느리를 지켜보면서 더는 손자 얘기를 끄집어낼 수 없었지요. 그 대신 셋째 영호의 혼인을 서둘렀습니다. 열여섯 살이 된 영호는 아버지의 혼인 권유를 말없이 따를 수밖에 없었습니다. 자신이 혼인하여 아버지께 손자를 안겨드려야겠다는 뜻에서라기보다는 부모님이 영호를 장가들이겠다는 그 속내 깊은 바람을 차마 거절할 수 없었기 때문이었지요. 영호의 배필은 영호보다 한 살 위인 김또시(金又是)라는 규수였습니다. 의령사람인 김건수(金建秀)와 이삼계씨의 둘째 딸로서 아정(雅正)한 처녀였습니다.

영호가 장가들던 1914년 강상호는 아버지로부터 봉양학교 운영을 넘겨받았습니다. 요즘 말로 하자면 재단 이사장에는 강상호가 취임하고, 김 정부인의 손자인 김기태씨가 교장으로 부임하면서 봉양학교는 제2의 전성기를 맞았습니다.

민족교육 중심 항일운동 태동

1915년 봉양학교 재학생은 68명이었습니다. 남학생만 입학할 수 있었던 봉양학교는 일정한 지식수준을 지닌 사람에 한하여 입학이 가능했지요.

입학시험 제도가 있었고, 산술, 작문, 한문, 국문, 일어 회화가 입학시험 과목이었던 점으로 미루어보아 상당 수준의 청년들이 모여들었던 것 같습니다.

입학시험 과목은 곧 이 학교 교과 과목과 같았는데 실용적인 교육을 강조했던 것으로 판단 할 수 있습니다.

그러나 이 학교의 실제 교육내용은 민족교육이었습니다. 학생들의 나이가 보통 18~20세 전후인 데다 각자 집안 형편도 비교적 부유하고 일제 식민지 정책의 부당성을 어떤 형태로든 비판하면서 독립운동의 필요성을 절감하는 사람들의 자제였다는 점이 민족의식을 강화했을 것으로 여겨집니다.

이런 추측을 뒷받침해 주는 증거가 진주의 3·1민족해방운동 사건을 주도했던 23명 중에서 봉양학교 출신이 6명이나 된다는 사실입니다.

이 학교의 설립 운영자였던 강상호는 물론 이 학교 출신자는 아니지만 이 학교가 일제에게 빼앗기게 된 1919년 5월까지 강상호가 이 학교 교사들과 함께 민족교육을 주도했음을 감안하면 봉양학교 출신자는 7명이 되는 셈이지요. 강상호는 이미 서른 살의 중년으로 접어들어 시대의 아픔을 극복하기 위한 여러 가지 대안 모색으로 분주하게 살았습니다.

3·1민족해방운동 사건으로 징역살이를 한 봉양학교 출신으로는 정봉석, 최웅림, 이강우, 장덕익, 박진환, 박용근 등입니다. 일제시대를 지나오는 동안 이분들의 언행은 곧 진주인으로서의 훌륭한 사표였습니다.

봉양학교 교사들은 가르치는 과목과 상관없이 민족교육의 중요성을 강조하여 학생들로 하여금 민족의식에 눈뜨게 도왔습니다. 교사 중엔 폐교된 낙육학교에서 가르치던 분이나 낙육학교 출신자 중에서도 선발되었지요. 설립자 자격으로 학교 운영에 참여한 강상호도 낙육학교 출신이어서 봉양학교 교사들 대부분이 항일의식으로 무장한 민족자주화 교육 철학을 지닌 분들이었던 셈입니다.

낙육학교 시절이었던 1905년. 을사늑약 체결 때 이 학교 재학생인 청년들은 '동아개진교육회'라는 비밀결사조직을 만들어 일본인이 기거하는 관청이나 건물을 습격하는 항일투쟁을 펼친 적이 있었지요.

그러자 진주 일대에 거주하던 일본인들은 낙육학교 학생들을 매우 두려워했습니다. 그들의 항일운동은 거기서 멈추지 않았습니다. 혈서로 연판장을 만들어 돌리면서 의병운동으로 전환하자는 결의를 다지기에 이르렀습니다.

결국 일본헌병대의 기습작전으로 낙육학교가 포위되고 수많은 진주 젊은이들이 체포, 처형되거나 강제해산 되었지요. 그 폭거에서 살아남는 자들 중에서 몇 사람이 봉양학교 교사로 초빙된 것은 강상호가 그의 부친을 이어 학교 운영에 참여하게 된 것과 관련이 있었습니다.

훌륭한 한 사람의 교사가 한 시대의 어둠과 좌절을 이겨낼 수 있는 수많은 인재를 키워낼 수 있다는 불멸의 자긍심을 가슴 뭉클하게 경험한 진주역사의 한 자랑이기도 하지요. 이렇듯 강상호는 개인사로서의 가정과 집안 문제보다는 한국이나 진주사회가 겪는 민족적 아픔을 적극적으로 치유할 수 있는 방법을 모색하고 실천하는 데 더 많은 여정을 기울이기 시작한 것이지요.

사회적인 일에 밤낮없이 매달려 사는 남편을 바라보는 이씨부인의 마음은 더욱 아팠습니다. 슬하에 자식이 있었다면 남편은 더 큰 애정으로 세상을 쓸어안을 수 있었을 것이라는 생각을 하면서 숨어 울기도 많이 울었습니다.

강상호는 봉양학교를 보다 잘 운영하기 위해 다른 지역에 설립된 사립학교를 자주 방문했습니다. 그중에서 서울의 휘문의숙(徽文義塾)과 중앙학교(中央學校)를 방문한 것은 강상호의 생애는 물론 그의 두 동생인 영호와 신호의 장래에까지 크게 영향을 끼치게 된 사건이었습니다.

영호와 신호가 사립 휘문고등보통학교에 유학하게 된 것은 전적으로 강상호의 선구적인 배려에 힘입은 바가 컸습니다.

또한 1915년 4월 중앙학교를 인수하여 1917년 3월에 교장으로 취임한 인촌(仁村) 김성수(金性洙, 1891~1955)와의 만남은 뒷날 강상호가 동아일보 창간에 주주로 참여하고 동아일보 진주지국을 열게 된 계기가 되었으며, 형평사 창립과 관련하여 동아일보의 격려를 받을 수 있었던 것도 결코 우연이 아니었지요.

이렇게 봉양학교가 진주사람의 기상을 드높이기 시작할 무렵 진주의 다른 한쪽에서는 우리의 민족성을 말살시키고 모든 한국인을 일본인으로 개조하기 위한 황국신민화 세뇌교육장인 '진주신사(晉州神社)'를 건립하기 위한 움직임이 현실로 나타나고 있었지요. 1915년 1월 진주에 거주하는 일본인들이 진주신사봉사회를 조직하여 진주성 안 촉석루 앞에다 신사를 지을 터를 닦기 시작했지요.

그들은 일본 천황 다이쇼(大正)가 천황에 즉위한 날짜에 맞춰서 터 닦기 공사를 끝내고 공사비를 모금했습니다. 이때 진주의 부자들과 유지들이 자발적으로 기부금을 내면서 친일에 나서는 일이 벌어졌습니다. 이때부터 진주 부자들의 친일행각이 나타났습니다. 이들의 친일행각은 대를 이어서 계속되었습니다. 이렇게 시작된 신사참배는 1940년 진주신사 책임자의 절반인 7명이 진주를 대표하는 부자이거나 지도층 인사였는데, 정상진, 정규용, 정태범, 이장희, 이현중, 김동식, 최지환의 이름을 우리는 기억하고 있습니다. 그중 최지환은 경찰 간부로서 강상호의 불행에 깊숙이 관여했지요.

제6장

사람들

"신학문 배우자"

진주로…… 서울로……

강상호는 사람 사귀기를 좋아하는 가슴 따뜻한 진주사람이었습니다. 진주사람 중에는 1910년을 전후해서부터 진주를 떠나 서울이며 일본으로 자식을 유학 보내는 이들이 더러 있었습니다. 그런가 하면 진주 인근 산청, 함양, 의령, 하동 등지에서는 진주로 유학시키는 이들이 많았는데, 특히 산청, 하동, 의령에서 아예 진주로 이사를 오는 사람이 많았습니다. 그들은 예외 없이 상당한 재력가들이어서 한일합방 전후의 격동하는 사회변화를 틈타서 신분 상승 또는 신분을 벗어날 기회를 엿보는 일에 모험을 하기도 했습니다. 큰 도시로 자주 이사를 함으로써 자신에게 덮어 씌워진 신분의 굴레를 다른 사람들이 알아보지 못하도록 하는 것이지요. 그러면서 새로운 호적에 편입되어 양민으로 변신한 다음 다시 이사하여 좋은 집을 장만하고 신식 학교에 보내서 차별받지 않는 삶을 살도록 애썼지요. 하지만 그런 일은 쉽지 않아서 때로는 세상의 비웃음거리가 되기도 했습니다.

의령에서 진주 옥봉으로 이사 온 이들 중에는 이학찬(李學讚), 장지필(張志弼)이라는 이도 있었는데, 이 두 사람은 훗날 진주 형평사 창립과 형평운동의 주역이 되기도 했을 만큼 재력도 있었고 신식교육도 받아서 신분 차별이라는 시대적 아픔을 온몸으로 겪었던 분들입니다. 이들이 진주로 옮겨온 것은 신학문과 세상의 변화에서 소외되지 않기 위해서였지요. 그들의 신학문을 향한 열정은 무서우리만큼 집요했는데, 재력이 뒷받침되기 때문에 목숨을 걸고 서울이든 일본이든 도전했습니다.

이런 분위기 속에서 강상호도 서울 유학에 대한 미련을 떨쳐버리지 못하고 괴로워하면서 청년기를 보냈지요. 그러나 연세 많은 부모님과 아내를 남겨두고 혼자 서울로 떠날 수 없어 진주땅을 맴돌았지요. 외지로 나가 신학문을 익히고 다양한 변화를 체험하는 동무들에 대한 부러움과 열등의식은 강상호를 오래 괴롭혔습니다.

신식 옷감으로 양복을 맞춰 입고 고향을 다니러 온 서울 유학생들 앞에서 강상호는 한없이 부끄러워했습니다.

무엇보다 서울 유학생들은 강상호가 배우지 못한 영어(英語)를 학교의 정식과목으로 배우고 있어서 다양한 신학문에 대한 호기심은 더욱 컸지요.

강상호는 진주농업학교에서 수신, 조선어, 국어, 수학, 박물, 물리, 화학, 측량, 토양, 비료, 작물, 축산, 양잠, 경제, 임업, 체조를 학과목으로 배운 데 비하여 서울 휘문의숙에 유학하는 동무들은 수신, 한문, 국어, 역사, 지지(地誌), 물리, 수학, 작문, 영어, 도화, 체조를 배웠습니다.

강상호는 서울이 그리웠습니다. 몇몇 동무들을 설득하여 함께 서울 구경을 다녀오기도 했지만, 근원적인 그리움은 여전히 갈증으로 남아 있었지요. 진주농업학교를 졸업하던 해에는 휘문의숙에 다니는 친구들을 찾아가 여러 가지 토론을 벌이면서 자신의 정체성을 찾는 데 시간을 보내기도 했지요. 차츰 서울을 향한 열정이 식으면서 자신이 태어나 살아온 진주에서도 얼마든지 보람 있는 삶을 누릴 수 있다는 자신감을 얻어갔습니다.

그러면서도 반복되는 폐쇄적 관습들이 새로운 생각과 행동을 저지할 때나 유학생들의 가슴 부푼 성공담이 자신에게 패배 의식이나 열등의식으로 작용할 때면 며칠씩 괴로워했지요. 그러는 중에 나이 서른 살이 되고 진주에 일본인들 숫자가 계속 증가하면서 자신의 정체성이 흔들릴 때가 잦았습니다.

그럴수록 그는 진주의 여러 가지 단체에 들어가 활발하게 움직이면서 흔들리는 자신을 붙잡기 위해 애를 썼지요. 진주측량학교에 관여하여 측량기술자 양성에도 힘을 기울였습니다. 일본인들 중심으로 생겨난 진주채화학습회(彩畵學習會)에 가입하여 막내동생 신호에게 그림 공부를 시키는 일, 진주보통학교 동창회 일을 맡아 보는 것, 특히 공립진주보통학교의 사친회장으로서 학교를 돌봐주는 일에는 몸을 아끼지 않았지요.

그가 사친회장 자격으로 참석한 공립진주보통학교 제5회 여학생부 졸업식은 매우 뜻깊은 행사였습니다.

저 유명한 김 정부인의 배려로 시작된 공립진주보통학교 여학생부는 첫 회부터 졸업생을 낼 수 있었습니다. 비록 숫자가 극히 적고, 입학과 졸업이 불규칙했지만, 남녀 차별이 엄존했던 당시 진주 사회에서 딸자식을 신식학교에 보낸 부모님들도 고마우신 분들이지만, 오전에는 남학생을, 오후에는 여학생을 가르쳐 주신 선생님들의 은혜는 진주문화사 중에서도 가장 향기로운 인간의 길이었습니다.

여학생부 제5회 졸업식 사진에는 9명이 서 있습니다만 학적부에는 8명뿐입니다. 어떤 학생이 빠졌는지 알 길이 없어 애가 탑니다. 박양춘(朴陽春, 1905년생, 아버지 박성완, 평안동, 양조사업)은 1912년에 입학하여 1916년에 졸업하는데, 3년제 학교를 5년 동안 다닌 셈이지요. 아마 무슨 일이 있어서 학교를 여러 차례 쉬었던가 봅니다. 김숙민(金叔敏, 1905년생, 어머니 천미산, 농업, 비봉동)도 5년 동안 학교를 다녔던 것 같습니다.

권중자(權重子, 1903년생, 아버지 권상언, 갓 만드는 사람, 평안동), 손경희(孫璟禧, 1904년생, 어머니 육소사, 농업, 비봉동), 손삼순(孫三順, 1903년생, 어머니 방소사, 농업, 대안동), 양홍숙(梁弘淑, 1900년생, 아버지 양진현, 농업, 비봉동), 권수애(權守愛, 1905년생, 아버지 권명선, 관리, 의령에서 대안동으로 이사), 이돈수(李敦守, 1904년생, 아버지 이영진, 종이 장사, 동성동) 등 8명입니다. 이들 중 보호자가 어머니로 되어 있는 세 여학생의 경우 어머니의 이름이 매우 특이한데, 천미산(千眉山), 육소사(陸召史), 방소사(房召史)라는 이름으로 미루어보아 기생이었던 것으로 보입니다.

이분들의 이름을 이렇게 거명한 것은 당시 이 학교의 등장이 얼마나 진취적이었고 새로운 시대의 흐름을 짐작케 해주는지를 가늠해 보기 위해서일 뿐입니다.

진주공립보통학교 제5회 여학생부 졸업사진(1916년). 앞줄 오른쪽 세 번째가 강상호.

일제 감시 뚫고 싹트는 독립의식

봉양학교 운영을 맡게 되면서부터 강상호는 자신의 두 어깨 위에 얹힌 책임의 무게를 새삼스럽게 느꼈습니다. 나이 서른을 넘었고, 이제부터는 아버지의 그늘을 벗어나 자신의 삶을 스스로 살아야 한다는 것과 아버지께서 지고 오신 집안 가장으로서의 사명감까지 이어받아야 했기 때문이지요. 부모님께는 대이을 자식을 낳지 못한 점이 무엇보다 죄스러웠습니다. 더구나 칠순 넘은 어머니는 병석에 누운 뒤로 대이을 자손을 걱정하셨고 열여섯 살 된 영호를 혼인시켰지요. 어머니는 영호 내외에게서도 손자를 볼 기미가 없자 이제 열네 살 된 막내 신호까지도 혼인시킬 작정을 했습니다.

어머니는 병세가 위중해져 가는 것만큼이나 대이을 손자를 보지 못하고 있는 점을 안타깝게 여겼지요. 죽어서 조상님 뵐 낯이 없으시다는 말씀을 반복하시면서 말이지요.

어린 신호를 혼인시키겠다는 것은 단순히 손자를 보기 위한 것만은 아니었습니다.

워낙 늦은 나이로 두신 막내여서 어머니 살아계실 적에 짝이라도 맺어주고 떠나고 싶은 애절한 마음이 더 절박하게 드러났던 때문이지요.

결국 열네 살 난 신호는 두 살 위 1902년생인 최또분(崔又分)과 1917년 봄에 혼인했습니다. 그리고 신호가 장가든 그해 가을 강재순의 아내 전주 이씨는 73세를 일기로 은혜와 자비의 생애를 마쳤습니다.

강상호는 어머니의 죽음 앞에서 자신의 왜소하고 무력함을 뼈저리게 느끼며 통곡했습니다.

강재순의 나날은 이제 혼자 남아서 언제일지 모르는 죽음까지의 길을 걸어가야 한다는 쓸쓸함으로 채워졌습니다. 그나마 다행인 것은 신호의 그림 재주가 신통하여 마치 큰 손자를 대하듯 신호가 그린 그림을 보면서 칭찬해 주거나 신호에게 그림 공부를 가르치는 일본인 오까와 일행들을 불러 술대접하면서 즐거워하는 시간이 있다는 것이었지요. 영호는 상호의 주선으로 서울 휘문의숙에 유학을 떠나고 그의 어린 색시는 혼자 남아서 상호 아내와 함께 시아버지를 모시고 지냈지요.

영호는 천성이 매우 온화한 데다 귀티 나는 미남자였습니다. 서울 유학길에 오른 뒤에도 진주의 아내에게 곧잘 소식을 전했지요. 영호 내외가 서로를 애타게 그리워하는 마음을 지켜보는 상호 아내는 두 사람이 함께 지낼 수 있도록 해주면 어떻겠느냐고 남편에게 사정했습니다. 하지만 강재순은 못 들은 척했습니다.

한편 새신랑이 된 신호는 전혀 장가든 사람 같지 않았습니다. 색시와 한방에 들었는가 싶었는데 다음 날 아침이 오면 신호는 아버지 곁에 자고 있거나, 사랑채에서 혼자 있는 것이 발견되곤 했지요. 하루 종일 말 한마디 건네지 않고 지내는 일이 예사였지요. 신호는 그림 그리기에만 매달렸고 그의 아내도 신호를 달래보려는 그 어떤 짓도 하지 않은 채 지냈습니다.

식구들이 두 사람을 위해 무던히 애도 썼지만 두 사람은 좀처럼 정을 들이지 못했습니다.

강재순은 아내를 먼저 보낸 뒤부터 가좌리 집에서 지내는 경우가 잦았고, 강상호 아내 이귀인은 시아버지 봉양과 나이 어린 손아래 동서들을 다독거리는 데 무척 힘이 들었지만, 겉으로 전혀 내색하지 않았습니다. 그러나 이런저런 수심이 쌓여가는 마음은 날로 무거워져 가끔씩 앓아눕기도 했지요.

강상호는 봉양학교 일뿐만 아니라 차츰 만나는 사람들의 폭이 넓어지면서 분주하게 지냈지요. 진주엔 일본인들 숫자가 계속 불어나 길거리엔 일본 상품을 파는 가게도 생기고, 여러 곳에 일본인이 경영하는 공장이며 일본 건물들이 속속 들어서면서 식민지로서의 진주 모습을 갖춰가기 시작했지요.

나날이 변모해 가는 진주 풍경 가운데서 봉양학교를 둘러싸고서 생겨나는 일들만큼 진주사람들을 두렵고 희망에 찬 기대를 품게 하는 것도 드물었습니다.

봉양학교 작문 시간에 학생들이 지은 나라 사랑을 주제로 한 글이 학교 밖에까지 흘러나왔지요. 이 글을 읽은 사람들은 마치 중대한 비밀을 몰래 전하듯이 다른 사람에게 은밀하게 전달해 주었고, 그런 짜릿한 글 읽기는 진주사람들 가슴속에다 조심스럽게 독립운동의 싹을 틔워주고 있었지요.

진주경찰서가 이런 기미를 눈치채지 못할 리가 없었지요. 강상호와 봉양학교 교사들을 불온한 조선인으로 규정했지요. 하지만 아직 체포할 만한 단계까지는 이르지 못해서 계속 감시 대상 인물로 떠올라 있었습니다.

봉양학교의 이런 움직임이 공립진주보통학교에서는 일어나지 않고 있었는데, 일본인 교장과 중요한 책임을 맡은 일본인 교사 몇몇의 감시 때문이었지요.

군인이나 경찰 같은 옷을 입고 허리에 칼을 찬 교사들은 일본인 교장의 매서운 감시와 감독의 눈을 피해 학생들에게 독립의식을 심어주기란 결코 쉬운 일이 아니었겠지요.

봉양학교가 진주사람들에 의해 세워진 사립학교라면 호주 선교사들에 의하여 세워진 기독교 선교 목적을 띤 또 하나의 사립학교가 있었는데 광림(光林)학교가 그것입니다. 1906년 9월 13일 진주 대안면에 있던 야소교 예배당에서 처음 시작된 광림학교는 남녀 공학이었던 셈입니다. 여기서도 당시 진주사회의 남녀 차별 분위기를 반영하여 여자부를 따로 두었는데, 교회에 다니는 기독교 신자 학부모들의 딸자식들이 주된 학생이었습니다.

공립진주보통학교에 여자부가 개설된 것이 1910년이었던 점, 김 정부인의 여성 교육에 관한 관심으로 건축비 전액을 개인이 부담하여 교실이 지어졌던 점을 감안해 보면 1906년 대안면 예수교 예배당에서 시작된 광림학교 여자부가 김 정부인 같은 선각자에게 신선한 충격으로 작용했던 것 같습니다.

아무튼 광림학교에서도 봉양학교 못지않은 민족교육이 있었던 것으로 보이는데, 훗날 진주 3·1운동 주도자 23명 중 7명이 광림하고 출신이면서 강상호와 가까운 동지였던 사실이 이를 입증하고 있기 때문입니다.

특히 강상호의 비서 격이었던 정성호(鄭成鎬, 1898년생), 박성오(朴星午, 1896년생)를 비롯해, 고성 출신 김영조(金永祚, 1899년생), 경북 영덕 출신 김태동(金泰東, 1891년생), 이영규(李永圭, 1896년생), 천명옥(千命玉, 1895년생), 교사였던 한규상(韓圭相, 1898년생) 등이 광림학교 출신이거든요.

지식인들 급변하는 정세 토론

강상호는 거의 날마다 여러 가지 모임에 참석하느라 집안일에는 마음 쓸 겨를이 없었습니다. 대부분의 모임은 독립운동을 주된 목적으로 하면서도 겉으로는 조금씩 다른 성격으로 비쳤는데, 주요 인물들은 중첩적으로 모임의 중요 직책을 맡고 있었지요.

강상호가 가장 가깝게 만난 사람은 강달영(姜達永, 1886년생), 정준교(鄭準教, 1878년생), 권채근(權采根, 1889년생), 김재홍(金在弘, 1886년생), 박진환(朴進煥, 1886년생)이었지요.

그 외에도 봉양학교 출신인 박용근(朴龍根, 1884년생), 이강우(李康雨, 1890년생), 장덕익(張德翼, 1891년생), 정몽석(鄭夢錫, 1896년생), 최웅림(崔雄林, 1895년생) 등을 만나서 진주의 장래 문제를 토론했습니다.

정준교와 권채근은 광산업을 하고 있었지만, 큰 수지를 못 맞추고 있어서 경제적으로 늘 약한 편이었지요. 모임을 유지해 나가기 위해 필요한 자금은 주로 강상호와 잡화상을 하는 박진환, 부친의 농사 덕을 입고 있는 김재홍이 번갈아 가며 맡았고, 강달영은 항상 빈손으로도 자신감을 잃지 않고 열변을 토하며 묘책을 마련하여 친구들을 이끌었습니다. 특히 강달영은 강상호한테서 용돈을 얻어 썼을 만큼 친밀한 사이였지요. 이들 대부분은 신식교육을 받은 데다 비교적 넉넉한 살림이어서 끼니며 용돈 걱정을 하지 않아도 되는 계층에 속했지요.

강상호는 술을 좋아하지 않았고 담배는 피우지 않았지요. 아무리 즐거워도 노래를 부르거나 춤을 추는 일도 드물었습니다. 그러면서도 한 가지 일에 몰두하면 무서운 집중력을 보였고, 달변가로 소문난 강달영 못지않게 자신의 견해를 논리적으로 설득력 있게 전개하는 능력은 탁월하다 할 만했습니다.

1918년으로 들어설 때부터 강상호는 친구들을 만나고 무슨 의논인가를 한다면서 줄곧 집밖에서 보내는 시간이 많아졌습니다. 정준교가 잘 드나드는 청수관(淸水館)이라는 기생집에서 주로 회합을 가졌지요. 강달영, 박진환, 정준교, 김재홍, 권채근, 강상호가 주로 어울렸는데, 식민치하의 한국 정세와 한국의 어린이, 청소년들을 어떻게 가르쳐서 미래를 준비할 것인지를 놓고 끝없는 논쟁을 벌였지요.

또한 그즈음 진주사회에서 회자되고 있는 몇 사람의 삶에 대해서도 의견을 나누면서 진주의 미래와 그들의 삶의 관계를 짚어보기도 했습니다.

맨 먼저 거론된 사람은 최지환(崔志煥)이었지요.

최지환은 1882년 진주에서 났지요. 1906년 일제 통감부 진주경무서 순검이 된 이후 1907년에는 통감부의 한국 군대 해산령에 따라 진주에 주둔하던 진영대를 해산하는 데 앞장서서 통감부로부터 신임을 얻었지요. 그 공로로 1908년 목포경무서 경부로 승진할 수 있었지요. 일본을 위한 그의 충성은 놀라운 데가 있어서 1910년 한일합방 후에는 조선총독부 경부가 되었고, 1912년에는 한일합방의 공로를 인정받아 '조선병합기념장'이라는 훈장을 받았습니다.

그는 1917년 한국인 경찰관이 승진할 수 있는 최고의 계급인 경사가 되었는데 진주경찰서에 근무하면서 세운 공로가 가장 컸지요. 그러다 보니 진주 인사들한테서 듣게 되는 그의 평판은 항상 찬반 양극으로 갈라졌습니다. 그는 재산을 모으는 데도 수완이 있어서 진주에서 금융업을 하는 일본인과 함께 그의 집안사람을 동업자로 참여시켜 사업을 지원했지요.

또 한 사람은 옥봉에 주소지를 둔 장지필(張志弼)이라는 백정이었습니다. 그는 원래 의령에 살다가 진주로 이사 온 이였는데, 그의 아버지 때부터 건어물과 지물포를 열어 재산을 모은 집안이었지요. 또한 피혁과 함께 아교(阿膠)의 제조공장을 경영하여 큰 돈을 모았다는 소문도 있었습니다. 아교란 짐승, 특히 소의 가죽, 뼈, 힘줄을 고아 그 액체를 말린 황갈색의 딱딱한 물질을 말하는데, 물건을 접착시키는 데 쓰는 접착제입니다. 정제하여 투명하게 된 것을 젤라틴이라고도 부르지요. 주로 목재로 만드는 대부분의 생활용품에서 목재로 짜맞추는 문 종류는 물론 목재 기구의 제작에는 필수적인 물건이지요. 그의 윗대 조상들은 백정이라는 신분을 벗어나기 위해 매우 치밀하게 계획을 세웠던 것 같습니다. 목돈을 모아 아주 천천히 일반인의 직업으로 바꾸어가면서 계속하여 거주지를 큰 도시 쪽으로 옮겨가는 것이었지요.

그같은 계획으로 장지필에게 신식교육을 받게 했던 것 같습니다. 어떤 과정을 거쳤는지는 정확하게 알려지지 않았으나 장지필이 일본 와세다대학을 다니다가 중도에 그만두고 돌아왔다는 소문이 널리 퍼져있는 것만은 사실이었습니다.

진주로 돌아온 장지필은 옥봉의 백정 자제들이 존경하는 인물이었지요. 그는 전국을 돌아다니면서 백정의 현상을 조사하는 한편, 일제하에서 똑같은 식민지의 국민이면서도 다시 백정차별을 강조하는 한국사회의 모순을 공박하기 위한 준비를 하고 있었지요.

장지필에 대한 관심은 강달영이 강상호보다 더 컸습니다.

또 다른 한 사람은 정상진(鄭相珍)이었습니다. 진주사람으로서는 최초로 성냥과 석유를 팔게 된 것을 두고 그의 사업 수완을 높게 평가했지요. 성냥과 석유는 한국에서 생산되는 것이 아니었지요. 특히 성냥의 편리함과 유용성을 누구보다 빨리 알게 된 그는 부산사람이 일본에서 수입해 들인 것을 다시 사들여서 진주사람들에게 보급한 것이었지요. 하지만 석유는 워낙 비싸고 귀한 물건이어서 웬만큼 여유 있는 집이 아니면 쉽게 살 수 없었지요. 아직 전기 시설이 안 된 진주에는 촛불이나 기름불, 즉 들기름, 아주까리 기름 등 식물성 기름으로 등불을 켤 때여서 석유로 등불을 켜는 것은 한 시대 문명사의 진보로 기록될 만한 일대 사건이었지요. 신기하고 편리하기로는 성냥의 위력도 대단했습니다. 부싯돌이 주요 점화 도구였던 시절이었으니까 성냥은 가히 기적 같은 물건이었지요. 정상진은 1890년대 초에 고성사람한테서 석유와 성냥에 대한 정보를 듣고 곧바로 손을 대었는데, 큰돈을 거머쥘 수 있었는지는 모르지만, 신문물을 유통했다는 점으로만 볼 때도 진주사람들에게 커다란 화젯거리였음은 분명했던 것 같습니다.

조선제일 진주기생 '쇠락의 길'

청수관 기생들은 강상호와 그의 동지들을 헌신적으로 도왔습니다. 예부터 진주기생은 가무가 빼어나고 전국 최고의 기예를 지니고 있었던 데다 정조가 두텁고 순박하여 북평양 남진주라는 기생 문화를 가꾸어 왔습니다.

절정기에는 왕실에서 베풀어지는 잔치에 초대받은 명기들도 많이 있었고, 임금의 전용 가마에 실려 궁중으로 초청된 기생이 있었을 만큼 진주기생의 역사와 정조는 고왔습니다.

그럴 수 있었던 것은 그들 스스로 기생학교 제도를 운영하여 엄격한 수업과 인품 수양을 쌓았기 때문이지요. 기생학교는 3년 동안에 걸쳐 정해져있는 학과목과 실기를 교육해 합격한 사람에게만 기생 자격을 주었지요. 학교는 오전 오후 시간으로 나누어 가르쳤는데, 가무, 음곡, 산수, 국어, 예법, 고전 시조, 가야금, 유행가, 서화가 주요 학과목이었지요. 이와 같은 기생학교와 기생들이 살아가는 제도는 국가의 한 기능을 담당하는 관기(官妓) 제도로 운영되었는데 진주목사와 경상우병사의 통제를 받았지요. 진주라는 제한된 지역에 권한이 막강한 두 국가 기관, 그것도 하나는 일반 행정 관청이고 다른 하나는 군사를 통수하는 관청이어서 기생들의 숫자도 그만큼 많아야 했거니와 기예와 정조도 다른 지역 기생들과는 차별화되어야만 했겠지요.

이같은 관기 제도는 갑오개혁(1894년) 때 일본 망명에서 돌아온 김옥균 등 급진 개혁파에 의해 모든 문물제도를 개혁하는 정책이 채택되면서 1905년 마침내 폐지되기에 이르렀지요.

그러자 진주기생들은 새로운 시대의 변화를 받아들여 그들 스스로 조합을 만들어 진주기생의 전통을 이어가고자 했습니다. 그러나 조합 제도라는 신선한 발상과는 달리 실제 경영에는 많은 어려움이 따랐기 때문에 수입보다는 지출이 많아 1915년 조합 해체를 할 수밖에 없었습니다. 이런 현실을 냉철하게 분석하여 대안을 제시한 것은 진주경찰서 경부부장을 지내던 일본인 전전(前田)이었습니다. 그는 진주 출신이면서 진주경찰서의 경부로 있는 최지환(崔志煥)에게 기생조합을 비밀리에 재결성시켜 유지할 수 있도록 도우라는 지시를 내렸습니다.

그때 진주기생을 책임지고 있던 어른은 금향(錦香)이란 나이 든 분이셨는데 그분을 주축으로 기생들만의 조합을 다시 조직하고, 회계장부의 철저한 기록과 감독 제도를 도입하여 빠른 시일에 재기할 수 있었습니다.

그때부터 기생조합의 명칭이 권번(券番)이란 일본 이름으로 바뀌었습니다. 이렇게 성공하여 사업으로서도 성공할 가능성을 보이자 그때까지 구경만 하던 남자들이 경영권을 탐내기 시작했지요.

여성들만으로 기생조합을 만들어 운영해 나가는 것과 기생조합 운영권을 남자가 장악하여 운영하는 것은 여러 가지로 다른 평가를 할 수 있게 만들었지요. 진주권번의 운영자 즉 권번장(券番長)으로 이름을 날린 사람으로는 서진욱(徐珍旭), 김창윤(金昌允), 최지환, 전두옥(全斗玉), 박규석(朴圭錫), 김동식(金東式), 정태범(鄭台範), 허억(許憶), 강주수(姜周秀) 씨 같은 분들로, 진주문화사의 뒷그늘에서 찾아낼 수 있지요.

아무튼 강상호와 그의 동지들이 일제의 식민 탄압 정책에 대한 대대적인 규탄과 항의를 준비하기 위해 청수관을 주요 논의 장소로 택하게 된 이유도 이곳 기생들의 항일의식과 항일 지사들에 대한 존경심 때문이었지요. 1919년으로 들어서면서부터 강상호 일행의 모임은 더욱 비밀스러워졌고, 그만큼 청수관 기생들의 특별한 배려가 필요해졌지요.

그 무렵 강상호를 홀로 흠모하게 된 기생이 있었습니다. 아직 강상호는 눈치 못 채고 있었지만, 기생들 사이에서는 이미 머잖아 뜨거운 일이 벌어지게 되리라며 은근히 기대하고 있었습니다.

강상호는 술을 잘 마시지 않는 데다 좀처럼 흐트러진 모습을 보이지 않는 사람이었고, 무엇보다 아내를 향한 애정이 각별하여 누구도 강상호의 마음을 흔들어 빈자리를 만들기란 불가능할 듯 보였습니다. 하지만 죽향(竹香)이란 어린 기생의 짝사랑은 아무것도 두려워하지 않았습니다. 그녀의 본명은 이춘엽(李春葉, 1902~1992). 죽향은 이제 17세였고, 강상호는 32세여서 두 사람은 16년이란 차이가 있었지요. 아버지와 딸 사이가 될 수도 있을 만한 차이였지만 연인이 된다 하여도 아주 불가능한 일은 결코 아니었지요.

1919년 2월로 접어들자 한국 안에서보다는 나라 밖 일본에 유학 중인 젊은 지식인들 사이에서 독립운동의 대대적인 전개가 절실하다는 기운이 무르익어 갔지요. 나라 안에서는 비밀 조직이 만들어지고 해외와의 지속적인 연락을 하면서 공조 체제를 유지해갔습니다. 진주 청년 지식인들도 그런 기류를 감지했습니다. 차츰 비밀리에 모이는 횟수가 잦아지고 강상호의 역할도 그만큼 커졌습니다. 그럴수록 죽향은 강상호를 향하여 한 걸음씩 다가서고 있었지요. 강상호도 이제 그런 눈치를 읽기는 했지만 애써 모르는 척했습니다. 죽향이 강상호를 흠모하여 열병을 앓고 있을 때 고종황제가 사망했지요. 고종이 일본인에게 독살당했다는 풍문이 퍼져서 온 나라가 뒤숭숭했습니다. 진주에서도 고종황제의 국장(國葬)인 인산례(因山禮) 참여 문제로 몹시 어수선해지고 있음에도 죽향의 애모는 점점 더 깊어졌습니다.

3·1운동 소식 전파······ "일어나라 내 조국"

고종황제의 장례식에 참석하기 위해 몇 차례 의논이 있었습니다. 이때는 이미 일제의 만행을 더이상 참을 수 없다는 민족적 분노가 폭발하기 직전이어서 일본 경찰에서도 비상한 경계를 하기 시작했지요.

일본의 만행은 노골화되고 있었지요. 진주 가까운 여러 곳에서 한국인의 생존권을 박탈하는 만행에 맞선 충돌과 시위는 1916년을 지나면서부터 점점 가열되었지요.

1918년 8월 고성의 어민들이 일본인 자본가의 임금 차별에 대항하여 동맹파업을 벌인 사건 이후로 통영, 사천, 남해의 어민들과 일본인 자본가 수산업자와의 갈등과 충돌이 계속 이어졌지요.

특히 진주는 일본인 상인, 자본가들이 금융업, 운수업, 정미업, 양조업, 방직업 등 경제 모든 부문에 진출하여 민족 자본의 성장을 가로막고 경제권을 장악해 나가는 데 대한 불안과 불만이 누적되고 있었지요.

누군가에 의하여, 반드시 한 번은 터지고야 만다는 위기의식이 팽배해져 가는 가운데서 죽향의 짝사랑도 점점 더 깊어지고 부풀어 올라 이제는 누가 봐도 강상호의 연인이라는 것을 알 수 있을 만큼 표면화되고 있었지요.

죽향의 집요한 유혹은 강상호의 마음을 조금씩 움직였습니다. 그런 기미를 누구보다 먼저 눈치챈 것은 그의 부인 이귀인이었지요. 이귀인은 결코 어떤 내색도 하지 않았습니다. 다만 상대가 기생이라는 점이 적이 마음에 걸렸을 뿐입니다. 강상호는 죽향의 애모를 끝까지 외면하지는 못했습니다. 그런 중에 고종황제 장례식에 참여했던 경상도 대표들이 돌아왔고 일제 만행에 항거하는 집회 계획이 속속 세워지기 시작했지요.

그중에서 창원의 변상태는 2월 하순 중앙으로부터 명령을 받고 1919년 3월 1일의 서울 독립만세시위에 참가한 뒤 서부 경남 일대의 의거 책임을 맡고 돌아왔습니다. 그는 함안, 창원, 고성의 동지들을 불러 모아 서울의 시위 소식을 전하고 시위를 모의하였지요.

경남지방에서는 1919년 3월 3일 부산과 마산에 독립선언서가 배포되고 서울의 시위 소식에 자극받아 최초의 시위가 불붙었지요. 3월 13일에는 동래. 창녕. 밀양에서 시위가 터지고, 3월 14일에는 의령, 3월 17일에는 함안에서 시위가 터졌습니다.

변상태는 진주의 이강우(李康雨), 김재화(金在華)와 연락하여 진주에서도 만세시위를 벌이도록 모의했습니다.

김재화는 곧 동지들을 비밀리에 불러 모았지요. 다른 지역에 비해 다소 늦어진 것은 경남 시위의 진원지인 부산, 마산에서 먼 거리였기 때문입니다. 아무튼 진주 시위의 책임자들은 시위 방법을 논의한 끝에 진주를 네 등분으로 나누어 동시다발적으로 시위를 벌임으로써 진주사람들의 참여도를 높임과 동시에 진주 인근 농촌 마을 사람들에게도 시위 참여를 유도하고 확산시킨다는 결론을 내렸습니다.

먼저 진주 시위의 핵심 인물 중 한 사람인 김재화는 강달영, 권채근과 함께 진주 역사에서 일본 침략과 가장 깊고 참담한 내력을 지닌 땅으로 꼽히는 옛 대사지(大寺地) 매립지에서 독립선언서를 낭독하고 시위의 불길을 당기기로 했지요. 이같은 장소 선택은 그들의 계획이 얼마나 치밀했는지를 짐작하게 해줍니다. '대사지'란 이름은 오래된 전설과 함께 진주 역사의 아픔과 슬픔을 흙 속에 파묻어 지니고 있는 통한의 증거입니다.

진주성 북문 밑에 있었던 기다란 호수였지요. 진주성을 방어하기 위해 만든 해자(垓字)의 일종으로도 볼 수 있는 호수인데 실질적으로 1591년 진주성 1차 전투 때는 대사지가 진주성의 방어기능을 톡톡히 해내기도 했습니다. 북쪽 성벽을 따라 세 개의 연못으로 이어진 늪지대가 대사지이기 때문에 왜군들의 진주성 공격을 일차적으로 방어해 주는 기능을 했거든요. 하지만 이듬해 6월 제2차 진주성전투 때에는 지난해의 패전 이유를 알고 있는 왜군들이 대사지의 물을 빼내고 흙과 돌을 날라다 연못을 매립하여 성벽에 접근할 수 있는 큰길을 만들었지요.

결국 매립된 대사지 위로 접근하여 북쪽 성벽을 집중공략한 끝에 진주성을 함락시킬 수 있었던 것이지요.

다시 400여 년이 지나고 1910년 한국이 일본 식민지로 떨어진 뒤 진주에 들어온 일본인들은 의도적으로 나머지 대사지를 매립해 버렸지요. 그런 다음 그 위에다 식민 통치에 적합한 도시를 만들었지요. 그런 역사를 지닌 대사지는 곧 일제에 대한 항전과 저항의 상징입니다. 그 대사지 매립지에서 진주 민중의 조국 독립을 외치는 민족해방운동의 제1선이 배치된 것이지요. 대사지 위에 세워진 진주극장과 진주경찰서 옆에서 제1선 시위대가 김재화를 중심으로 모인 것입니다. 두 번째 시위대는 이강우, 심두섭이 이끌기로 하고 법원 지청 앞을 집결 장소로 정했습니다.

세 번째 시위대는 강상호, 정준교가 책임자로 선임되어 진주공원을 집결지로 정했는데, 이곳은 진주 어디에서나 보이는 곳인데다 언덕 위에서 만세시위하는 소리는 낮은 곳에 있는 이들을 선동하는 효과가 크다는 점을 계산했지요. 네 번째 시위대는 박진환, 강주한이 이끌었습니다. 시위일로 잡은 날은 진주장날이기 때문에 장 보러 온 사람들을 자연스럽게 시위 군중으로 끌어들여서 시위 효과를 극대화해야 한다는 막중한 책임이 있었습니다.

일부러 진주장날을 거사 일로 정한 것은 원래 진주장날은 매우 많은 사람이 진주로 모여든다는 점을 이용하여 진주 곳곳에서 시위대가 집결하는 모습을 의심받지 않도록 하자는 치밀한 계획을 세운 것이지요.

정오만 되면 기독교 예배당에서 정오를 알리는 종을 치게 되는데, 네 곳의 시위대는 그 종소리를 신호로 삼아 일제히 시위에 돌입하기로 했지요.

"대한독립만세" …… 터지는 구국 함성

진주의 3·1민족해방운동은 다른 지역보다 여러 가지로 역경이 더 컸습니다. 마산, 부산에서 만세시위가 시작된 이후 15일여 지나는 동안 서부 경남으로 확산하여 왔는데, 그때마다 일본 경찰과 헌병의 경계와 탄압이 조금씩 수위를 높여갔고 방법도 점점 더 민활하고 다양해졌기 때문이지요.

더구나 진주지역은 비교적 늦게 시작되고 있어서 사전 조치까지 취하면서 시위가 일어나지 못하도록 방해 공작을 했거든요.

다른 지역 시위가 점점 진주 쪽을 향하여 다가서는 듯한 양상으로 번지자 진주경찰서와 헌병대에서는 미리부터 모든 학교에 임시 휴교령을 내리는 한편 먼 지방에 사는 학생들한테는 일일이 여비까지 쥐여주면서 강제로 귀향시켰지요. 학교 안에서는 일본인 교사들에게 학생들의 움직임을 정탐하게 하고 교사들의 선동 여부를 은밀하게 탐문하면서 시위를 막기 위해 총력을 기울였지요.

그런 상황 속에서도 3월 10일 밤부터 독립선언서와 격문이 비밀리에 운반되기 시작했습니다. 정준교와 동지들은 몇 날 밤을 꼬박 새우면서 독립선언서와 격문을 등사판으로 제작하여 진주 인근 마을의 책임자들에게까지 신속하게 전달하면서 거사 일정을 거듭 확인하고 비밀이 지켜지도록 다짐했습니다.

마침내 3월 18일이 밝았습니다. 이미 약속된 대로 예배당에서 정오를 알리는 종소리가 울리면 여기저기 흩어져있던 사람들이 정해진 길잡이의 안내를 받으면서 약정된 장소로 모여들기로 되어 있었지요. 이윽고 교회당 종소리가 울리기 시작했습니다. 이 종소리를 가장 고대하는 것은 광림학교 악대부 학생들이었습니다. 악대부들은 이미 진주공원에서 시위를 벌일 강상호, 정준교 조를 제외한 시가지 안의 세 개 조마다 몇 사람씩 배정되어 시위대 맨 앞에서 행진곡을 연주하기로 계획되어 있었거든요. 주악대를 소집하고 연습과 조직적 배치 책임은 정용길(鄭鎔吉, 1887~1938)이 책임지고 있었습니다.

정용길은 학교 재학 중인 동지들과 함께 연습과 조직 확대를 해나가면서도 수적으로 좀 더 인원이 증가한다면 더 멋있는 행진곡을 연주할 수 있겠다는 아쉬움을 갖고 있었습니다.

아무래도 부족한 악대원을 보충시키기 위하여 광림학교를 이미 졸업한 선배인 천명옥(千明玉), 박성오(朴星午), 김영조(金永祚), 이영규(李永圭)를 찾아가 사정했습니다. 그들도 참여하겠다고 흔쾌히 승낙했습니다.

18일 정오가 되고, 교회 종소리가 울리고, 사람들이 서서히 움직이기 시작했지요. 장 보러 나왔던 사람 중에서도 적지 않는 사람들이 어느새 눈치를 채고 무리를 지어 모여들었습니다. 사람들이 거의 집결되고 있을 무렵이었습니다. 오후 한 시 가까워졌을 때 비봉산에서 누군가가 나팔을 불고 있었습니다. 트럼펫 소리였습니다. 찬송가를 트럼펫으로 불고 있는 사람은 이영규였습니다. 잠시 후 네 곳에서 일제히 독립선언서를 읽어 내리는 우렁찬 목소리가 들려오고 곧이어 대한민국 만세! 소리가 터져 나오기 시작했지요.

시위대 맨 앞에는 광림학교 학생들로 구성된 주악대가 북과 나팔을 치고 불면서 행진을 이끌었습니다. 만세 소리가 점점 드높아지면서 일대는 순식간에 흥분과 열광의 열기 속으로 빠져들기 시작했습니다. 재판소 앞에서 출발한 이강우, 심두섭이 지휘하는 시위대는 순식간에 만여 명이나 되었는데, 이들은 남쪽의 대사지에서 일어선 시위대와 합류하기 위해 이동하면서 만세를 불렀지요.

진주공원에서 나팔과 북을 치면서 만세시위를 시작한 강상호 시위대는 소리소리치면서 진주장터의 시위대와 합류한 다음 남강 쪽으로 움직이면서 장 보러 온 사람들을 합류시켰지요.

그쪽에서도 육칠천 명으로 불어난 시위대는 다시 대사지의 본대와 합류하기 위해 행진해 나갔지요.

대한의 아들딸로 태어난 자로서 눈으로 보고, 귀로 들은 자는 남녀노소를 가리지 않고 이 장엄하고 통쾌한 민족적 대장정에 뛰어들지 않을 수 없었습니다. 마구 뜨거운 눈물이 펑펑 쏟아지고, 목구멍이 터질 듯 솟구쳐 나오는 만세 소리는 곧 생존을 향한 절규였습니다. 그 피배인 눈물이 눈물로 이어져 강물이 되고 분노한 바다가 되어 일제의 배를 뒤집어엎어버리려고 포효했습니다.

그제야 진주경찰서는 당황했습니다. 즉시 경남도청 산하의 경남경찰부에 연락하여 경찰력을 증강하여 시위대의 진압에 나섰지만, 엄두를 낼 수 없었습니다. 그러자 헌병대를 출동시켰지만, 여전히 효과를 거두지 못하자 이번엔 다른 방법을 썼습니다. 소방대로 하여금 붉은 물감을 섞은 물을 뿌리도록 했는데, 이 방법은 이미 다른 지역 시위 때 사용하여 큰 효과를 거두었던 것이지요. 시위대의 수도자들은 대개 시위대 앞쪽에서 군중을 이끌기 때문에 옷에 붉은 물감이 묻은 자들만 골라서 체포해 버리면 뒤따르는 군중들은 오래 버티지 못한다는 것을 알고 있었던 것이지요.

뒤따르는 군중들에겐 오물을 뿌려서 퇴각시키는 한편 헌병과 경찰들로 하여금 곤봉을 마구 휘둘러 시위대의 얼굴에서 피가 흐르도록 했지요. 그러나 시위대는 물러서지 않았습니다. 오후 4시경에는 도청 앞까지 몰려들어 만세를 불렀습니다. 시위대는 계속 불어나 3만여 명으로 늘어나 있었지요. 그날 해 질 무렵이 되자 헌병과 경찰은 옷에 붉은 물감이 묻은 사람들만 골라서 체포하기 시작했습니다.

순식간에 300여 명이 체포되어 끌려갔습니다. 강상호도 체포되었습니다.

총·칼 위협 속 "남강 건너자"

김재화는 조선국권회복단의 변상태와 연결되어 있었지요. 박진환은 진주의병장이었던 유종환 선생 휘하에서 활동했던 인물이며, 강달영, 강상호는 고종의 장례식에 참여했다가 서울의 시위를 체험하고 돌아온 이들이었습니다.

첫날 저녁 대부분의 지도자가 체포된 이튿날에도 만세시위는 조금도 위축됨이 없이 계속되었지요. 첫날 참여하지 못한 진주장터 상인들은 모두 가게 문을 닫아걸고 거리로 나섰습니다. 나라가 일본놈에게 망해가고 있는데 혼자만 잘 먹고 잘살자며 돈 번다는 무서운 원망을 듣지 않기 위해서라도 그래야만 했지요. 그래야 나라 있는 국민이라 말할 수 있고, 이웃 없는 인간은 인간이 아니라는 시대적 명제에서 소외되지 않는다는 것쯤은 다 알고 있었지요.

이튿날은 오전 11시에 봉기하여 수차례에 걸친 강압적인 해산조치에도 굴복하지 않고 돌멩이를 던지면서 경찰과 맞섰습니다.

오후 들면서 사태는 시위대 쪽으로 유리하게 기울어지는 것 같았지요. 18일 같은 시각에 시위를 벌였던 정촌사람들이 칠암들을 지나 남강까지 진출하여 강 건너 시위대를 향하여 자기들이 왔노라며 함성을 울리고 징을 쳐댔거든요. 그러자 시장 주위와 도청 앞에 있던 시위대가 갑자기 사기를 얻어 징과 북을 울리면서 환호했지요.

남강을 사이에 놓고 서로 격려하는 모습은 모든 이를 감동시켰습니다. 갑자기 뜨거운 눈물이 뺨을 적셨고, 여기저기서 애국가를 부르고, 아리랑을 부르다가 만세 소리로 합창했습니다.

정촌사람들이 어디에선가 작은 고깃배 여러 척을 가져와 남강에 띄웠습니다. 고깃배에 서너 명씩 타고 남강을 건너기 시작했지요. 그러자 헌병들이 위협사격을 했습니다. 놀란 사람들이 배 안에서 허둥대는 바람에 배가 뒤집혔고, 아직 살얼음이 어는 차가운 강물에 빠져 허우적거렸지요. 그러자 많은 이들이 남강에 뛰어들어 한꺼번에 강을 헤엄쳐 건너려고 하자 경찰과 헌병들은 더욱 더 위협적인 총격을 가했습니다. 결국 아무도 강을 건넌 사람은 없었습니다. 이튿날도 저녁 11시가 넘을 때까지 간헐적인 시위가 계속되었지요.

저녁에는 모닥불을 피워놓고 만세를 부르다가 노래를 부르기도 했습니다. 군데군데 피를 토하듯 민족해방의 정당성을 외치는 이들이 있었습니다. 시위는 3월 20일, 21일에도 계속되었습니다.

뚜렷한 주도자 없이 자연발생적으로 시위가 전개될 만큼 진주지역의 반일 의식은 드높아져 갔습니다.

민족해방운동에 나선 것은 대한의 땅을 밟고 사는 모든 한국인이었고, 그런 면에서 민족해방운동만큼 한국인을 하나 되게 하는 것도 없었지요. 만세운동에 나서서 소리쳐 자유를 부르짖는 한 평등한 형제였지요.

그중에서도 '걸인독립단'의 출현은 진주사람들에게 다시 한번 조국의 소중함을 일깨워 주는 신선하고 충격적인 사건이었습니다. 주로 옥봉을 근거지로 삼아 진주 일대를 돌아다니면서 얻어먹고 사는 거지들이 그들 이름으로 독립만세 참가 이유를 써서 발표한 것이지요.

"우리들이 떠돌아다니면서 구걸 생활을 하는 것은 왜놈들이 우리의 생산 이익을 빼앗았기 때문이 아닌가. 우리나라가 독립하지 못한다면 우리들은 물론이고 2천만 동포들이 모두 쓰러져 구렁을 메우리라"고 했습니다.

걸인독립단의 이 성명서는 이후 경남지역의 만세시위에 지대한 영향을 끼쳤습니다. 가장 먼저 자극받은 것은 진주기생들이었지요. 거지들이 독립만세시위에 나서면서 성명서까지 발표하는데 기생들이 어찌 가만있을 수 있겠느냐는 것이었습니다. 참으로 절묘하게 대비되는 장면이지요. 거지와 기생의 삶은 어떤 측면에서 보면 닮아 보이기도 하지만 또 다른 측면에서 볼 때는 전혀 이질적인 삶들이지요.

진주기생 독립단에서는 금비녀, 금팔찌를 독립운동 자금으로 내놓고, 소복 혹은 검은 옷차림으로 시위 대열에 참가하여 시위의 열기를 한층 돋구었지요. 나흘 동안 계속된 대규모 시위는 진주 인근 지역인 사천과 삼천포까지 확산하였는데, 사천에서는 청년 황순주 등이 강달영한테서 독립선언서를 얻어서 돌아가 사천지역 시위를 주도했습니다.

강상호와 동지들은 한 사람도 도망치지 않았습니다. 체포된 다음 날부터 모진 고문과 함께 취조가 시작되었지요. 열흘 정도가 지나는 동안 단순 가담자들은 얼주검이 되도록 고문을 받은 뒤 대부분 집으로 돌려보냈지만, 주도자들은 집요하게 죄를 따져 물었습니다.

한편, 강상호의 집에서는 상반되는 일이 생겨나고 있었습니다. 강상호가 구속되어 진주형무소에서 재판받고 있을 때 동생 영호와 그의 아내 김토시 사이에는 참으로 귀한 새생명이 잉태되어 강재순은 물론 강상호 아내 이귀인도 몹시 기뻐하던 중이었지요.

강재순이 좋아하는 모습은 이귀인으로 하여금 고개를 들 수 없도록 할 만큼 대단했습니다. 막내아들 신호를 낳은 후 15년 동안 젖먹이 울음소리가 그쳤던 셈이지요.

또 하나는 신호가 휘문의숙에 입학하기 위해 떠날 날짜를 기다리던 중이기도 했습니다. 강재순은 큰아들의 구속을 담담한 심정으로 받아들였습니다. 사람을 놓아 상호 면회도 몇 차례 다녀왔지요. 강상호가 첫 재판을 받기 전 어느 날이었습니다. 이귀인은 청수관 기생 죽향이 강상호 면회를 다닌다는 소문을 들었습니다.

뭐라 표현할 수 없는 분노와 부끄러움이 이귀인의 심장을 압박했습니다. 자신은 한 달 넘도록 남편 얼굴도 보지 못한 채 옷가지만 두어 번 챙겨 보냈을 따름이었지요. 며느리의 그런 심정을 강재순이 모를 리 없었지만 아무런 말도 하지 않았습니다. 참으로 지리하고 암담한 세월 속에서 이귀인의 몸은 수척해져 갔습니다.

강상호와 동지들에 대한 첫 공판 날짜가 알려졌습니다. 1919년 4월 18일 진주재판소에서 열린다고 했습니다.

"강상호 징역 1년" 땅!땅!땅!

시위 주도자 줄줄이 감옥행

재판은 예정대로 열렸지요. 1919년 4월 18일 낮 12시 30분 진주법원 지청에서 검사의 구형이 있었습니다. 강상호 집안에서는 이날 공판을 보기 위하여 강재순을 비롯해 이귀인, 김또시, 최또분 등 세 며느리 모두 재판소로 나와서 초조하게 기다렸습니다. 다른 가족들도 모두 나와서 그날 있게 될 재판에 대하여 나름대로 추측해 보기도 하면서 웅성거렸지요.

강재순은 하루 전날 휘문의숙에 입학하기 위해 서울에 가 있는 막내아들 신호의 아내 최또분과 신호를 데리러 왔다가 이틀을 쉬었다 떠난 영호 아내 김또시를 유심히 바라보다가 초췌한 모습으로 우두커니 서 있는 큰며느리 이귀인에게로 눈길을 돌렸습니다. 이귀인의 표정에는 어둡고 초조한 모습이 비쳤지만, 다른 두 며느리들은 그저 신기하고 재미있는 듯한 느낌이었습니다.

강재순도 그날 처음으로 죽향을 보았지요. 어려 보이기는 했지만 당차고 야무져 보이는 매무새가 마냥 싫지만은 않았습니다.

정오를 넘어서자 재판을 보기 위해 모여드는 사람들이 법원 마당을 꽉 채우고 담장 밖 큰길까지 발들여놓을 자리없이 운집하기 시작했습니다. 장사하는 사람들도 가게 문을 닫아놓고 모여들었지요. 순식간에 삼천여 명 넘는 사람들이 모여들면서 웅성거리기 시작하자 법원에서는 경찰을 불러 만약의 시태에 대비히는 한편 모든 사람에게 법원 방청석 출입을 금지한다는 임시 공고문을 내붙였습니다. 불온한 소요를 미리 방지하기 위해서였지요. 그러자 군중들 속에서 불만을 터트리는 소리도 들려 나왔지만 더는 험악한 분위기로는 악화되지 않았습니다. 출입문을 안으로 닫아걸고 문에는 경찰이 지켜선 채 공판은 빠르게 진행되었습니다.

구속자 가족들은 멀리서나마 얼굴이라도 보기 위해 기다렸지만, 구속자들은 이미 오전 일찍부터 법정 안으로 끌려와서 대기하고 있었기 때문에 만나지 못했습니다. 결국 방청석이 텅 빈 채로 검사의 구형이 있었습니다.

◎김재화, 박용근, 박진환, 한규상, 강달영, 정준교, 심두섭, 최웅림 징역 3년

◎정용길 징역 2년 6개월

◎한주모, 이강우, 권봉근 징역 2년

◎강상호, 김태동, 정봉석, 박성오 징역 1년

◎정성호, 김재홍 징역 1년 6개월

나흘 뒤인 1919년 4월 22일 구속자 23명에 대한 공판 언도가 내려졌습니다.

◎김재화, 박진환, 강달영, 정준교, 심두섭 징역 2년 6개월

◎강용근 징역 2년

◎정용길, 이강우, 권채근 징역 1년 6개월

◎강상호, 장덕의, 최병림, 정봉석, 한규상 징역 1년

◎김태동, 전인회, 김재홍, 김영조, 정성호, 천명옥, 박성오, 이

영규 징역 6개월

◎최봉근 집행유예 3년

진주지역 3·1민족해방 만세시위 주모자들에 대해서는 대구 복심법원에서 최종 판결이 내려졌습니다. 감옥생활이 시작되었습니다. 감옥에 갇힌 뒤로도 경찰에서는 빈번하게 수행자들을 데려가 심문하고 고문을 자행했습니다. 하루도 그냥 넘어가는 날이 없었지요. 식사는 하루 두 끼니 모두 삶은 콩 한 움큼 아니면 콩비지였는데 매질을 심하게 당한 뒤에는 그나마도 이틀이나 사흘씩 굶기기도 했습니다.

강상호도 왼쪽 다리를 절었습니다. 몽둥이로 왼 허벅다리와 정강이를 맞았기 때문이지요. 감옥에서는 일절 면회를 허용하지 않았지요. 수형 생활을 가장 고통스럽게 하는 것은 주기적인 고문이었지요. 이틀 또는 사흘 만에 고문당하는 차례가 정해져 있어서 시간이 가까이 다가오면 두려움으로 몸을 떨거나 식은땀을 흘리기도 하고, 끙끙 앓거나 헛소리를 내지르는 사람도 있었습니다. 그렇게 시간이 흘러가는 동안 민족해방을 갈망하는 만세시위도 차츰 줄어들었고, 전국의 감옥은 독립운동자들로 넘쳐났지요.

강상호가 감옥살이를 하고 있던 1919년 9월 강재순은 손자를 보았습니다. 셋째 아들 영호 아내가 아들을 낳았지요. 일 년 내내 침통한 분위기에 휩싸여있던 집안에 모처럼 화기가 도는 경사가 난 것이지요.

강상호 아내 이귀인은 진심으로 손아래 동서의 출산을 반기며 정성껏 돌봐주었습니다. 강재순은 사람을 놓아 감옥에 있는 큰아

들에게 이 소식을 전했습니다. 손자 이름을 찬규(讚圭)라고 지었
다는 편지도 함께 보냈지요. 인간에게 영원한 기쁨이 없듯이 슬픔
도 때로는 제 자리에다 기쁨의 씨를 뿌려놓고 비켜섰습니다.

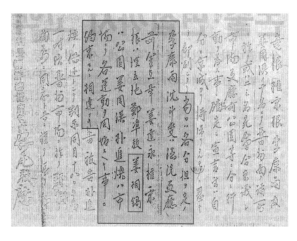

강상호(선 안)와 동지들에 대한 조선총독부 판사의 판결문.

'변화의 중심' 백정

'신분 벽' 못 넘어

민족해방을 꿈꾸며 일어난 3·1만세운동은 진주사람들에게 커다란 용기를 갖게 해주었습니다. 이제껏 살아온 자신들의 모습을 뒤돌아보게 했고, 참회와 관용이 필요하다는 것도 알았습니다. 무엇보다 일제를 극복하지 않고는 사람답게 살 수 없다는 사실을 깨닫게 되었고, 같은 겨레끼리 불화하고 차별하는 일이 없어져야겠다고 자각하게 된 것이 뜻밖의 큰 보람으로 남게 되었지요.

걸인독립단, 기생독립운동 후원회의 출현으로 진주사회 지도자들은 더없이 부끄럽고 괴로웠지요. 재력가이면서 명망까지 얻고 있으면서도 친일파로 의심받고 있던 터여서 이들에 대한 진주사람들의 공공연한 지탄과 불평이 점점 노골화되기 시작한 것도 예전 같지 않은 변화였지요.

1919년 초가을 무렵 옥봉에 사는 장지필은 같은 동네에 살던 한 노인의 장례식을 도맡아 치러주게 되었습니다. 장지필이 옥봉으로 이사 온 뒤 옥봉백정들은 크고 작은 일을 가리지 않고 그에게 의논해 왔던 나머지였지요. 그의 해박한 지식과 일반인들과의 폭넓은 교유, 여유 있는 살림도 그랬지만 백정들도 어엿한 한국 국민이라는 그의 설명과 아무리 어려워도 자식들을 교육해야만 한다는 그의 열렬한 연설로 하여 백정들은 커다란 위안과 함께 희망을 품기 시작했습니다.

비록 광림학교, 봉양학교나 진주보통학교에 입학할 수는 없었지만, 옥봉 예배당에 다니는 백정들을 통하여 새로운 세상의 문물제도와 변화를 전해 듣거나 한글을 배우기도 했고, 이학찬과 장지필의 주선으로 마련된 동네 학교에서 글을 배우고 세상의 변화에 대해 다양한 지식도 쌓아가면서 조금씩 인간의 권리에 대한 의식을 키워가고 있었지요.

장지필은 옥봉백정들 숫자가 400여 호나 되고 900여 명의 백정들이 사람대접 못 받고 살아가는 현실을 누구보다 가슴 아프게 여겼습니다. 이같은 참담한 삶을 변화시키기 위해서는 한두 사람의 애정이나 노력으로는 불가능하며, 시대적인 과제로 삼고 사회변화를 통해서라야만 가능하다는 것을 뼈저리게 느끼던 중이었습니다.

그런 고뇌 중에 초상이 났지요. 장지필이 흔한 장례 문제를 특별한 관심으로 도맡게 된 것은 매우 중대한 모험을 해보기 위해서였지요. 그는 이제껏 백정들이 해온 대로 주검을 거적에 싸서 매장해 버리지 않고 관을 짜 맞추게 하여 시신을 관속에다 넣었습니다. 그러자 나이 든 백정들이 걱정했습니다. 만약 진주 양반들이 이 상황을 알게 되면 또 무슨 날벼락이 떨어질지 모른다는 뿌리 깊은 불안감 때문이었지요. 장지필은 대꾸하지 않고 젊은 사람들에게 장례식 준비를 서두르도록 했습니다. 상여까지 갖추라는 장지필에게 노인들은 몹시 우려하는 목소리로 만류했지요. 자칫 잘못했다가는 옥봉백정 다 맞아 죽는다는 것이었습니다. 하지만 장지필의 생각은 달랐습니다.

만세시위가 있고 나서 진주사람들이 백정들을 대하는 태도가 조금씩 달라지고 있다는 사실을 감지하고 있었거든요. 만세시위에서 진주사람들이 느낀 것 중에는 같은 한국 사람끼리 잘났다 못났다 하고 차별화하는 짓이 얼마나 잘못된 것인지를 알게 되었다는 점이 들어 있었지요. 한국인 전체가 일본의 노예 상태로 전락해 버린 터에 한국인끼리 신분이며 반상 계급을 따져 차별하는 짓이 얼마나 모순된 일인지를 깨닫게 되었을 것으로 믿은 것이지요.

그래서 장지필은 한번 시험해 보자는 속셈이었던 것입니다. 만세시위 전까지만 해도 백정의 시신을 관에다 넣어 상여를 메고 운구하는 것은 절대로 용납되지 않는 금지 사항이었지요. 만약 상여로 운구하다가 들키게 되면 그 자리에서 상여는 박살 나고 상주와 문상객들까지도 집단 구타를 당했거든요. 뒤늦게라도 그런 사실이 알려지면 상주를 불러다 매질을 했습니다. 장지필은 이런 경우를 폭력으로 보았습니다. 폭력은 부정되어야 하며, 이제는 그런 폭력은 두려워해서는 안 된다고 여겼지요. 노인들의 극구 만류를 뿌리치고 옥봉을 떠난 상여는 남강 기슭을 따라 운구하다가 촉석루 아래 배다리를 건너기 위해 잠시 쉬었습니다.

그때 진주사람들이 몽둥이를 들고 몰려왔고 한바탕 소란이 일었습니다. 상여는 불에 탔고, 상주들과 문상객들도 몽둥이로 맞거나 피를 흘리는 사람도 있었습니다. 장지필도 심하게 매질을 당하고 시신이 든 관만 간신히 화를 면할 수 있었지요.

그날 뒤로 장지필은 더욱 빈번하게 모임을 열고 주로 백정 청년들에게 차별의 통한을 풀기 위한 결의를 다지고 백정들끼리의 결속을 굳건히 해나갔습니다.

한편 형무소에 갇혀 있는 진주의 독립투사들은 잔혹한 고문과 견디기 어려운 대우 속에서 형기를 마쳐가고 있었습니다. 무정한 것 같은 세월이지만 세월만큼 사람을 성숙시켜 주는 은총도 흔치는 않지요. 세월이 흐르지 않는다면 어찌 다 그 많은 슬픔과 고통의 기억을 쓸어안고 살아낼 수 있겠습니까.

감옥 안에도 세월의 흐름은 평등했습니다.

강상호와 함께 징역살이하던 동지 중에서 1년 형을 선고받았던 사람들이 석방되는 날이 왔지요. 강상호 일행이 집으로 돌아갈 준비로 설레고 있을 때 슬픈 소식이 전해졌습니다. 1년 6개월 형을 선고받고 복역 중이던 권채근이 고문을 견디지 못하고 옥사했다는 것이었지요.

강상호 일행은 권채근의 시신을 인계받아 관속에다 넣고 진주로 향해 길을 떠났습니다. 살아서 함께 감옥으로 걸어 들어갔던 동지 권채근은 이제 죽어서 동지들의 슬픔 위에 얹혀 쓸쓸한 귀향길에 선 것입니다.

권채근 장례식 진주장터 '울음바다'

진주의 민족 독립투사 권채근이 감옥에서 죽은 뒤 동지들의 흐느끼는 어깨 위에 얹혀서 고향 진주로 돌아오고 있었습니다. 관 뚜껑에는 명정(銘旌) 대신 광목천에다 그린 태극기가 덮여 있었고, 강상호와 동지들이 관을 얹은 들것을 메고 진주장터 쪽으로 걸어 들어 왔습니다. 이 소식은 이미 여러 날 전에 널리 전해진 뒤여서 수많은 진주사람이 진귀하고 분통 터지는 장례 행렬을 보기 위하여 모여들었지요.

진주경찰서에서는 시민들의 감정을 자극하지 않기 위하여 군중을 단속하지 않았습니다. 죽어서 돌아오고 있는 운구 행렬을 바라보던 시민들은 울음을 터뜨리거나 고함을 지르면서 흥분했지요. 이때 경찰이나 헌병이 자칫 잘못 이들의 달아오른 민족 감정을 건드렸다가는 어떤 극렬한 폭동이 일어날지를 충분히 예견했기 때문이지요.

권채근은 1889년생이니까 범띠인 셈이지요. 그는 조선왕조의 불행한 쇠퇴기에 태어나 단 하루도 편안한 날 없이 들쑤시는 외세의 내정간섭과 조선 내부의 극에 달한 모순과 혼돈 속에서 서른한 해를 살았습니다. 제대로 먹지도, 입지도, 누려보지도 못한 청춘을 후회하지 않고 오직 나라 생각하는 단정하고 뜨거운 마음 하나로 일제 침략에 맞섰지요.

광산업을 하던 권채근의 성정은 단호하고 의지는 늠렬했습니다.

독립선언서를 복사하고 배포하던 책임을 맡은 정준교의 일을 돕게 된 것도 정준교가 권채근의 인품을 신뢰했기 때문에 함께 그 중대한 임무를 수행했던 것으로 여겨집니다.

진주경찰서에서 심문받을 때부터 그의 강인한 기개는 이미 돋보였습니다. 재판정에서도 꿋꿋하여 자신들의 행동이 잘못된 것이 아니라 정당한 권리행사라고 주장하여 일제의 미움을 유독 심하게 샀던 것 같습니다.

대구형무소로 옮겨진 뒤에도 계속된 고문으로 그의 육신은 처참하게 상했습니다. 가슴 부위에 매질을 당한 뒤부터 호흡 곤란을 겪기 시작했고, 제대로 숨도 못 쉬는 그에게 일제의 고문은 계속되었지요. 결국 그는 몸 안의 장기들이 터져서 서른한 살의 나이로 생을 마쳤습니다.

진주사람들은 권채근의 장례에 참석하여 식민지 국민이 겪어야 하는 수모와 울분으로 오열했습니다. 진주장터에서 노제를 마친 뒤 상여를 꾸몄습니다. 상여는 배다리 부근에서 재판소에 이르는 큰길을 천천히 움직였지요. 진주사람이면 누구나 상주가 되는 셈이고 문상객이었지요. 기다랗게 줄을 지어 서서 나라를 잃은 슬픔을 짓씹으면서 터벅터벅 걸었습니다.

만장(輓章)들이 바람에 휘날렸습니다. 값비싼 비단 만장은 없었지만, 흰 종이를 길게 붙여서 죽은 이의 억울한 영혼을 위로하거나 살아남은 자들의 비장한 각오와 맹세를 적은 글들이 그날의 분위기를 대변해 주었지요.

권채근의 장례식은 결국 진주사람들의 정중한 조문으로 치러진 매우 귀한 역사로 남게 되었습니다.

강상호가 출옥하던 첫날을 고스란히 권채근의 장례식에서 보내고 집으로 돌아온 것은 만 1년이 지난 늦은 밤이었습니다. 그의 부친은 온 집안은 물론이고 대문 밖에까지 등불을 내걸어놓고 기다리고 있었지요.

영호도 서울에서 내려와 형님의 출옥을 환영했고, 강상호의 아내 이귀인은 몰라보게 수척해진 모습으로 남편의 늦은 귀가를 눈물로 반겼습니다. 강상호는 부친에게 큰절하기 위해 엎드린 채로 흐느꼈습니다. 그의 부친이 가만히 다가오더니 아들의 등을 토닥였습니다.

그날 늦은 밤에는 오랜만에 식구들이 거의 다 모였습니다. 막내 신호만 빼고 모두 모인 자리에서 강재순은 미리 준비했던 말을 털어놨습니다. 지난해의 독립만세가 있고 난 뒤로 총독부는 이전과는 현저하게 다른 정책으로 한국을 통치했는데, 가장 크게 달라진 것이 한국 청년들의 일본 유학을 적극 권장하는 것이었지요.

강재순은 그 점을 얘기했습니다. 아직 재학 중이지만 영호와 신호를 일본으로 유학을 보내야겠다는 것과 강상호도 되도록 빨리 일본에 가서 새로운 세상도 구경하고 장차 어떻게 살아나가야 할지를 결정하라는 것이었습니다. 그날 저녁 강상호는 영호의 첫아들을 안아보았습니다. 조카를 안고 있는 남편의 옆모습을 바라보는 이귀인의 얼굴은 몹시 초췌해져 있었습니다.

이귀인은 남편 앞에서 서 있기가 몹시 힘이 들었습니다. 원인을 알 수 없이 깊어지는 병 때문만은 결코 아니었습니다. 자식을 낳지 못하는 것도 한 이유였지만 그보다는 강상호가 감옥살이하는 동안 단 한 차례도 면회를 가지 못한 것이 더 큰 부끄러움이었기 때문이었지요. 이같은 부끄러움은 청수관의 죽향이는 여러 차례나 면회를 다녀왔으며 그때마다 옷가지며 음식까지 넣어 주고 왔다는 소문을 들은 바 있었는데 그날따라 새삼스럽게 그 소문이 기억나면서 이귀인을 단근질했습니다.

집으로 돌아온 다음 날 강상호는 김기태가 보낸 사람으로부터 만나자는 기별을 받았습니다. 함께 꾸려오던 봉양학교가 만세시위 이후인 1919년 5월에 일제의 탄압을 받아 학교 운영권이 조선총독부로 강제 이양된 사실을 알려주기 위해서였지요.

봉양학교는 진주의 독립운동 본거지 중의 하나로 지목되어 진주 제2공립보통학교로 바뀌어 버렸지요.

김기태는 강상호가 감옥에 가 있는 동안 진주에서 일어난 중요한 일들을 들려주면서 앞날을 걱정했습니다.

동아일보 창간 참여하는 강상호

김기태는 청수관에서 강상호를 기다리고 있었습니다. 함께 출옥한 장덕익, 정봉석, 한규상도 자리를 같이했습니다. 장덕익과 정봉석은 봉양학교 출신이었고, 한규상은 광림학교 출신이지만 봉양학교와도 관련이 있었지요.

옥고를 위로하는 그 자리에는 죽향이 와 있었습니다. 그날 김기태는 그동안 진주에서 일어난 여러 가지 일에 관한 소식을 전했지요. 그중에서 강상호의 마음을 어둡게 한 것은 옥봉백정들에 대한 진주사람들의 극심한 차별 대우와 모욕이었습니다. 특히 장지필과 함께 행동하는 젊은 백정들의 언동 하나하나마다 문제 삼아 일일이 따지고 제재를 가한다는 사실은 몹시 안타까운 소식이었지요.

장지필은 일본에서 대학에 다니다가 무슨 사연으로 학교를 그만두고 귀국했는데, 취직하기 위해 호적등본을 발급받다 보니 호적의 직업란에 백정이라고 적혀있는 것을 뒤늦게 발견했지요.

백정 신분이 공식 문서에 적혀있는 한 취직은 불가능했기 때문에 한국 곳곳을 돌면서 백정차별의 비인간적 문제를 사회 전면으로 끄집어내는 중이었지요.

또 다른 소식은 인촌 김성수가 신문을 창간하기 위해 전국의 애국 동지들에게 창립 주주로 참여해 달라는 호소를 하고 있다는 것이었지요.

죽향은 정성이 듬뿍 담긴 위로를 해주었습니다. 그날 이후로 강상호는 자주 죽향을 찾았습니다. 서울에서 연락이 왔지요. 김성수한테서였습니다. 봉양학교 운영에 참여하기 전 서울에서 그를 만난 적이 있었고, 그 뒤로도 자주 인사를 나눠오던 터여서 한 번 서울로 찾아가 봐야겠다고 여기던 중이었습니다.

강상호는 신문의 역할이 얼마나 큰지를 익히 알고 있던 터여서 어떻게든 김성수의 신문 창간에 참여하고 싶었지요.

김기태와 함께 서울 나들이를 몇 차례 한끝에 '동아일보' 창립에 참여하기로 했습니다. 강상호는 부친에게 이 일을 아뢰면서 500원을 부탁드렸지요. 강재순은 한 마디로 잘라 200원을 내놓겠다고 했지요. 그러면서 강상호더러 하루빨리 진주를 벗어나 일본으로 떠나라는 말을 한 번 더 강조했습니다. 아들이 그동안 진주에서 벌여온 일들로 미루어 볼 때 얼마나 많은 돈과 시간과 정열을 쏟아부어야 할지를 가늠하는 강재순이었거든요.

그런다고 해서 무슨 눈에 보이는 결과가 나타나는 것도 아니었지요. 아무리 돈을 쏟아붓고, 시간과 열정을 기울여도 소용없다고 단정하는 강재순을 강상호는 안타깝게 여기면서도 나이 일흔을 넘기신 옛 어른치고 누군들 그렇게 생각지 않겠느냐는 생각도 해야 했습니다.

결국 200원을 동아일보 창립 기금으로 내고 창립 주주의 한 사람이 되었습니다. 이때 김기태는 김성수와의 인연으로 하여 훗날 김성수가 인수한 보성전문학교에 매우 큰돈을 학교 운영 기금과 장학금으로 내놓아 한국의 교육을 일으켜 세우는 데 불멸의 공헌을 하게 되었지요.

그리하여 강상호는 동아일보 초대 진주지국장이 되었고, 그때부터 본격적인 사회운동에 뛰어들었습니다. 그러자 강재순은 강상호의 행동을 조금씩 못 미더워하기 시작했지요. 벌어들이는 것은 전혀 없고 날마다 돈을 쓰기만 해야 하는 것도 문제였지만 그 끝이 전혀 안 보인다는 점을 강재순은 걱정했지요.

　　동아일보 진주지국장이 된 강상호는 김기태와 함께 동아일보를 방문하여 신문사의 주요 간부들을 만나 나라의 앞날에 대해 귀중한 이야기를 듣기도 했습니다.

　　그러던 어느 날이었습니다. 강상호는 더위도 식힐 겸 해서 그즈음 자주 놀러 오는 고경인(高景仁, 1895~?)과 함께 촉석루 언덕을 산책하고 있었습니다.

　　고경인은 봉곡면에 살고 있었는데 1916년 진주농업학교 제5회 졸업생이기도 했습니다. 그는 천도교의 소년운동에 영향을 받아 진주 천도교를 중심으로 하여 소년운동을 시작한 매우 드문 청년이었지요. 또한 그는 강영호와 친구 사이여서 한국의 미래 문제를 소년운동과 관련지어서 이해하고 있었는데, 강영호의 관심과도 일치하여 둘은 자주 편지를 주고받고 있었지요.

　　그날도 고경인은 강영호가 하루빨리 일본 유학을 떠나서 세계의 새로운 문물과 지식을 익혀야 하며, 새롭게 터득한 지식으로 자라나는 소년들을 가르쳐야만 일본 식민지 지배를 벗어날 수 있다는 것을 얘기하기 위해 강상호를 찾아왔었지요.

　　강상호는 고경인의 생각이 눈물 나도록 고맙고 대견했습니다. 한국이 일본 식민지에서 자유롭게 되기 위해서는 새로운 세계를 꿈꾸는 소년들이 기성세대와는 다른 새로운 지식과 경험을 바탕으로 하여 사회 모든 분야를 이끌어갈 수 있어야 한다는 생각은 철부지 소년의 철없는 꿈같이도 보이지만 그 신선하고 풍부한 상상력은 신기하기도 했습니다. 강상호는 주로 듣는 쪽이었고 고경인은 열변을 토했습니다.

두 사람이 촉석루 옆을 지나가고 있을 때 저쪽 아름드리 팽나무 아래에서 사람들이 떠들고 있었지요. 여름 뙤약볕이 내리쬐는 오후여서 더위를 피해 성안 언덕배기 나무 그늘로 놀러 나온 사람들이었습니다. 그늘은 누군가에게 벌을 주고 있는 것 같았습니다. 고경인이 사람들 쪽을 바라보다가 금방 어두운 낯빛이 되었습니다. 이유를 묻는 강상호에게 들려준 고경인의 대답은 몹시 충격적인 내용이었지요.

팽나무 밑에서는 백정 청년 한 사람이 일반 청년 십여 명에게 에워싸여서 매질을 당하고 있다는 것이었습니다. 그런 일은 거의 매일같이 벌어지고 있다고 했습니다.

"백정 탄압은 일제 편들어주는 짓"

강상호는 사람들이 웅성거리고 있는 공원 팽나무 아래까지 가보았습니다. 팽나무 여러 그루가 울창한 숲을 이루고 있는 그곳에는 진주 사는 청년들 십여 명과 중년을 넘긴 어른들까지 모두 서른 명 가까운 사내들이 모여 있었지요. 나이 든 어른들은 그늘 밑 여기저기 흩어져 앉거나 누워서 청년들이 하는 짓을 구경하거나 아예 관심 없이 낮잠을 즐기고 있기도 했습니다.

꾀죄죄한 삼베 무잠뱅이를 입고 반쯤 앞가슴을 풀어헤치고 있는 사내들의 모습은 식민지의 가난과 거칠고 분노에 찬 시대의 표정처럼 느껴졌습니다. 굵은 삼베 올로 짜서 만든 삼베 등지게의 섶이 구겨진 채 말려 올라간 사이로 배꼽이 훤히 드러났고, 반쯤 흘러내린 채 말이 까뒤집혀진 괴춤 사이로는 새카맣고 긴 거웃도 거뭇거뭇 드러나 있었습니다.

말이 옷이지 하고 있는 몰골은 맨살에 넝마 조각을 이리저리 걸치고 있다는 표현이 더 잘 어울리는 형상들이었지요. 머리는 모두 까까머리였고, 낡은 짚세기를 신고 있었으며, 깡마르고 땟국물이 꾀죄죄한 얼굴은 콧잔등과 광대뼈만 불거졌습니다. 누구 한 사람 달라 보이는 차림새를 갖춘 이는 없었습니다.

그런 그들이 빙 둘러서 있고, 원 안쪽에는 서른 살가량의 사내 한 명이 얼굴에 피를 흘리며 서 있었지요. 사내 옆에는 잔뜩 겁에 질린 눈으로 악다구니를 질러대는 인간들을 힐끔거리면서 잔뜩 꼬리를 뒷다리 사이에 붙인 늙은 황구 한 마리가 서 있었지요.

강상호는 다가서다 말고 사내들이 악을 쓰면서 내뱉는 말들이 무슨 내용인지 귀담아들었습니다.

사내들의 얘기 내용은 간단했습니다. 그들에게 에워싸여 있는 사내는 옥봉에 사는 김가라는 백정인데, 그의 옆에 웅크리고 있는 개를 잡아 죽여서 보신탕을 끓이도록 강요당하고 있었지요. 그러자 김가는 그럴 수가 없다며 버티는 중이었지요. 사내들은 김가가 계속 버티자 손찌검하기 시작했고, 그래도 고분고분 응하지 않자 발길질을 안기거나 몽둥이로 등짝이며 옆구리를 치기도 했습니다. 그렇게 실랑이를 하던 중에 김가의 머리가 터져 피가 흐르기 시작했지요. 강상호는 저들의 싸움을 중단시켜야 한다고 여겼습니다. 가까이 다가가자 아는 얼굴들이었지요. 먼저 김가에게 그렇게 된 이유부터 물었습니다. 그러자 김가는 구원자가 나타난 줄 알고 사실대로 얘기를 했지요.

그러한 일이 빈번해진 것은 장지필이 옥봉백정들로 하여금 더이상 일반인들에게 굽신거리지 말고, 장날 쇠고기 행상 때도 당당하게 제값 다 받는 것은 물론이고 괜히 트집을 잡고 손찌검하는 일반인에겐 백정들이 단합하여 응수해야 한다고 가르친 뒤부터였다고 했습니다.

다른 무엇보다 상여를 꾸며서 장례식을 강행한 뒤부터 일반인들의 백정에 대한 차별과 탄압이 노골화되고 있다는 얘기였습니다.

김가는 장지필을 무척 존경하고 있었는데 장지필이 볼일로 진주를 떠난 뒤부터 여러 차례에 걸쳐 진주성 공원으로 불려 나와서 돼지, 개를 잡도록 강요받고 있다는 하소연을 했지요. 처음 한두 번은 돼지든 개든 정당한 값을 쳐주고, 짐승을 잡아서 먹게끔 해주는 데도 정해진 품삯을 쳐주면 얼마든지 일을 해주겠다고 말했지요.

그러나 일반인 청년들은 막무가내였지요. 백정들이 키우는 짐승을 끌고 오든, 아니면 돈을 주고 사 오든 전혀 아랑곳하지 않고 무조건 그들의 요구를 들어야만 한다는 것이었지요. 김가는 여러 차례 거절했고 그때마다 걸을 수 없을 정도로 심하게 몰매를 맞았다고 고백 아닌 고발을 했습니다.

김가 외에도 장지필을 따르는 백정들은 모두 그같은 수난을 당하고 있으며 벌써 여러 명이 팔과 다리를 크게 다쳤거나 뺨을 맞고 귀 고막이 터져 병신이 된 사람도 생겨났다고 했습니다.

진주장날이면 일반인 청년들은 패거리를 지어 돌아다니면서 백정들이 육류나 뼈다귀, 내장 등을 장거리에서 팔고 있는 노점에 나타나 오물을 뿌리거나 팔고 있는 물건을 돈도 안 내고 빼앗아 가는 바람에 장날만 되면 불상사가 터진다는 얘기도 해주었습니다.

강상호는 일반인 청년들에게 김가의 말이 사실이냐고 물었지요. 아무도 부정하지 않았습니다.

그 청년들은 강상호를 너무도 잘 알고 있었지요. 강상호는 청년들을 꾸짖었습니다. 한국 전체가 일제의 탄압을 받는 식민지인데 같은 겨레끼리 차별하고 탄압하는 것은 얼마나 못난 짓인지를 말했습니다.

일반 청년들이 백정을 탄압하는 것은 곧 일제의 편을 들어 주는 짓이나 조금도 다르지 않다는 것을 누누이 설명해 준 뒤 김가에게 사과하라고 했지요. 그러자 청년들은 망설였습니다. 볼멘소리로 항의하는 이도 있었고요. 강상호는 더이상 청년들을 다그치지 않고 돌아섰습니다. 아무리 잘못했다 하더라도 백정한테 머리를 숙이게 하는 것은 더 큰 부작용이 생길 수 있다는 것을 알고 있었기 때문이지요.

그쯤 해두면 일단 더는 사태가 악화하지 않으리라 여기면서 고경인을 재촉하여 산보를 계속했습니다. 고경인은 진주 천도교 세력이 한국의 다른 어느 지역보다 강하다는 것과 진주를 한국 소년운동의 발상지로 만들고 싶다는 포부를 내비쳤습니다.

백정은 맞아 죽어도 법보호 못 받자……

고경인의 소년운동에 대한 애정은 목숨 걸고 투쟁하는 독립투사의 열정 못지않은 뜨겁고 순수한 것이었습니다. 어른들의 독립운동에는 더러 나라 생각하는 마음 못지않게 사사로운 욕망도 있을 수 있었지만, 식민지 한국땅에서 태어나 자라나고 있는 소년들이 밝고 건강하게 성장해야만 미래를 기대할 수 있다는 그의 신념은 감동적이었습니다.

그날 두 사람은 많은 얘기를 나누었습니다. 진주성을 한 바퀴 둘러 돌아오는 길에 강상호는 그의 생애를 크게 바꾸어놓을 처참한 사건을 체험했습니다.

한참 전 공원 팽나무 아래서 타이르고 떠났던 그 청년들이 기어코 백정 김가를 때려서 죽이고 말았기 때문이었습니다. 강상호가 다시 그 팽나무 아래로 왔을 때 피투성이로 죽어 있는 김가의 시신 위에는 거적때기가 덮여 있었고, 김가를 죽인 청년들은 모두 달아나 버리고 없었습니다.

근처에 있는 사람들에게 자세한 경위를 물어보았지만 정확하게 말해주는 사람은 아무도 없었습니다. 그들은 분명 옆에서 지켜보았으면서도 뒷일이 두려워 그만 입을 다물어 버린 것 같았습니다.

강상호는 죽은 이가 누군지, 가족이 있는지 알아보기 위해 고경인에게 급한 심부름을 시키는 한편 진주경찰서에도 알렸지요. 잠시 뒤 경찰서에서 사람이 나오고, 시체 주위에는 금줄이 처지면서 소문이 퍼져나갔지요.

　해거름 녘이 되자 죽은 이의 아내인 듯한 여인이 한 아이를 데리고 왔습니다. 어머니 손에 이끌려온 사내아이는 김삼수라는 이름을 가진, 죽은 자의 외동아들임이 밝혀졌습니다. 아홉 살 난 김삼수는 그의 아버지 이름이 김강두이며, 나이는 스물아홉 살이고, 죽기까지 모두 일곱 차례 걸쳐 폭행당했다는 것을 또박또박 얘기했습니다.

　김강두 아내는 두려움 때문에 울지도 못한 채 땅바닥에 퍼질러앉아서 고개만 떨구고 있었습니다. 옥봉에서 백정들이 오고, 진주 사람들도 구경 삼아서 다녀갔습니다.

　강상호는 죽은 자의 신원을 정확하게 알아보기 위해 경찰서로 갔지요.

　그런데 그 과정에서 또 한 번 충격을 받았지요. 죽은 김강두를 한국인이라고 입증해 줄 수 있는 공식 기록이 하나도 없다는 사실 때문이었지요. 무엇보다 김강두의 호적이 없었습니다. 따라서 그의 아내의 호적은 있을 리 만무했지요. 경찰의 태도도 미묘한 입장이었습니다. 한국인의 손에 의하여 한국인이 살해된 것은 분명하지만 살해당한 사람이 누구인지를 입증해 줄 공식 기록이 없기 때문에 살인죄로 보기 어렵다는 것이었습니다.

　그저 주인을 알 수 없는 가축이나 들짐승이 우연한 사고로 죽은 것과 마찬가지라는 해석이었지요. 강상호는 관청에 가서 호적을 살펴보았지만, 김강두가 살던 옥봉이나 섭천 그 어디에도 그의 호적은 존재하지 않았습니다.

없는 사정은 김강두 한 사람뿐만이 아니었습니다. 옥봉에 사는 칠팔 여명이 넘는 백정들 가운데서 호적을 갖고 있는 사람은 절반도 채 못된다는 것을 알고 나서 또 한 번 충격을 느껴야 했지요.

조선총독부는 1910년 한국을 식민지로 만든 뒤부터 한국인에 대한 호적을 조사하면서 정확한 인구 통계와 함께 주요 인물과 지역, 집안에 관한 정보를 정리하기 시작했지요.

이른바 '조선인 호적령'에 의하여 1914년 대정(大正) 2년부터 시작된 한국인에 대한 호구 조사와 호적 정리는 매우 느리게 진행되었지요. 양반 신분자들의 호적 정리는 빠르게 이루어졌지만, 일반인과 하층민에 대해서는 시간이 흐를수록 난감했습니다. 제대로 된 이름이 없는 경우는 그때그때 즉흥으로 작명하여 기록하면 되었지만, 언제 태어났으며 무슨 일을 하는지 등을 정리하기란 참으로 복잡하고 힘든 일이었지요.

특히 천민들과 백정들은 호적에 등재되는 것 자체를 기피하는 일이 잦아서 호적 정리는 사실상 불가능했습니다. 호적에 올리면 또 무슨 재앙이 떨어질지 모른다는 공포 때문이었지요. 호적에 올리지 않아도 얼마든지 자식 낳고 잘 살 수 있다는 오래된 그들의 신념을 깨뜨리기란 결코 쉽지 않았습니다.

그러다 보니 관리들도 굳이 마다하는 백정들에게 호적 편입을 권장하지 않았지요. 호적에 올라있는 사람만으로 한국인의 인구 조사를 한다면 상당한 숫자가 제외될 수밖에 없었지요.

그같은 사정을 알고 난 강상호는 김강두를 타살하는 데 참여한 사람들이 누구누구인지는 알 수 있었지만, 그들을 처벌할 수 없다는 경찰의 태도를 이해해야 했지요. 강상호는 김강두의 초상에 문상을 갔습니다. 김강두를 타살한 사람들의 잘못을 대신해서 사죄하기 위해서였지요. 문상을 마친 뒤 김삼수를 불렀습니다. 아버지 없이 살아가자면 어려운 일이 한 두 가지가 아닐 터인데 꼭 도움이 필요하거든 자신을 찾아오라는 말을 남기고 돌아왔습니다.

강상호는 독립운동보다 더 절실한 것이 있다는 걸 깨달았습니다. 독립운동이 억압받는 국권을 회복하기 위한 것이라면, 인간으로서의 존엄과 가치를 박탈당하고 사는 백정들도 당당한 한국인임을 먼저 인정하는 일이 더 본질적인 것임을 알았지요.

그날 뒤로 옥봉 사는 백정들이 강상호 집을 찾아오기 시작했습니다.

감옥에서 석방된 뒤의 강상호.

1920년대 초반의 강상호.

제7장

도전

'조용한 혁명' 준비하는 강영호

동아일보 초대 진주지국장이라는 직함은 강상호가 미처 예상치 못했던 위력을 나타내기 시작했지요. 일제의 탄압 아래서 한국인이 겪어야 하는 시련과 고난에 대하여 이 신문은 조금씩 제 목소리를 가다듬고서 더럽고 억울한 사연을 말하기 시작했는데, 동아일보를 지켜보는 한국인의 시선은 진주지역에서도 기대와 응원이 함께 실린 것이었지요.

굳이 진주지역에서 일어나는 크고 작은 일들을 이 신문이 보도하지 않더라도 전 한국인이 보내는 뜨거운 지지와 한국인으로서 갖는 긍지의 열기가 강상호에게도 미치기 시작했기 때문입니다.

강상호는 상상하지 못했던 신문의 위력을 실감하면서 진주사회의 저력을 결집시키는 일과 그같은 결집을 저해하는 요인들이 무엇인지를 생각하면서 1920년대 벽두의 신산스런 역정을 시작했습니다.

진주지역이 지닌 민족의 대동단결을 저해하는 한 요인은 백정들에 대한 일반민의 차별 감정이 다른 지역에 비해 유달리 심한 점이었습니다. 백정차별 문제는 단순한 감정 대립이나 인권 문제와는 다른, 심각한 모순이 자라나는 민족 내부 문제였습니다.

즉 한국인은 일본 제국주의의 식민지 노예로서 차별당하고 능욕을 겪어야 하고, 백정 계급들은 다시 그같은 한국인으로부터 다시 차별당하는 이중 차별의 모순에 짓눌려 신음했거든요.

한국인이 일제의 압박을 벗어 던져버리는 것을 민족적 과제로 삼고 있다면 백정 계급은 그런 한국인의 차별과 멸시라는 가치관을 기어코 벗어던지는 것을 인간적 소망으로 여기고 있었지요.

한국인이 민족해방을 위해 목숨을 걸고 싸워야 하듯이 백정들은 인간으로서의 존엄을 회복하기 위해 한국인과 사활을 건 한판 대결을 벌여야 할 짓궂은 숙명 관계로 맞서있었지요.

강상호를 향한 진주백정들의 시선은 날마다 조금씩 강렬해졌습니다. 아득한 절망의 늪에서 허우적거리는 그들의 눈에 비친 강상호는 구원의 빛이었지요. 거의 매일같이 강상호를 만나 그들 처지를 호소하기 위해 강상호의 집 대문 밖에는 옥봉과 서장대 아래 사는 백정들 모습이 끊이질 않았지요.

강상호는 백정들의 가슴속에 오래도록 응어리져온 피묻은 절규를 들으면서 전혀 새로운 인간 세계의 슬픔에 눈뜨기 시작했고, 강상호에게 생의 비밀 같은 시뻘건 통한의 핏덩어리를 토해 보인 백정들 또한 하늘을 향하여 고개를 쳐들기 시작했습니다.

1921년이 열렸습니다. 강영호는 진주농업학교를 마치고 천도교에 입교하여 소년운동을 시작한 고경인과의 빈번한 교류를 통하여 소년운동이 지닌 새로운 민족 지평의 확장에 뛰어들고 싶은 충동으로 번민했습니다. 한일합방이라는 치욕을 만든 한국의 내로라하는 지식인과 정치인들로부터 전혀 영향 받지 않은 새로운 세대를 준비하지 않으면 한국의 민족해방은 꿈꾸기도 어렵다는 결론 앞에서 강영호의 내성적 열정은 소리 없이 타올랐지요. 그의 형님 되는 강상호가 다분히 행동적이고 외향적 열정을 품었다면 동생 영호는 안으로 여민 사색적이고 은밀한 가운데서 소리 없이 자신의 생각을 행동으로 옮겨가는 신중하고 조용한 성품이었습니다. 강상호가 이미 주어져있는 사회적 조건들을 중심으로 하여 변혁을 시도한다면, 강영호는 아직 표면화되지는 않았지만, 사회의 지층 아래서 자라나고 있는 소년, 소녀들의 정신세계에다 민족의 미래를 심는 다분히 이상적이고 쉽게 겉으로 드러나지 않는 일을 향하여 조심스런 발걸음을 옮겨놓고 있었지요.

하지만 조금만 더 신중한 사람이라면 강영호가 꿈꾸는 것이 얼마나 낭만적이고, 낭만적인 그 일은 곧 거대한 혁명의 불꽃 심지가 될 수도 있다는 것을 눈치챌 수 있었겠지요.

그래서 강영호는 되도록 자신의 가슴속에서 싹트고 있는 일들을 아무도 눈치채지 못하도록 꼭꼭 덮었지요. 그들의 부친 강재순은 영호와 신호에게 되도록 빨리 일본 유학을 떠나도록 바라고 있었지요. 특히 신호의 그림 솜씨가 휘문의숙은 물론 서울의 내로라하는 화가들에게서도 화제가 되고 있어서 더 늦기 전에 본격적인 미술 공부를 하도록 만들어주고 싶었기 때문이지요.

강재순은 큰아들 상호를 시켜서 진주 일요사생클럽의 오까 선생에게 신호의 일본 미술학교 유학 문제를 부탁했습니다. 오까는 진주에 거주하는 일본인들 중에서 그림 그리기를 좋아하는 사람들을 클럽으로 조직하여 매주 일요일마다 촉석루를 비롯해 진주의 명승지를 돌아가면서 수채화를 지도하는 인물이었지요. 그의 직업은 화가가 아니라 목재상이었지만 빼어난 그림 솜씨로 일찍부터 강재순의 눈길을 끌고 있던 사람이기도 했지요.

오까는 동경미술학교에다 강신호를 추천하기 위하여 몇 차례 일본을 다녀온 끝에 강신호의 동경 유학이 결정되었음을 알려주었습니다.

　　그러자 강재순은 영호를 함께 보내는 일을 전격 추진했습니다. 막내아들을 혼자 동경으로 보내는 것이 걱정되었기 때문이지요. 형제끼리라면 덜 외로울 것이라고 여긴 아버지의 마음이었습니다.

집안에 드리우는 불행의 그늘

강영호도 동경의 일본대학 철학과에 입학하게 되었습니다. 영호, 신호 형제가 함께 유학길에 올랐을 때 진주 그들 집에는 젊은 그들의 아내들이 남겨졌지요. 아내들은 외롭고 긴 나날을 오직 남편을 기다리며 살아야 했겠지요.

영호 아내 김또시에게는 귀하게 얻은 아들 찬규가 있어서 어린 것의 재롱과 자라나는 기쁨 속에 남편을 향한 애모를 묻어두고 살아낼 수 있었지만, 신호 아내 최또분의 사정은 그렇지 못했습니다.

신호는 아직도 아내와 정이 들지 못한 채 서로 냉랭한 사이인 데다, 신호가 워낙 그림 그리기에 몰두해 있어서 아내를 쳐다보지도 않았거든요. 최또분도 별다른 애정을 키우려는 마음이 없는 듯 그저 그날그날을 시큰둥하게 살아갈 따름이었지요. 두 사람 사이는 점점 더 멀어져갔습니다.

영호 형제가 유학길에 오른 뒤 강재순은 젊은 며느리들을 돌봐줘야 할 일이 생각보다 난감하다는 것을 뒤늦게 깨달았습니다. 큰며느리 이귀인은 병색이 점점 짙어져 갔고, 이와는 반대로 강상호의 일상은 확실히 분주한 만큼 활기가 넘쳐 보였지요. 그 활기의 원동력이 죽향이란 어린 기생임을 모르는 사람은 없었습니다.

큰며느리가 건강하고, 화목한 집안의 안방 주인 노릇을 제대로 해준다면 손아래 동서들을 돌봐주는 일은 당연히 이귀인의 덕망으로 될 일이었습니다만 사정은 그리 간단하지 않습니다. 어딘가 집안에 암울한 그늘이 자라나고 있다는 불길함이 문득문득 느껴졌습니다. 소리나지 않고, 겉으로 드러나지 않지만, 안주인의 존재는 한 집안의 절대적인 힘의 원천입니다. 그 안주인의 자리에 이상이 생겼다는 것은 곧 그 집안의 토대가 흔들리고 있음을 뜻했지만, 강재순이나 강상호는 그런 기미를 전혀 느끼지 못했습니다.

지나친 자신감 혹은 죽향과 때늦은 사랑이 너무 깊어져서 병을 앓으면서 안타깝게 생을 소진하는 아내의 속울음을 듣지 못하는 강상호라는 한 인간의 한계였는지도 모르지요.

한 남자의 사랑이 두 여인에게 동시에 똑같이 표현될 수 있을지는 모르지만, 두 여인이 남자의 그런 사랑을 아무런 장애 없이 공유할 수 있을지는 더더욱 알 수 없는 일이지요.

아무튼 이귀인은 삶에서 조금씩 의욕을 잃어갔습니다. 강재순은 영호 아내 김또시에게 의령의 친정집에 가서 지내다 오면 어떻겠느냐는 제의를 했습니다. 손자 찬규를 자주 볼 수 없다는 서운함이 결코 작은 일이 아니었지만, 며느리가 보다 마음 편하게 지낼 수 있도록 배려해 주어야겠다는 판단 때문이었지요. 김또시로서는 거절할 일이 아니었지요. 확실히 시댁 분위기는 우중충해져 갔습니다. 드넓은 기와집인 데다 안주인 되는 이귀인의 생기 잃은 삶이 집안을 더욱 그늘져 보이도록 했고, 강상호의 잦은 출타로 인한 공백도 집안 분위기를 무겁게 만드는 요인이었습니다.

김또시는 시아버지께서 마련해 주신 가마를 타고 친정으로 떠났습니다. 집에는 신호 아내 최또분과 이귀인, 강재순과 강상호만 남았지요. 집안일을 거드는 사람이 여럿 있기는 했지만, 적막감은 커져만 갔습니다. 친정으로 다니러 간 김도시는 모처럼 느끼는 편안함으로 며칠을 보냈지요. 열흘쯤 지났을 때 찬규가 아프기 시작했는데, 의령 땅에서는 널리 알려진 재력과 인품을 겸비한 친정집이 발칵 뒤집히는 일로 악화되었습니다. 찬규가 홍역을 앓게 된 때문이었지요. 얼마나 귀한 강씨 집안 후손인지 잘 아는 친정집에서는 자칫 외손자가 잘못되기라도 할까 봐서 백방으로 손을 썼습니다.

하지만 홍역에 걸린 어린아이가 살아나기를 바라는 것은 기적을 바라는 것만큼이나 어려운 일이라는 것을 모르는 사람은 없었지요. 끝내 어린 찬규는 홍역을 앓다 숨을 거두고 말았습니다. 김도시의 친정집은 몹시 당황했습니다. 아이의 조부 되는 강재순이 얼마나 서운해할지 걱정이었지만 자칫 일이 잘못되어가다가는 일본에 유학 중인 강영호한테서 듣게 될지도 모를 원성이 더 걱정이었지요.

어쨌거나 주검을 진주로 실어 보내야 했습니다. 고심하던 끝에 김도시의 오라버니가 생질의 주검을 가마에 태워서 진주로 왔습니다. 찬규의 외삼촌은 차마 사돈댁 대문 안으로는 발길을 들여놓지 못하고 대문 밖에서 돌아서야 했습니다.

강재순은 말을 잃고 우두커니 앉았다가 현실을 받아들일 수밖에 없었습니다. 며느리를 나무랄 일도 아니거니와 의령 사돈댁을 탓할 것도 아니었지요. 다만 어찌도 이리 자손이 귀하며 집안을 외롭게 하는지가 원망이라면 원망일 따름이었지요. 강재순은 마당에 꽃자리를 펴고 그 위에 손자의 주검을 넣은 옻칠한 작은 관을 올려놓고 통곡했습니다.

희귀한 장면을 구경하기 위하여 사람들이 모여들었습니다. 강재순의 곡성이 하도 애절하여 듣는 이마다 울음을 삼키며 눈물을 흘렸습니다. 강상호의 뺨에도 눈물이 흘러내렸지요. 이귀인은 창백한 모습으로 시아버지와 남편을 바라보았지요. 그들이 흘리고 있는 눈물의 의미가 무엇인지도 알았습니다. 모두가 자기 잘못이자 업보 탓이라는 자책감이 시퍼런 비수가 되어 심장을 사정없이 찔렀습니다.

日 청십자운동서 백정차별 해법 모색

아들 찬규 소식을 들은 동경의 강영호는 무엇보다 먼저 아내 마음의 상처를 걱정하면서 애정 어린 편지를 보냈습니다. 편지에는 아내를 위로하는 말과 함께 강재순의 상심을 무엇보다 세심하게 살펴드리는 것이 자식의 도리임을 간곡한 말로 당부하고 있었지요. 자식 잃은 부모의 상실감보다 더 곡진한 슬픔이 강재순을 휩싸고 돌며 노후의 삶이 온통 무너져내리는 것 같은 충격과 허탈감을 자식들이 위로해드려야 한다고도 했습니다.

자신들이야 아직 젊고 건강해서 얼마든지 자식을 낳아 기를 수 있지만, 연세 연만하신 노인들로서는 언제 다시 그 햇살같이 눈부시고 꽃잎같이 보기 좋은 손자의 향기 맡아볼 수 있겠느냐는 애절함으로 자칫 몸을 상하기라도 한다면 이 또한 지극히 민망한 일 아니겠냐고도 했습니다.

강영호의 깊은 배려는 이제껏 자식을 갖지 못하고 있는 형수 이귀인에 대해서도 각별했습니다. 아내 김포시가 임신한 사실이 알려졌을 때부터 매우 신중하게 언행을 삼가 왔지요.

언제가 되었든 아이를 가질 수도 있는 일인데, 손아랫사람인 자신들이 먼저 아이를 갖게 되었다고 하여 티를 내는 언행으로 자칫 손윗사람의 마음을 아프게 해서는 안 된다고 여겼지요.

아이를 임신하고 있는 동안은 물론 아이가 태어난 뒤에도 이귀인이 보는 앞에서는 항상 조심해 왔습니다.

그리고 불행하게도 찬규가 죽었지만, 이 또한 지극히 조심할 일이라는 당부도 아끼지 않았습니다. 가족의 평화는 기쁨이든 슬픔이든 함께할 때만 지켜지는 것이며, 혼자의 슬픔과 기쁨을 내세우다 보면 가족의 화목이 깨지기 쉽다는 말도 덧붙였지요.

그해 겨울에야 방학을 맞아 집으로 돌아오기까지 강영호는 아내에게 여러 차례 편지를 썼습니다. 참으로 사랑하고 그리운 마음이 절절하게 묻어나는 편지를 읽고 또 읽으며 아내는 자식 잃은 슬픔을 달랬지요.

강영호는 형님한테도 그럴 수 없이 잘하는 아우였습니다. 어떤 일에서든 형님의 뜻을 거역하지 않았지요. 형님이 결심하고 나서는 일이면 대개는 이해하면서 돕고 따랐습니다. 특히 강상호가 백정들의 삶을 알고 난 뒤로 그들과 함께하려는 의지를 매우 존경했습니다. 어떻게든 형님의 일을 돕기 위해 애를 썼지요. 남을 지배하려 하거나, 타인 위에 군림하여 이익을 챙기려는 것이 아니라 오랜 사회의 악습과 이기적인 개인들의 횡포에 희생당해 온 백정들 삶을 개선시켜 주기 위해 헌신할 뜻을 내비쳤던 강상호를 동생은 속으로 무척 자랑스럽게 여기고 있었거든요.

강영호는 일본 유학 중에 듣게 되거나 책으로 읽은 것들 중에서 한국의 백정을 이해하는 데 조금이라도 도움 되는 것들이 있으면 빠짐없이 챙겨서 한국의 강상호에게 보내주곤 했습니다.

특히 '일본의 부락(部落)과 부락민(部落民)'에 관한 것은 강상호에게 매우 큰 충격이자 그의 생애를 크게 바꾸어놓은 운명의 시곗바늘이었습니다. 강영호가 전해준 1921년의 일본 부락과 부락민의 역사와 실상을 알게 된 강상호는 한국의 백정차별 문제를 어떻게 해결해야 할지를 구체적으로 생각하게 되었지요.

일본의 부락(部落)이란 한국 백정과 똑같은 직업을 갖고 있으며, 일본인들로부터 차별받는 모습도 똑같다고 느꼈습니다. 부락에 사는 사람들을 부락민(部落民)이라 부르며, 그들은 철저하게 일본 사회로부터 격리되어 따로 살아야 하고, 혼인도 그들끼리만 할 수 있으며, 군인이나 공무원이 될 수 없고, 일본인들의 거주지에 섞여살 수 없으며, 함부로 나돌아 다닐 수도 없이 태어난 곳에서 죽어야 하는 비극적 존재들이었습니다.

그런 부락과 부락민들의 처지를 개선하기 위한 사회적 노력이 시작되었는데, 이른바 청십자운동(靑十字運動)을 일으킨 선구적 일본 기독교 지도자들에 의해서였지요.

청십자운동의 주역들은 1868년 명치유신 이후부터 시작된 일본 청년들의 해외 유학 사조에 의하여 미국으로 보내졌던 일단의 청년들이었습니다. 이들은 미국의 시카고지역에서 흑인들의 눈물겨운 삶을 발견했지요. 비록 자유가 있고, 건강하며 어느 만큼 학교교육을 받을 수도 있기는 했지만, 흑인들의 삶은 미국 사회 최하층에서 억압과 능멸의 대명사를 만들며 살아가는 참담함 그 자체였지요.

일본 청년들은 흑인의 생활과 역사를 보면서 일본의 고베, 교토, 나라, 오사카지역에 밀집해 살고 있는 부락민들을 떠올렸지요.

청년들은 시카고 흑인사회 안으로 들어갔지요. 백인들과의 극심한 빈부격차와 극단적인 차별과 사회적 학대, 인간으로서의 존엄도 권리도 인정받지 못한 채 짐승처럼 취급당하며 살아가는 흑인들에게 가장 중요한 문제는 경제적으로 자립하는 것임을 알게 되었지요.

경제적인 자립이 안 되고서는 그 어떤 것도 소용없다는 것도 알았습니다. 흑인사회의 기독교 지도자들은 생활필수품만이라도 공동으로 구매하여 공동판매하여 이익을 만드는 매우 기초적인 방법을 흑인들에게 가르치고 있었지요.

부락문제 해결 노력

日 수평사운동 초석

일본의 억압받는 부락민의 생활을 개선해 주기 위해 시작된 청십자운동은 '청십자보(靑十字報)'라는 잡지를 발간하여 계몽에 나섰지요. 교토, 고베, 오사카 등지의 빈민들을 돕기 위한 사회 보장 운동이었습니다. 생활필수품의 공동구매와 공동판매를 통하여 빈민들을 돕고, 상호신용 금고를 통하여 자금을 유통하며, 부락민이 만든 물품의 판로를 개척하고, 홍보 활동을 전개하여 사회적 약자이자 빈민인 부락민의 삶의 질을 높이기 위해서 시작된 선구적 기독교 지도자들에 의한 것이었지요.

이같은 청십자운동이 본래의 목적대로 성과를 거두기 위해서는 무엇보다 부락민 스스로가 이 운동에 참여해야 했습니다.

그러나 일본의 부락민들은 대개 가난한 데다 무지하여 이런 진취적인 시대의 흐름을 제대로 이해하는 사람이 많지 못했습니다.

청십자운동이 부락과 부락민 속으로 확산하게 된 것은 나라(奈良) 출신의 화가였던 사이코 만기치(西光萬吉)에 의해서였습니다. 그는 매우 뛰어난 그림 솜씨로 1910년대 일본 사회에서 널리 알려졌던 청년이었지요. 그러나 그의 훌륭한 그림 솜씨가 오히려 그를 좌절하게 만들었습니다. 그의 신분이 부락민 출신임이 밝혀지면서부터 그때까지 그에게 쏟아졌던 칭찬이 순식간에 비난과 차별적인 능멸로 급변하게 되었거든요.

다니던 미술학교에서도 자퇴할 수밖에 없었습니다. 그가 태어난 나라현은 일본에서도 손꼽히는 부락들이 많았고, 서광사(西光寺)라는 절을 중심으로 부락민들은 전통적인 억압과 차별의 슬픔을 달래며 살아왔지요. 사이코 만기치는 나라현 부락민들에게는 커다란 긍지이자 희망을 갖게 하는 상징적 존재였기 때문에 그의 좌절과 슬픔은 곧 나라현 부락민 모두의 절망이었지요.

사이코 만기치는 한동안 방황하던 중에 청십자운동을 알게 되었습니다. 그리하여 그와 절친한 친구인 기모토 본진(木本凡人)에게 이 운동을 소개했습니다.

기모토 본진은 문학적 재능이 있어서 청십자운동을 소개하는 '청십자보'의 편집기자로 일하게 되었습니다. 사이코 만기치가 도와준 때문이었지요. 기모토 본진은 자신이 부락민 출신임을 잊지 않고 살았거니와 그렇다고 해서 조상들처럼 겁먹어 굽신거리는 삶을 살지는 않았습니다.

오히려 부락민도 엄연한 인간이며, 인간인 이상 존엄과 평등을 지향하는 의지를 꺾으려는 힘에 맞서 싸워야 하고, 싸우는 것이 존엄을 수호하는 본연임을 강조하는 글을 발표했지요.

이 글은 많은 부락민에게 용기를 갖게 해주었습니다. 기모토 본진은 한 걸음 더 나아가 청십자운동의 힘을 부락 안으로 확산시키기 위한 방법을 모색했습니다.

그때 나타난 인물이 요네다 도미(米田富)라는 나라현의 부락민 청년이었습니다. 요네다 도미는 학교 교육은 제대로 받지 못했지만, 부락문제의 지독한 모순을 혁파하기 위해 나름의 해결책을 찾고 있던 중이었지요. 사이코 만기치, 기모토 본진, 요네다 도미의 등장은 일본 부락의 현대사에서 혁명적 역사로 기록되고 있는 수평사(水平社)운동의 초석이 되었습니다.

특히 요네다 도미는 부락문제를 해결하는 한 방법으로서 일본 안에 거주하는 한국인들과의 연대를 계획하고 있었지요.

1920년대 초반 일본에 거주하는 한국인들은 일본인들로부터 부락민보다 더 지독한 차별을 받으며 노예처럼 살아가고 있음을 알고 있었기 때문이지요.

일본의 식민지인 한국에서 와 살고 있는 한국인 대부분은 일용직 노동자였지요. 한국에서도 날품팔이나 머슴 또는 소작인으로 생활했던 사람들이어서 이렇다 할 기술이나 기능을 익힐 계기가 없었던 탓으로 단순 노동자로 끼니를 해결하며 살았습니다.

인분을 져 나르는 일, 하수도를 청소하는 일 등 사회에서 가장 천대받는 직종 대부분이 한국노동자들 몫이었지요.

한국인이 하는 일의 종류가 곧 한국인에 대한 평가의 기준이었습니다. 곳곳에서 부당한 처우와 모욕적 차별 대우가 원인이 되어 갈등이 그치질 않았습니다만 언제나 피해자는 한국인이었지요.

요네다 도미는 그같은 한국인의 처지를 눈여겨보고 있다가 서로 제휴하자는 의견을 내놓은 것입니다.

요네다 도미와 만난 한국인은 오사카 조선인 조합의 회장직을 맡고 있는 이선홍(李善洪)과 오사카에서 개척사(開拓社)라는 회사를 경영하면서 제주도 출신자에 대한 차별철폐를 위해 고심하고 있는 최선명(崔善鳴) 두 사람이었습니다.

요네다 도미는 두 한국인을 청십자운동 조직에 가입시켜 함께 차별 극복을 위한 일들을 펴나가기로 했습니다.

청십자운동을 나라 부락으로 파급시킨 후 결성한 '제비회'.

부락민 상호부조 조합 '제비회' 결성

사이코 만기치, 기모토 본진, 요네다 도미 등 나라(奈良) 부락민 출신 세 청년은 청십자운동의 본질인 생활 개선을 위한 구체적인 방안들을 적극 부락 안으로 받아들여야 한다는 결론을 얻었지요.

나라 부락민들의 주된 생활수단은 아교(阿膠)를 만들어서 일본 전역에다 공급하는 것이었지요. 아교는 짐승의 가죽, 뼈, 창자, 힘줄 등을 고아 그 액체를 말린 황갈색의 딱딱한 물질입니다. 투명 또는 반투명으로 탄력성이 매우 좋아서 주로 물건을 접착시키는 데 널리 사용되는 매우 오랜 역사를 지닌 접착제지요.

정제(精製)하여 백색으로 된 것은 젤라틴(gelatin)이라 부릅니다. 이를 화학에서는 단순 단백(蛋白)의 하나로도 봅니다. 황소 같은 동물의 가죽, 뼈, 힘줄 등을 장시간 석회액에 담갔다가 물을 부어 끓이거나, 산(酸)을 가하여 만들지요.

찬물에는 녹지 않으나 열탕에서는 급속하게 녹고, 식히면 다시 젤(Gel) 상태가 됩니다. 식용, 지혈제, 미생물의 배양기, 사진막의 재료 등으로 널리 쓰이기 때문에 수요량은 계속 증가할 수밖에 없었지요.

아무튼 나라 부락민들은 이같은 전통적 생활수단을 매우 훌륭하게 계승하여 발전시켜왔기 때문에 그다지 심한 궁핍으로 고난받지는 않았습니다.

하지만 세월이 흐르면서 인구가 늘어나고, 도시가 생겨나 새로운 산업들이 속속 등장하게 되자 전통 방식을 고수해 온 아교의 생산 체제도 새로운 변화가 필요했지요. 아교 만드는 일 말고 새로운 수익 사업이 될 만한 것을 찾았지요. 이같은 변화의 요구는 아교 만드는 일이 일본 사회에서 차별받는 부락민들의 고유 업종이라는 뿌리 깊은 고정관념에서 벗어나고자 하는 욕망에서 비롯된 것이었지요.

가능하다면 경제적 이익도 누리면서 차별받지 않는 일을 하고 싶었던 것이지요. 그들의 오랜 갈망은 마침내 청십자운동을 통하여 해결될 수 있었습니다.

요네다 도미와 기모토 본진이 고베의 한 부락에서 매우 특별하고 새로운 일을 시작했다는 것을 알아낸 것입니다.

그 일이란 다름 아닌 성냥 만드는 것이었습니다. 성냥은 석유황 (石硫黃) 마찰에 의하여 불을 켜는 물건의 한 종류지요. 백양나무, 미루나무, 소나무 등을 쪼개서 잘게 만든 나뭇개비 끝에 적린(赤燐), 염소산가리, 이산화망간, 유황 등의 발화 연소제를 발라 붙이고, 갑(匣)의 마찰면에는 유리 가루, 규소 등의 마찰제를 발라, 두 가지를 서로 마찰시켜서 불을 일으키는 물건이지요.

나뭇개비 끝에 바르는 인(燐)의 색깔에 따라 황린 성냥, 적린 성냥, 무린 성냥으로 나누기도 합니다. 영어로는 매치(match)라 부르고, 성냥이 처음 우리나라에 알려졌을 때는 양취등(洋吹燈) 즉 서양의 등불 켜는 물건이라고 부를 수도 있겠지요. 성나, 성냥, 성내, 성냐 등의 사투리가 한반도 전역에 널리 퍼져있는 것으로 보아 1900년 이후 일본을 통하여 들어온 성냥 문화는 석유와 함께 한국인의 근현대문화사에서 영향력 있는 신문물 중의 하나였지요.

이 성냥이란 말은 원래 녹이 슨 연장들을 불에 불려서 새롭게 벼리어내는 대장일을 '성냥한다'고 하는 데서 붙여진 것입니다. 불을 일으켜 녹슬고 무딘 연장을 새롭게 벼리는 것은 불의 발견만큼이나 놀라운 지혜였지요. 그런 인류 문화의 진화 단계에서 성냥의 등장은 분명 이채로운 사건이며, 성냥개비 끝에 묻혀서 불을 일으키는 파라핀(paraffin)은 원래 소나무의 송진으로 만들어 썼던 물건이었지요.

성냥 문화를 일본으로 가져온 것은 청십자운동의 주역인 선구적 일본 기독교 지도자들이었지요. 이들은 미국 시카고에서 널리 이용되고 있는 이 신문물을 배워서 고베의 학대받고 가난한 사람들의 생활 개선을 위한 선물로 전해주었던 것입니다.

미국 '시카고(Chicago)'는 원래 인디언의 영토였지만 유럽 이주민들에 의하여 빼앗겼지요. 시카고라는 말도 인디언 언어이며 '배고프다'라는 뜻이라고 합니다. 시카고 인디언들은 송진을 이용하여 불을 일으켰는데, 유럽인의 진출 이후 석유를 이용한 성냥의 개발 방법이 서로 영향을 끼쳐서 더 편리하고 유용한 성냥으로 발전된 것이지요.

이런 복잡한 내력을 지닌 성냥이 일본 고베 빈민들의 생활 개선을 위해 만들어지기 시작한 것은 1900년을 전후한 시기부터였습니다. 이들은 주로 버드나무를 잘게 쪼개서 개비로 만들어 썼는데, 버드나무는 가볍고, 결이 곧게 쪼개지면서 마른 뒤에는 물기를 빨리 흡수하는 특성이 있어서 파라핀 액을 빠르게 흡수하고 신속하게 건조하는 특성 때문에 버드나무를 성냥 개비로 썼지요.

성냥 만드는 기술을 나라(奈良)의 부락으로 이전시켜서 그동안 주된 산업이었던 아교 제작과 함께 성냥을 만들어 판매하게 됨으로써 경제적 수익은 증가되었지요.

청십자운동을 나라 부락으로 파급시킨 세 청년은 '제비회' 즉 연회(燕會)라는 단체를 조직했습니다. 1920년 5월이었지요. 부락민 상호 간의 저리 금융, 소비조합 활동, 단체 여행, 야학 및 강연회, 가족들끼리의 모임을 위한 조합이었지요. 제비회라고 한 것은 해마다 봄이 되면 어김없이 날아오는 제비처럼 새로운 희망을 품고 살자는 뜻이었지요. 제비회의 상징인 세 마리의 제비가 꼬리를 물고 나는 모습은 사이코 만기치가 그린 그림입니다.

제비회의 상징마크.

日 부락 변화 접한 강상호

백정 자식들에게 교육 결심

    강영호가 구해다 준 일본 부락과 부락민에 관한 몇 권의 책을 읽고 난 강상호의 심정은 적이 착잡했지요.

    일본의 부락민은 진주 옥봉 일대와 서장대 아래에 사는 백정들과 똑같은 일을 하면서 차별받고 사는 점에서도 동일했습니다. 일반인 거주지와 일정한 거리를 사이에 두고 격리되는 점, 거주 이전의 자유가 제한되는 점, 공공장소에 허가 없이 드나들 수 없는 점, 일반인과 혼인할 수 없는 점, 공무원이 될 수 없으며 일반인과 함께 학교에 다닐 수 없는 점, 정해진 일 외의 다른 직업을 가질 수 없는 점 등이 한국의 백정과 똑같은 처지였지요.

    그런데다 그들은 한국의 백정들로서는 꿈도 꿀 수 없는 여러 가지 일들을 통하여 자신들의 낙후와 생활 환경을 개선해 나가고, 수익 사업을 위해 상호신용 금융제도를 도입하고 있는 점은 놀라울 따름이었지요.

    특히 그들 사회 안에서도 존재하는 빈부격차 문제를 해소하기 위하여 경제력이 큰 사람의 돈을 근간으로 하여 만든 상호금융제도는 이자를 대폭 낮추어 가난한 이들이 그 돈을 빌려서 생활 환경을 개선해 나가도록 유도하고 있는 장면은 감동적이었습니다.

    글자를 모르는 사람들을 위한 야학의 개설과 운영에는 젊은 사람들의 헌신적인 봉사로 꾸려지며, 소비조합 활동의 확대는 부락민들에게 절약과 함께 규모 있는 가정생활까지 돕고 있음을 알 수 있었지요.

한 부락에서 일정 기간 사용해야 하는 생활필수품을 한꺼번에 사놓고 그때 그때마다 각 집으로 배달해 주는 당번을 정해놓고 운영하는 조합은 강상호에게 신선한 충격이었습니다.

잦은 강연회를 열어서 부락민들의 의식을 일깨워 주는 일, 집을 지을 때 서로 도와주는 일, 단체 여행을 하는 일 등도 눈여겨볼 대목이었지요. 단체 여행은 부락민 개개인이 여행할 때 발생하는 차별 대우와 폭행당하는 일을 방지할 수 있고, 무지하고 겁이 많은 부락민들을 단체로 여행시킴으로써 안전도 확보할 겸 견문을 넓히는 중요한 사업임도 알 수 있었습니다. 평생토록 한 곳에서만 붙박여 살아온 부락민들의 폐쇄적인 사고를 변화시키는 데는 단체 여행만큼 좋은 방법도 흔하지 않다는 것을 깨달은 사람이 고안해 낸 것이었지요.

이와 같은 일들을 계획하고 실천하는 것은 청십자운동의 영향을 받는 부락의 청년들이며, 부락민 모두가 참여하도록 만든 모임이 '제비회'라는 것도 알 수 있었지요.

그러고 보면 장지필이란 인물의 고뇌와 그의 가슴속에서 들끓고 있을 많은 계획과 복잡한 심경들을 더 가깝게 이해할 수 있을 것 같았습니다. 하지만 진주백정들 사회에서는 일본 부락과 같은 변화를 기대하기란 사실상 불가능하다는 것이 강상호의 판단이었지요.

가장 중요한 역할을 해야 할 그들 속에서 자라나 새로운 사상에 눈뜬 청년들이 거의 없다는 점이 가장 큰 문제였습니다.

백정 신분이 아닌 일반인이 백정 문제를 해결하기 위해 뛰어든다는 것은 너무 많은 장애물을 극복해야 하고, 그 과정에서 한계가 나타나게 마련이라는 것을 강상호도 알고 있었습니다. 장애물은 백정사회 내부에서도 나타나게 될 것이지만 일반인들 대부분이 장애물이 되리라는 것도 쉽게 알 수 있었지요.

이런 어려움을 최소화시키는 것이 백정 내부에서 지도자가 나와야 하고, 그들을 결속시키고 의식을 일깨워 나갈 사이코 만기치나 기모토 본진 또는 요네다 도미 같은 청년들의 존재인데, 진주의 현실로서는 절대로 불가능했습니다.

그리하여 장지필을 자주 만나 이런 문제들을 토론해 보고 싶었지만 장지필은 진주지방을 벗어나 전국 곳곳을 돌아다니고 있어서 만날 수가 없었습니다. 그렇다면 다소 시간이 걸리더라도 백정 자제들을 교육시켜서 그같은 일을 깨닫고 실천할 수 있도록 도와주어야 한다고 여겼습니다.

강상호는 지난번 진주공원에서 몰매를 맞고 죽은 김강두의 아들인 김삼수(金三守)를 양자처럼 맞아들여서 키워야 하겠다는 결심을 하게 되었지요. 이 소문은 금방 진주 일대에 퍼졌지요.

강재순도 이 소문을 듣고 나서 처음으로 아들을 불러 꾸짖었습니다. 이제껏 아들이 해온 수많은 일에 대해서 속으로는 더러 언짢게 여긴 적도 있었지만, 겉으로 내놓고 아들을 나무란 적은 한 번도 없었지요. 하지만 백정의 자식인 김삼수를 양자로 삼았다는 소문을 들은 강재순은 아무래도 그냥 보아 넘길 수가 없었지요. 백정들 처지를 안타깝게 여겨 이런저런 방법으로 돌봐주는 것은 인정 상 어쩔 수 없는 일이라 치지만, 백정의 피를 이어받은 백정의 자 식을 양반 집안의 양자로 받아들이는 것만은 용납할 수 없었기 때 문이지요.

강재순의 분노는 컸습니다. 큰며느리가 자식을 낳지 못해 집안 의 대가 끊길지도 모르는 판에 기껏 한다는 것이 백정 자식으로 가 문의 대를 잇겠다는 것이냐며 호통을 쳤지요. 강상호는 그런 것이 아니라며 변명했지만, 강재순의 노함은 더 커지기만 했습니다.

마침내는 백정들이 강재순의 대문 안으로 들어오는 것은 물론이 고 대문 밖에 모여서 강상호를 찾는 일까지도 용납지 않겠다고 선 언하기에 이르렀습니다. 일은 엉뚱한 방향으로 뒤틀리기 시작했습 니다.

"버려야 할 것은 반상차별이요

배워야 할 것은 대동단결정신"

강재순은 상호가 큰아들이라 해서 특별하게 보호하고 뒷감당을 해주면서 키워온 것을 후회했습니다. 진작 일본으로 유학을 보내 버렸더라면 비좁은 진주땅에 퍼질러 앉아서 저토록 한심한 일에 빠져서 집안 망신을 시키지는 않았을 것이라며 혼자 고심했지요. 강재순의 심기를 몹시 불편하게 만든 것은 상호가 백정들을 계속 만나고 있다는 사실이었지요. 거리에 나서면 만나는 사람마다 강재순에게 큰자식을 단속하라는 충고를 했거든요. 벌써 여러 차례에 걸쳐 백정들과 손을 끊으라고 당부했지만, 상호의 행동은 조금도 달라지지 않았습니다. 오히려 더 빈번해졌습니다.

이제는 결판을 내야 할 것 같았습니다. 아들을 불러 앉히고 좋은 말로 입을 열었습니다. 그것은 강재순이 분노하는 모습이었지요. 처음엔 아주 부드럽고 낮은 목소리로 시작하지요. 상호는 아버지가 무슨 얘기를 하려는지 짐작하고 있었지요.

백정도 사람인데, 사람이 사람을 만나고, 서로 오가는 것을 어찌틀린 짓이라 하겠는가, 죽은 귀신도 오고 간다는데 하물며 산 사람이 어찌 왕래가 없겠는가, 네가 저들을 찾아갈 수도 있고, 저들이너를 찾아올 수도 있겠지, 내가 그것 탓하려는 것이 아니다. 진주는 다른 데하고 좀 다른 관습이 있다는 걸 너도 알지 않느냐. 백정들과 평등한 교류를 트는 것은 대단히 위험한 일이다. 죽은 사람이 되살아날 수가 있고, 망한 자가 흥할 수는 있어도 백정이 양반 될 수는 없는 것이다.

너는 명색이 진주 양반 중에서도 양반이 아니냐.

그런 네가 저들과 교류하는데 반상의 차별을 두지 않는다면 저들이 양반 알기를 어떻게 알겠느냐.

네가 양반이기는 하다만 그렇다고 해서 네가 조선 양반을 대표하는 사람이 아니고, 다른 양반들이 모두 뜻을 모아서 백정과 너들이로 터놓고 지내라는 중지를 너에게 위임한 일도 없지 않으냐.

그런데도 너는 저들과 피를 나눈 동기라도 되는 듯이 터놓고 지내는데, 이것이 어찌 진주 양반들 눈에 곱게 보이겠느냐. 너 한 사람의 무분별한 행동이 진주 양반들을 능욕하고 진주의 오랜 범절과 체통을 크게 문란케 하고 깎아내리는 결과를 낳았다.

너는 귀가 없느냐. 우리 집안을 백정놈 사촌이니, 백정놈들과 사돈 맺었느니, 백정놈 집안으로 양자 갔느니, 새백정 났느니 하는 입에 담기조차 부끄러운 소문을 너는 듣지도 못했느냐.

그리고 세상인심이란 참으로 무서운 것이다. 한 번 인심을 잃어버리면 제 평생에는 회복하기 어려운 것이 인심이다.

네가 저들과 계속 교류하게 되면 진주 인심은 우리 집안을 버리게 될 것이다. 네가 왜 그걸 모르느냐. 그러니 이제부터라도 저들과 손을 끊어라. 네가 가지 않으면 저들이 오지는 못할 것이다. 만약 네가 아니 가는 데도 저들이 온다면 그때는 내가 가만 있질 않을 것이다. 영 어려우면 동경을 둘러서 바람을 좀 쐬고 오너라.

강재순의 낮은 목소리는 이쯤에서 끝이 났습니다. 강상호가 고분고분 따른다면 더이상 된소리는 나지 않겠지만 그렇지 않을 때는 된소리가 날 수밖에 없었지요. 그날따라 강상호도 각오한 모양이었습니다. 조용한 음성으로 자신의 견해를 드러내 보였습니다.

저도 아버님 당부 말씀이 틀린 것이 아니라는 건 압니다. 하지만 진주 양반들이 주장하는 상식과 도덕은 오직 몇명 양반들의 이익을 지키기 위한 것일 따름입니다.

진주에는 양반만 사는 것이 아니잖습니까. 양반의 숫자보다는 천민이나 상민 숫자가 훨씬 많습니다. 소수의 낡은 이익을 위하여 다수의 새로운 희생을 강요하는 것은 매우 잘못된 아집에 불과합니다. 그리고 아버님, 지금은 조선총독부가 한국의 운명을 좌우하려 드는 일제 식민지 치하입니다. 식민지가 된 지 10년을 지났습니다. 독립을 위하여 거국적으로 떨쳐 일어나 만세시위를 벌였지만 뭐가 달라졌습니까. 오히려 일본의 통치권만 강화시켰습니다.

충과 효를 앞세웠던 저 충신과 대신들이 임금과 나라를 일본에 팔아넘긴 대가로 천황이 내리는 벼슬을 누리고 있습니다. 부모와 가문의 존엄과 명예를 버리고 그 위에 천황의 권위를 세워 출세한 자들이 대로를 활보하고 있는데, 인제 와서 진주 양반의 체면이나 따져서 어쩌겠습니까.

일본의 식민지가 된 이 마당에 양반 상놈 따져서 누구의 이익이 되겠습니까. 어차피 지금 한국땅에 사는 한국인은 일본 식민지의 노예일 뿐입니다. 똑같은 노예 처지에 놓였으면서 양반 상놈 차별하는 짓은 일제의 식민 통치를 도와주는 적대행위이고, 우리 민족을 이간질시켜 분열하는 어리석은 짓이 될 뿐입니다.

오히려 이럴 때 양반 상놈 신분을 완전히 깨뜨려 내던져 버리고 모두 하나로 뭉칠 수 있다면 지금 일본 식민지 된 이 불행을 다시없는 행복으로 바꾸어 낼 수 있는 참으로 귀한 일이 될 것입니다. 일본이 우리의 처지를 도와주고 있다고 볼 수도 있다는 얘깁니다. 지금 이 나라가 한시바삐 버려야 할 것은 반상차별하는 악습이고 한시바삐 배워야 할 것은 대동단결하는 정신입니다.

백정들은 이 나라의 가장 낮은 데 사는 사람들이지만 정작 그들의 생각과 이상은 양반들보다 깨끗하고 고매합니다. 세상이 변하고 있습니다. 아버님, 저를 나무라기만 하시지 말고 이 무서운 변화의 대세를 보셔야 합니다.

백정은 더이상 한국의 양반이나 지배층들이 무시하고 짓밟을 수 있는 하층민이 아니라 한국인의 오랜 악습에서 벗어나 신천지를 만들 수 있느냐, 없느냐 하는 중요한 기준점이 되고 있습니다. 저들을 해방시켜야 나머지 한국사람도 나쁜 인습과 역사를 칭칭 감고 있는 차별의 관습을 끊어 낼 수 있습니다.

먼저 모순 속에 빠져있는 우리들 자신부터 해방되어야 합니다. 그 해방을 위한 방법을 저들이 우리에게 가르쳐주는데도 우리는 그것을 모욕이라 말합니다. 아버님, 제발 이 시대의 변화를 똑바로 보셔야 합니다.

이미 한국에서 재산이며 권위는 아무 소용 없습니다. 우리의 정신이 녹슬어 있는 한 그 어떤 것도 부질없는 수식이며 한심한 타락일 뿐입니다. 저는 백정들을 통하여 다시 태어나고 있습니다. 부모님께서 낳고 길러주신 이 몸의 정신은 저들의 고난과 슬픔을 통하여 다시 태어나고 있다는 말입니다. 저를 나무라시지 말고, 저들을 다시 보셔야 합니다.

강재순은 아들의 마음이 확고한 신념으로 변했음을 알면서 신음했습니다.

1920년대 초반의 강상호(오른쪽)와 김기태(왼쪽).

자금줄 끊겨 사회운동 위기 봉착

　아버지와 아들의 결심은 대결 양상으로 전개되었습니다. 강재순은 아들의 생각을 틀린 것이라고 단정했고, 강상호는 아버지의 고집이 시대의 추세를 읽어내지 못하는 안타까움이라고 규정했지요.

　결국 강재순은 격앙되어 된소리를 내고 말았습니다. 인간 누구에게나 그러하듯이 화를 참지 못한 결과가 행복하기란 어렵습니다. 강재순의 비장한 결심은 아들에게 최후통첩과 같은 극한적인 결정을 선언해 버렸지요.

　이 애비 말을 정녕 듣지 않겠다면 나도 너를 보지 않을 것이다. 오늘 이 순간부터 쌀 한 톨도 손대서는 안될 것이다. 내 눈에 흙이 들어가기 전에는 단 한 푼도 가져갈 생각을 않는 게 좋을 것이다.

　강재순이 쓸 수 있는 가장 마지막 수단으로서 강상호의 자금줄을 끊어버리겠다는 것이었지요. 강상호도 미처 거기까지는 생각지 못했습니다. 이것은 매우 중대한 문제였습니다. 강재순이 그의 말대로 끝까지 재산을 틀어쥐고 철저하게 통제한다면 강상호로서는 어쩔 도리가 없었지요. 아무런 일도 할 수 없게 되리라는 것을 그 자신이 더 잘 알았습니다. 그러면서도 아들의 행동이 믿게 보여서 그러신다고 이해했습니다만 며칠을 지나면서 보니까 아버지의 결심은 이미 굳어져있었지요.

　이제껏 강상호는 돈 때문에 고뇌해 본 적은 별로 없었습니다. 돈을 벌기 위하여 모진 고생을 해본 일도 없었습니다. 항상 손 뻗으면 돈이 있었으니까요. 아버지가 모아 둔 돈을 쓰기만 하면서 30년 넘게 살다 보니 돈이 떨어지면 금방 사람이 달라져 보였지요. 그것은 강상호의 단점이자 치명적인 한계이기도 했습니다. 따라서 그 같은 단점과 한계를 지닌 채 사회운동에 참여했다는 점도 유심히 살펴봐야 할 대목입니다.

모든 사회운동은 운동 주체의 역량에 따라 운동의 파급 효과가 결정되지요. 본질과 방향이 변질되거나 혼란에 빠질 수도 있다는 점이 그렇습니다. 아무튼 강상호는 당황했습니다. 동아일보 지국의 운영만 해도 그랬지요. 지국장이라는 직함이 경제적 이익하고는 거리가 멀었지요. 오히려 집안의 돈을 가져와서 끊임없이 써야 하는 자리였거든요.

그런 활동을 통하여 사회의식을 성숙시키고 독립정신을 드높여 간다는데 큰 의의가 있었기 때문에 사람들로부터 존경을 받았던 것이지요. 그 외 크고 작은 수많은 모임마다 강상호는 주도적 역할을 하고 있어서 늘 돈이 필요했습니다. 밤낮 안 가리고 찾아오는 친구들과의 교유에도 돈은 필수적이었고, 새로운 사람들과의 만남에는 더더욱 돈이 들어야만 관계를 지속시킬 수 있었지요.

자금줄이 끊어지고 나자 강상호는 풀이 죽어버렸지요. 그런 사정을 아는 아내 이귀인이 나섰습니다. 시아버지 모르게 적잖은 돈을 구해다 남편 손에 쥐여주었지요.

친정집이 여유 있는 집안이어서 친정 남동생을 내세워 돈을 전해주기도 했습니다. 하지만 그 짓도 오래 계속되기는 어려웠지요. 강상호의 딱한 처지를 알고 있는 또 한 사람은 기생 죽향이었습니다. 죽향은 이제 강상호의 연인으로서 알 만한 사람은 다 아는 일이 되었습니다. 죽향도 강상호 용돈을 보냈습니다. 워낙 씀씀이가 좋은 강상호에게는 그리 큰 힘이 되질 못했습니다.

강상호도 대책을 세워야 했겠지요. 언제까지 그렇게 버틸 수는 없었거든요. 궁리 끝에 기발한 묘책을 짜냈습니다.

1919년 3·1만세운동을 진압하는데 수훈을 세운 공로로 1921년 충북 경찰부 보안과장으로 승진한 진주사람 최지환의 돈을 빌려 쓰기로 한 것입니다. 최지환의 재산을 관리해 주면서 식산은행과도 밀접한 관련이 있는 관리인에게 접근하여 밀약한 것이지요.

강재순의 명의로 되어 있는 대안동의 큰 기와집과 토지 약간을 담보로 해놓고 돈을 빌려 쓰게 된 것입니다. 이것이 불행의 씨앗이 될 줄 안 사람은 아내 이귀인뿐이었습니다. 웬만큼 시간이 흐른 뒤 이귀인은 친정아버지에게 이 사실을 말씀드리고 헝클어진 일을 바로잡아 주라고 당부했습니다. 친정 부친은 아무 말 없이 딸의 청을 들어주었지요. 그리하여 집값의 삼분지 일 가까운 빚을 갚아주고 대신 집의 담보를 풀었습니다. 하지만 강상호는 아직 그 사실을 모르고 있다가 뒤늦게 돈을 빌리러 갔다가 얘기 듣고는 무척 괴로워했지요.

강상호가 아버지와의 갈등으로 집안이 긴장해 있을 때 동경으로 유학을 떠난 강신호한테서는 기쁜 소식이 전해졌습니다.

1922년 일본의 신춘미전(新春美展)에서 '작품 제9'를 출품하여 특선한 데 이어 중앙미술전(中央美術展)에서는 '의자 위의 과실'로 다시 입선했다는 소식이었지요.

이 일을 두고 동아일보는 '근래 보기 드문 천재'라고 극찬했습니다. 그때부터 강신호의 미술 세계는 눈부시게 펼쳐지기 시작하여 그가 죽던 1927년 여름까지 비교적 짧은 기간에 섬광처럼 빛났다가 스러져갔습니다.

막내 신호가 전해준 기쁜 소식도 강재순의 심화를 삭히지는 못했습니다.

한편 강상호는 중첩적으로 벌어지는 사건들 속에서 정신을 차릴 수 없이 분주했습니다. 연인인 죽향이 임신을 했다는 소식은 강상호에게 그나마 단비 같은 것이었지만, 아내 이귀인의 병이 깊어지면서 아내는 강상호에게 다시 장가들기를 권하고 있어서 예사 걱정이 아니었지요.

아내는 말했습니다. 잘난 사내가 기생첩 두는 것이야 허물할 바 못 되지만, 거기서 자식이 생기면 그로 인한 불화와 불행은 자칫 사내의 일생을 망치게도 만들 수 있다는 것이었지요. 하여 자신은 이미 모든 것이 늦었지만 그 대신 자신의 손으로 좋은 여인을 골라서 새 장가를 들여줄 테니 그 새사람 맞아 자식 낳고 복된 새 생활을 해달라는 간청이었지요. 벌써 점찍어둔 규수가 있다고도 했습니다. 강상호는 거절할 수도 없었지요.

또 다른 사건은 백정들 문제였습니다. 백정 자식들은 일반 학교에 입학시킬 수 없어 생기는 불만과 도축장과 소가죽을 말리고 가공하는 건피장 경영권이 백정 아닌 일반인들에게 넘어가면서 생겨나는 분쟁이었지요.

"큰며느리 자리 내놓으렵니다"

새 혼처 주선하는 아내 이귀인

　강상호 아내 이귀인(李貴仁)은 1922년 봄 중대한 결단을 내려야 했습니다. 온갖 것이 더는 미룰 수 없는 형편으로 나빠져 갔고, 이제는 자신이 나서서 막아야 할 것은 막고, 단절시켜야 할 것, 이어주어야 할 것, 바꾸어야 할 것을 정리해야 할 시간이 왔음을 느꼈습니다. 자신의 한 몸을 던져 넣으면 못할 것도 없다고 판단한 것이지요.

　무엇보다 서둘러야 할 것은 강씨 집안의 대가 끊어지지 않도록 하는 일이었습니다. 친정집 사람을 내세웠습니다. 친정에서 곧 소식이 왔습니다. 이귀인은 남편을 만날 준비를 했지요. 자신의 몸이 병약하여 남편에게는 항상 미안한 생각을 하고 있었지요. 강상호는 아내의 진지한 표정을 읽으면서 어떤 예감을 했습니다. 아내 얘기가 시작되면서부터 큰 변화의 물굽이가 자신을 향하여 다가오고 있음을 직감했습니다. 아내는 조용히 얘기를 시작했습니다.

　올해로 우리 내외 나이가 서른여섯으로 접어들었습니다. 부부 인연 맺은 지도 20년을 지났으니 강산이 벌써 두 번 변했습니다. 시어머님 별세하신 뒤 정촌에서 진주 읍내로 이사 온 것도 그렇고 고종 황제께서 승하하신 일도 강산의 변화라고 해야겠지요.

무엇보다 나라가 일본의 속국이 된 것은 강산이 변한 일 중에서도 큰일이었습니다. 나는 오늘 내가 이 집안 큰며느리라는 자리를 내놓으려고 합니다. 내 말 막지 마시고 들으세요. 꼭 들으셔야 합니다. 나는 대이을 자손을 생산하지 못한 칠거지악 죄인인데도, 집안 어르신의 인자하신 덕으로 쫓겨나지도 않았고 당신의 깊고 크신 배려를 입어 이날까지 이 자리에 눌러앉아 있을 수 있었습니다.

은혜인 줄 알고 있습니다. 하여 오늘 내가 말씀드리려고 하니 내치지 마세요. 새 혼처를 물색해 두었습니다. 이 일은 진작부터 생각했던 것이지만 당신이 진정으로 만류하는 바람에 덮어는 두었으나 인제 와서 생각해 보면 그때 일을 서둘러야 옳았습니다. 이렇게 늦어진 것은 다만 내가 혹시나 하는 기대를 하며 살았던 어리석음 탓이었지요. 이제는 더 늦출 일도 늦출 까닭도 없습니다.

새 혼처는 진양 일반성 남산에 사는 전주(全州) 이문(李門)의 규수입니다. 을사생(乙巳生)이니 올해 열일곱 살입니다. 그 댁 어른의 부친께서는 평양부감사를 지내셨을 만큼 훌륭한 집안이라 들었습니다. 양녕대군파 후손이라 합니다. 친정 부모님께서 직접 나서셨으니 믿어도 될 것입니다.

집안 큰며느리가 후사를 두지 못하면 그 죄가 막중하여 용서받기 어렵다는 것은 나도 잘 압니다. 해서 죗값은 따로 받기로 하더라도 이 집안 후사를 이어주고 나서 받겠습니다. 옛사람들은 이럴 때 큰며느리 친정에서 새 혼처를 구하여 새장가를 들여주어야 마땅하며, 이때 큰며느리는 손수 새 사람과 새신랑의 옷가지에서 신방에 깔고 덮을 이부자리까지 새로 장만하여 초야를 치러주어야 하는 줄 압니다. 새 사람이 장손을 낳아 백일을 지난 뒤에는 큰방을 새 사람에게 내주고 스스로 물러서는 것이 옳다는 줄도 압니다.

당신도 하실 말씀이 계시겠지요. 죽향이란 그 기녀가 임신했다고 들었습니다. 그 사람을 집안으로 들여놓는다고 해도 나는 할 말이 전혀 없습니다. 하지만 내 생각으로는 그 사람이 우리 집안으로 들어와 지내는 일은 조심해야 할 것입니다.

아버님께서는 가문과 체통을 중하게 여기시는 어른이십니다. 구실은 못한다고 하더라도 큰며느리인 내가 이렇게 있는데 임신한 기녀를 집안으로 들이면 자칫 세상 사람으로부터 손가락질당할까 두렵습니다. 이는 또한 당신이 하시고자 하는 일에도 결코 도움 될 소문은 아닐듯싶습니다. 임신한 그 사람을 따로 돌봐드리도록 하시는 것이 어떨까 싶군요.

결코 투기하는 마음이 아닙니다. 다만 내가 사람 구실 못하다 보니 일이 이 지경까지 왔고, 모든 것이 내 과실이요, 허물입니다. 내 허물을 회피하자는 것이 아니라 가문의 허물이 될 일을 막아보자는 내 어리석은 생각일 뿐입니다. 해서 이번 일을 시작하였으니 이번에도 내 부탁대로 따라 주셨으면 합니다. 새 사람으로 간택한 규수는 '갑례(甲禮)'라는 이씨 가문 셋째딸입니다. 굳이 허물을 잡자면 허물이라 말은 할 수 있는 일이 있었다 하는데, 그 일이란 것이 다름 아니라 규수의 부친과 동문수학한 인근 마을 친구분 아드님과의 사이에 있었던 일이라 합니다.

친한 친구 사이다 보니 이 규수가 유아일 적에 친구끼리 정혼을 했던가 봅니다. 정혼처는 진양 진성면 대사리 정문(鄭門)의 총각이었는데 그 총각에게 무슨 피치 못할 사정이 있었던가 봅니다.

총각 쪽에서 숨기고 있었는데 규수가 그 사실을 알아버렸던 것 같습니다. 혼인 날짜까지 잡아 둔 상태에서 규수가 혼사를 거부했다는군요. 참으로 당차고 야무진 성품이 아니고서는 부모끼리 정혼해온 일을 그것도 여자 쪽에서 파혼하기가 어디 쉬운 일이겠습니까.

규수의 단호함에 양가가 충격을 받기는 했으나 누구도 규수를 탓할 수 없는 일이다 보니 일은 일단락되었는데, 그때부터 이 규수가 허물을 뒤집어쓰게 된 것입니다. 총각이야 아무래도 총각 행세하고 딴 규수를 골라 장가들 수 있지만, 사실이야 어찌 되었든 간에 규수는 크나큰 허물이 잡히게 되었지요.

생각할수록 억울하고 분한 일이지요. 죄라면 여자로 태어난 것뿐인데, 어찌하여 그 불편부당한 책임을 여자한테다 뒤집어씌우는지. 아무튼 그런 내력이 있다면 있는 규수입니다. 친정 부모님들께서도 적잖이 고심하셨다 합니다. 하지만 당신은 신분이며 반상의 폐해를 없이하겠다 하여 세상으로부터 존경받는 인격자이십니다. 아무 말씀 마시고 내 청을 들어주십시오. 마지막 부탁입니다.

말을 끝낸 부인은 천천히 일어서서 남편에게 큰절을 했습니다. 아내의 마음을 깊이 이해하는 강상호는 무슨 말인가를 하려다 그만두었습니다. 어떤 말로도 그런 아내의 결심을 돌려놓기 어렵다는 걸 알기 때문이었지요.

지혜롭게 살림 꾸려가는 어린 신부

강상호는 아내의 간곡한 청을 차마 거절할 수가 없었습니다. 그렇다고 웃으면서 나설 일도 못 되었고요. 더구나 이 일을 처음부터 계획하고 진행시켜온 것이 아내의 친정 부모들이었고 보면 강상호로서는 많은 것을 심각하게 생각하지 않을 수 없었겠지요. 아내의 친정으로서는 출가시킨 딸자식이 강씨 댁 큰며느리로서 대이을 자식을 낳지 못하여 시댁 어른의 심려를 거듭 끼쳐온 터여서 큰 불효를 저질렀다고 보았던 것 같습니다.

당시의 윤리 법도대로 하자면 칠거지악에 해당되어 강씨 문중에서 버린다 하더라도 아무 항변 못하고 고스란히 쫓겨나야 한다고 여긴 친정에서는 사돈댁의 정중한 예우에 대해 답례를 해야 옳다고 여긴 것입니다.

예는 예로써 응해야 기품 있는 가문이라고 여겼던 것이지요. 그 답례가 바로 강상호로 하여금 새로운 장가를 들도록 모든 준비를 하여 권하는 것입니다. 새로운 사람이 들어와서 대이을 자식을 낳아주면 그에 대한 고마움을 따로 표하는 집안도 있었습니다. 그것이 사람 사는 도리라고 여겼던 것이지요. 하지만 어디 그 일에 딸자식 가진 부모로서 할 일이겠습니까만 세상 사는 법도가 그러했으니 따를 수밖에 없었겠지요. 이렇듯 어느 시대를 막론하고 그 사회에서 생겨나 지속되어 온 관습은 곧 보통 사람들의 삶을 함께 사는 세상 한가운데로 끌어들이는 눈에 안 보이는 손이었습니다. 그

손을 뿌리치면 그 사회의 일원으로서 살아가기 어려웠지요. 또한 이 손은 모든 계층마다 따로 살아있어서 계층과 계층을 엄격하게 구분하고 경계 역할도 했지요. 일이 이렇게 정중한 예절의 형식을 지니고 시작되자 강상호는 따를 수밖에 없었습니다. 아내를 미워하여 박대한 일도 없었던 터여서 강상호의 걸음은 더더욱 무거웠습니다.

강상호가 기생 죽향을 좋아해서 친한 것은 허물될 일이 못 되었습니다만 죽향이 아이를 낳아 그 아이를 강씨 집안으로 들이는 일은 자칫 허물이 될 수도 있었습니다. 왜냐하면 죽향이 강씨 집안의 며느리로서 호적에는 오를 수 없어 기껏해야 첩실이 될 뿐이며, 죽향이 낳은 아이에게 군이 호적을 준다고 하면 강상호의 아내인 이귀인의 자식으로밖에 등재될 수 없었기 때문이지요. 세상 사는 이치로 놓고 볼 때 그런 식으로 호적에 오른 자식이 그 집안에서 귀여움받고, 자라서는 존경받으며 생을 마치기란 여간 어려운 일이 아니지요. 그래서 허물이 된다고 하는 것입니다.

이귀인이 강상호에게 새 장가를 들도록 만드는 이유도 집안의 장기적인 화평을 얻기 위한 예의범절 반듯한 여성만이 행할 수 있는 참으로 귀한 행적입니다. 이렇듯 강상호가 새 장가를 들게 될 집안은 진양군 일반성면 남산리에 사는 전주 이씨 문중이었고, 속칭 '이관(李冠) 어른'이라는 별호를 지니고서 그 일대의 대표적인 양반이었던 이규재(李奎在)와 양길관(梁吉冠)의 셋째 딸이었습니다. '갑례(甲禮)'라는 규수의 이름은 이규재 부친의 회갑연에 태어났기 때문에 붙여진 이름이었습니다.

갑례는 어려서부터 총명하고 성품이 단정하여 그 댁에 드나드는 사람들의 칭찬이 있었습니다. 이규재 친구들 중에서도 그런 갑례를 장차 며느리로 삼고 싶다는 뜻을 내비치는 이들이 여럿 있었을 정도였으니까요.

그러다가 진성 사는 정씨 성 가진 친구와 사돈을 맺게 된 것입니다. 아무튼 갑례에게 다시 장가를 든 강상호는 참으로 묘한 인연을 맺는구나 싶었습니다. 또한 아내의 성씨도 이씨(李氏)인데, 새 장가 든 여자도 이씨이며, 기생 죽향도 본명 이춘엽(李春葉)이니 세 여자 모두가 이씨였습니다. 그리고 아내는 몸이 불편한 상태였고, 이춘엽은 자신의 이름 밑에 올릴 수도 없는 자식을 임신하고 있는 중에 이춘엽보다 세 살이나 더 아래인 어린 처녀에게 장가를 들고 있는 강상호 자신의 운명을 바라보며 한숨지었겠지요.

이갑례는 혼인한 뒤부터 진주 대안동 기와집으로 들어와 살게 됩니다. 그 대신 아내 이귀인은 가좌리 본댁으로 물러나 주었습니다. 가좌리로 올 때 강영호의 아내와 강신호 아내도 함께 따라오겠다고 했지만 대안동 기와집에 남아서 시아버지를 돌봐드리도록 당부했습니다.

이갑례는 손 아래 동서인 강영호 아내 김또시보다는 8살이 적었고, 강신호 아내인 최또분보다도 세 살이나 아래였지만 전혀 갈등 없이 매끄럽게 집안 살림을 주도해 나가기 시작했습니다. 나이 어리다고 여겼던 사람들일수록 이갑례의 반듯한 처신에 속으로 놀라워하면서 이귀인의 지혜를 칭찬했습니다. 이갑례는 이귀인을 지극한 정성으로 돌봐주었습니다. 이귀인은 고맙고 미안한 마음으로 집안일 하나하나를 정확하게 가르쳤습니다. 그것은 곧 살림살이의 권한을 이갑례에게 넘겨주는 것을 뜻하지요. 이귀인은 자신이 오래 살지 못한다는 것을 알고 있어서 그 행동들에는 곡진한 당부가 들어 있었지요.

어린 나이답지 않게 대범하고 슬기로운 신부는 열아홉 살이나 더 많은 남편을 섬기는 데도 놀라운 지혜를 보였습니다. 강상호가 놓여있는 미묘한 위치를 번번이 절묘하게 도와주었습니다. 되도록이면 가좌리로 물러나 있는 아내를 자주 찾아가도록 일부러 일을 꾸미거나, 임신 중인 이춘엽에게 소홀하지 않도록 늘 배려했습니다. 강상호는 그런 어린 신부에게 믿음이 갔고, 그때마다 아내의 큰 사랑이 가슴을 흔들었습니다. 함께 지낼 때는 잘 몰랐던 아내의 향기와 지혜가 느껴졌습니다. 이갑례는 시집온 지 7년이 지나도록 자식이 없다가 그의 나이 24살 되던 해부터 자식을 낳기 시작하여 계수(桂洙, 여), 남수(南洙, 여), 성수(星洙, 여), 수창(秀昌, 여), 인수(寅洙, 남, 1939년생), 해수(海洙, 남, 1942년생) 등 6남매를 두었습니다.

백정들, 자식교육 통해 신분상승 꿈꿔

아내의 헌신적 배려로 집안 문제는 일단 안정을 되찾았지만, 집 밖의 일들은 강상호를 매우 어렵게 만들고 있었습니다. 동아일보 지국을 경영하는 일보다는 백정들과의 일들이 점점 더 어려워졌습니다. 자신이 돌봐주고 있는 김삼수(金三守)와 박일남(朴一男)을 비롯 백정들 자제를 학교에 보내는 일이 생각보다 훨씬 강한 저항을 받고 있어서 매우 안타까웠습니다.

더구나 아버지가 살림살이를 단속하기 시작한 이후로 훨씬 어려워진 주머니 사정도 활동을 위축시키는 한 요인이 되었지요.

백정들의 신식 교육 열기는 일반인들 못지않아서 그들 자식들에게 글을 배우게 하겠다는 열정이 놀라웠습니다. 그들 중에는 경제적으로 여유 있는 이들이 많았습니다. 그들의 주된 사업인 도살업, 육류판매, 피혁의 건조와 가공, 쇠기름(牛脂), 소 피(牛血), 소의 내장·뼈의 판매와 소 피, 내장, 뼈를 이용한 음식점 운영은 예부터 그들만이 독점해온 사업이었지요.

따라서 이 사업은 이윤이 많이 남기로 유명했고, 국가로부터 세금 징수의 대상도 아니었기 때문에 일찍이 생각이 깊었던 이들은 매우 큰 재산을 모을 수 있었습니다. 진주의 이학찬, 의령의 장덕찬(張德贊), 마산의 이상윤, 박유선, 부산의 이성순, 대구의 김경삼은 큰 부자였습니다. 이들만은 못해도 흔히 몇 백석 한다는 부자들만 한 재력가는 진주에서 수십 명이나 되었습니다. 이들은 모두 예외 없이 집 안에다 독선생을 모셔놓고 자식들에게 글을 배우도록 했지요. 자식들이 글을 배워서 세상의 변화를 능동적으로 이용할 줄 알게 하면서 그동안 축적해 온 재력을 이용하여 백정이라는 서러운 신분을 극복하려는 오랜 꿈을 갖고 살아왔습니다.

19세기 중반 이후부터 이들은 한번 백정 신분을 지닌 이상 절대로 벗어날 수 없었지만 신분 상승을 향한 오랜 소망이 표면화되기 시작했고, 진주지방에서는 1862년의 진주농민항쟁을 계기로 그동안 참기만 했던 억압 상태를 입으로 말하고, 몸으로 표현하기 시작한 것입니다.

이렇듯 그들만의 생존을 위한 백정 공동체는 경제적 부의 축적, 위계질서의 유지, 결혼과 번식, 단결을 강화시키는 생명선이었습니다.

백정 공동체는 매우 엄격한 조직체였지요. '승동도가(承洞都家)'가 대표적인 조직입니다. 모든 백정은 승동도가에 의무적으로 가입했습니다. 총본부는 서울에 두고 있었는데 '승동'이라 불렸으며, 지방 조직은 도중(都中)이라 했습니다. 이같은 조직을 바탕으로 하여 백정들의 생활이 유지되었는데, 이는 개인적인 사업을 자유롭게 인정하면서도 전체의 위계질서 유지를 위하여 지역별 조직을 만들었지요. 개인들의 자유로운 사업이었기 때문에 이들에게도 빈부격차는 존재했는데, 경제적인 여유를 가진 이들은 자식을 가르치는 데 매우 열정적이었습니다. 집 안에다 독선생을 모셔서 자식을 키운 대표적인 인물이 의령의 장덕찬인데 그의 아들이 저 유명한 명치대학에서 공부하다 돌아와 1923년 강상호와 함께 진주

형평사운동을 주도한 장지필입니다.

장덕찬은 그의 평생토록 백정의 해방을 꿈꾸면서 온몸으로 투쟁해온 인물입니다. 그의 투쟁사 중에는 경상도 관찰사였던 이호준(李鎬俊, 1821~1901)에게 백정도 패랭이를 벗고 망건을 쓸 수 있도록 허락해 달라는 시위를 주도했다가 온몸에 상처를 입은 일이 들어 있습니다. 이호준이 경상도관찰사를 지낸 것은 1886년 6월에서 1888년 초까지였는데, 이때 장덕찬은 경상도 71개 군에 있었던 도중(都中)들을 대표하여 관찰사에게 그들의 요구 내용을 적은 청원서를 제출한 다음 도중 대표들을 이끌고 관찰사를 직접 찾아가서 시위를 벌였습니다. 그 과정에서 곤장을 맞고 고문을 당했지만, 자신들의 요구를 끝까지 주장하여 많은 백정에게 큰 감화를 주기도 했습니다.

이호준의 아들이 한일합방의 주역이었던 이완용(李完用, 1858~1926)입니다. 관찰사와 직접 담판을 벌였던 만큼 재력과 학문을 갖추었던 장덕찬은 아들 장지필에게 백정 해방을 위한 투쟁정신을 물려주었지요.

세상의 두꺼운 차별의식과 싸우기 위해서는 재력과 신학문을 동시에 갖추어야 한다고 믿어 장지필을 명치대학으로 유학 보냈지요. 장지필은 유학을 중단하고 한국으로 돌아와 아버지의 뜻을 받들어 백정해방운동을 시작한 전형적인 백정 해방이론가이자 실천가였으며, 그 자신이 백정 신분이었기 때문에 양반 출신 강상호와는 여러 가지 측면에서 차별화되는 인물이었습니다.

강상호가 진주백정들과 교류하기 시작하던 초기부터 장지필은 강상호와 일정한 거리를 유지하면서 매우 냉정하게 관계를 지켜보 았습니다. 강상호의 행동이 백정들에게 더없이 고맙고 큰 힘이 된 다는 것은 인정하지만 과연 언제까지, 어디까지 그렇게 헌신할 수 있는지를 지켜보았습니다. 적어도 1920년대 초반이라는 사정은 매우 미묘한 시기였지요. 1919년 만세시위는 조선총독부와 일본 경찰에게 극도의 경계심을 갖도록 해주었고, 특히 일본에서 확산 되기 시작한 사회주의 사상이 한국 유학생들에게까지 영향을 끼치 고 있어서 한국사회의 변동은 일본 경찰의 초미의 관심사였지요.

그런 가운데서 한국사회가 보통학교와 고등보통학교 제도를 받 아들이기 시작하자 백정들도 자식들의 교육을 위하여 이 제도의 혜택을 받고 싶어 했습니다. 하지만 한국의 국민들은 백정을 천민 신분이라 하여 이들이 공교육 제도에 함께 편입되는 것을 극단적 으로 거부하여 백정들은 큰 좌절을 맛보고 있었지요. 이때 강상호 같은 진주의 대표적인 양반이 백정들의 처지를 이해함은 물론 백 정들의 차별철폐까지 주장하고 나서 장지필은 의아스러움과 존경 심을 동시에 지니게 된 것입니다.

그러면서도 장지필의 마음 깊숙한 곳에는 백정들의 문제는 시간 이 걸리더라도 백정들끼리 해결하는 것이 옳다는 생각이 자리잡고 있었습니다. 그러나 강상호는 백정의 문제란 곧 한국사회 자체의 문제여서 백정들만으로는 백정 문제가 해결될 수 없다고 생각했습 니다.

백정사회 구심점 역할

옛 승동도가 복원 착수

이렇듯 강상호와 장지필의 생각이 달랐던 것은 곧 두 사람의 신분의 차이에서 비롯된 것이었습니다. 세상을 살아온 방법의 차이였고, 현재를 살아가는 방법의 차이였으며, 미래에 대한 견해의 차이에서 생긴 것이어서 좀처럼 두 사람 의견이 일치되기는 어려웠던 것으로 보입니다. 이같은 차이는 곧 있게 될 형평사운동의 전개와 미래에 대해서도 각각 다른 의견과 행동으로 대립되어 형평운동의 방향이 혼란을 겪게 되는 한 원인으로까지 영향을 미치게 되었지요.

아무튼 장지필이 진주사회에 진출하여 맨 먼저 시도한 것은 백정들의 오랜 공동체였던 승동도가(承洞都家)와 도중(都中) 조직을 부활시키기 위한 노력이었습니다. 이 조직은 1894년 갑오개혁 때 해체되었는데, 그 이후부터 조직의 구심점을 잃은 백정들은 나라 안과 밖에서 급격하게 일어난 변화의 물살에 떠밀려 흩어졌습니다. 백정들의 생활은 더욱더 궁핍해지고 차별과 소외로 인한 고통은 더욱더 커졌지요. 그러자 백정들 가운데서는 가장 많은 학교 교육을 받고 지식과 경험을 가진 장지필에게 백정사회의 수난을 극복할 수 있는 대책을 세워 백정들을 구출해 달라는 백정들의 직·간접적 요구가 계속되었지요. 고뇌하던 끝에 장지필이 시도한 것이 백정의 전통적 공동체였던 승동도가 조직을 회복시키기로 한 것입니다.

경남일보 1910년 1월 5일, 1월 7일, 1월 15일 자 기사에서 확인되고 있는 내용이기도 합니다만 1910년 1월 초 서울의 도수조합(屠獸組合) 최용규(崔鎔圭)가 전국 도수조합 경남지부 결성을 위해 진주에 왔는데, 장지필은 최용규의 일을 돕기 위하여 경남지역 도살업자들을 진주로 모이도록 연락을 했습니다. 진주에 모인 도살업자들에게 그는 동업자들의 조직화가 시급한 문제임을 역설하면서 이 일에 필요한 자금을 모으자고 호소했습니다.

이들이 말하고 있는 '도수조합'이란 곧 갑오개혁 때 해산된 '승동도가'의 기능을 지닌 백정들의 전국 조직을 위한 새로운 공동체 명칭이었습니다. 여기서 장지필이 그토록 집요하게 매달렸던 백정의 오래된 공동체인 승동도가에 대하여 분명한 역사적 증명과 이해를 필요로 하게 됩니다.

이 문제는 백정에 대한 역사적 이해와 더불어 형평사운동이 절실하게 필요했던 백정들의 사정을 파악하는 데도 큰 도움이 될 것입니다. 먼저 '승동도가(承洞都家)'라는 말이 어떤 의미를 지니고 있는지부터 정확하게 이해할 필요가 있습니다. 이 말속에 백정 역사가 고스란히 들어 있기 때문입니다. 먼저 '도가(都家)'부터 살펴보지요. '도가'는 동업자들이 모여서 계(契)를 하거나 장사와 관련된 일들을 의논하는 집을 말합니다. 도매상을 뜻하기도 하지요. 그래서 '도고(都庫)'라는 말하고도 관련이 있는데, 도고는 도매(都賣)와 같은 뜻입니다. 물건을 도거리로 혼자 맡아서 파는 일 또는 그런 일을 하는 개인이나 조직을 말하지요. 따라서 '도가'라는 말은 모든 상업적 조직에 사용되는 말이어서 특별히 백정에게만 허용되는 차별적 용어가 아닙니다.

따라서 백정들이 그들의 공동체를 조직하여 유지해 가는 과정에서 일반 상업적 용어인 '도가'를 차용한 것입니다. 그렇다면 도가라는 말 앞에 붙여진 승동(承洞)이라는 말에 백정의 역사가 들어 있음을 알 수 있지요.

'승동도가'는 백정 조직의 총본부이며 서울에 두고 있었습니다. 그곳은 지금의 서울 종로구 인사동 일대였지요. 인사동의 옛 명칭은 '개장수골'이라 불렀는데 일반 상민이나 양반들은 그 근처를 얼씬거리지도 않았던 서울의 대표적인 천민 동네였습니다.

'승정원일기(承政院日記)' 현종, 숙종, 경종, 영조, 정조, 순조 연간에 기록된 수많은 내용에서 확인되는 '반촌(泮村)'이 지금의 인사동, 충신동, 동숭동 일대였습니다. 실제로 1697년 숙종 23년 7월 23일의 '승정원일기'에는 "반촌에서 살아온 무리는 예부터 다른 곳으로 옮겨 다니지 못하도록 했으나 마치 입 안에서 이빨이 자라나는 것 같이 그들 숫자가 불어났다. 반궁(泮宮: 성균관과 공자 등 유교의 성인 위패를 모신 문묘를 함께 부르는 말)의 동쪽과 서쪽에는 모두 이 무리들이 차지하여 빈 곳이 없다. 더욱이 이 무리들은 어정(御井: 대궐에서 사용하는 우물) 근처에까지 몰려들어서 간신히 쫓아내기는 하였으나 다른 곳에 집을 지어 살 곳이 없어 딱한 처지다. 마침 사섬사(司贍寺)의 빈터가 반촌의 동쪽에 있으니 성균관의 빈터와 바꾸어 주어서 이들 전복(典僕) 중에서 집이 없는 자를 살게 하면 어떻겠는가?"는 건의문 내용이 소개되고 있습니다. 이 건의문을 쓴 사람은 대사성(大司成) 박태순(朴泰淳)이었습니다.

여기서 말하는 반촌(泮村)은 성균관을 중심으로 그 근처에 있는 동네를 일컫는 말인데, 그 반촌에 사는 사람들을 전복(典僕, 성균관에 소속된 노비들)이라 불렀습니다. 그 노비들의 일 중에 소를 잡아서 쇠고기를 성균관에 바치는 역할이 있었습니다. 그 노비들은 자신들이 사는 곳을 반촌이라 하지 않고 승동(承洞)이라 불렀는데, 이 말에서 '승동도가'가 생겨난 것입니다.

전복 즉 반촌에 사는 노비들의 공식 명칭은 '성균관 전복'이었습니다. 1675년 숙종 1년 5월 22일의 일을 적은 승정원일기에는 이렇게 되어 있습니다. "성균관 전복들은 공자의 위패를 모신 사당을 지키는 관원(官員)들의 심부름꾼으로 일하기 때문에 이들의 생계를 위하여 소나 다른 가죽을 도살하여 그 고기를 팔 수 있는 권리가 주어졌다"고 했습니다.

이처럼 '승정원일기' 같은 공문서의 내용이 아니라면 누구도 믿을 수 없는 사실이 정확하게 기록되어 있습니다.

"反조선 고려충신 후손들이 백정기원"

성균관에 소속된 노비들 중에서 성균관의 온갖 잡사를 도와주는 숫자가 4,000여 명이라는 기록은 1682년 숙종 8년 우의정 김석조(金錫曹)의 말을 적어놓은 승정원일기와 비변사등록에서 찾아볼 수 있습니다.

여기서 말하는 4,000여 명이란 일단 어른을 뜻하므로 그들의 어린 자식들 숫자까지 고려해 보면 적어도 1680년을 전후한 시기에 대략 2만여 명의 노비들이 승동 일대에서 살았다는 것을 짐작할 수 있습니다. 그런데 이들은 성균관에서 일해주고 살기는 했으나 급료를 전혀 받지 못했으므로 딸린 가족들의 생계가 점점 어려워졌음을 승정원일기에서 확인할 수 있습니다. 그런데도 이들은 법으로 거주 지역이 승동 일대로 제한되어 있어서 다른 곳에 가서 마음대로 일을 선택하여 수익을 얻는 것도 엄중하게 금했지요. 만약 이 금법을 어기면 모조리 죽여버렸습니다. 그런 성균관 노비들은 원래부터 국가에서 법으로 정해준 일이 있었습니다. 성균관은 일 년에 여러 차례의 크고 작은 제사가 있지요. 제사에 필요한 제수품목에는 말린 쇠고기인 편포(片脯)를 비롯하여 여러 종류의 쇠고기로 만든 제수가 있습니다. 쇠고기를 이용하여 여러 가지 제수를 만드는 것을 조포(造脯)라 합니다만 그러기 위해서는 먼저 소를 도살해야 합니다.

소를 도살하는 일은 예부터 백정들만 하게 되어 있었지요. 결국 성균관 노비란 백정 중에서 특별한 역사적 배경을 지닌 사람들에게 강요한 업보 같은 슬프고 아픈 자리였습니다.

따라서 일반적으로 말하는 백정과 성균관 노비라는 이름으로 변형되어 사는 백정들과는 다소 차이가 있습니다만 백정 신분이었던 것만은 사실입니다. 백정이냐 아니냐를 판가름하는 유일한 기준이 소를 도살하느냐 그렇지 않으냐이기 때문이지요.

백정이 도살한 쇠고기를 이용하여 여러 가지 음식을 만드는 것도 모두 노비들인데 이들은 비록 소를 도살하지는 않는다고 하더라도 본래는 백정에서 신분 상승에 성공한 사람들이었습니다. 그런 사람은 정부 각 부서에서 일하는 공노비였는데 주로 소가죽으로 신발, 갑옷 등을 만드는 일에 종사했습니다.

그 외에는 지방의 행정 조직인 감영, 부, 목, 군, 현의 관청이나 군사 조직인 병영에 소속되어 쇠고기를 공급하고 소가죽 제품을 만들던 관노비들도 있었습니다.

진주에 백정이 존재하게 된 이유도 경상우병영과 진주목에 소속된 관노비 백정들이 있었기 때문이며, 1600년 이후에는 앞에서 말했던 성균관 전복인 백정들이 각 지방에 그들의 쇠고기 판매권을 확장하면서 보다 상업화된 백정 조직이 보태져서 진주 특유의 백정사회가 형성되기 시작했습니다.

진주의 이학찬이나 장지필처럼 일찍부터 재산을 모으고 세상의 변화에 민감하게 반응했던 백정들 대부분은 관청에 속해 있었던 관노비 백정이었거나 상업자본가로서 시작한 백정의 후예들이었습니다.

아무튼 성균관 노비 백정들이 사는 곳을 승동(承洞)이라 불렀고, 그 승동의 위치가 오늘날의 인사동 부근이며, 승동도가를 전국 백정들의 총본부라고 일컫게 된 것은 매우 중요한 역사적 사실에 근거하고 있습니다. 다만 이런 역사 사실을 기록한 국가의 공식 문서가 발견되지 않았고, 관련 연구자들도 많지 않았거니와 깊은 애정이나 관심을 갖고 연구한 기록 또한 부족하여 이를 사실로 입증하는 데도 많은 어려움이 있었습니다.

승동의 위치가 오늘날의 인사동 부근이며, 옛 이름이 개장숫골이었음은 이미 증명된 사실입니다. 또한 인사동은 성균관 부근이며 대궐 부근임도 확실합니다. 그리고 성균관 노비들이 소를 도살하고 일을 했던 것도 사실입니다. 남은 문제는 '승동'이라는 말이 어떻게 해서 생겨났는지를 알아보는 것입니다. 이 문제와 관련해서는 백정의 기원에 대한 몇 가지 견해들을 살펴보면서 승동이라는 말의 어원을 확인해 볼 필요가 있을 것 같습니다.

지금까지 우리나라에서 거론되고 있는 백정의 기원에 대한 설화나 의견은 약 10가지 정도가 됩니다.

하우씨도산만국회설(夏禹氏塗山萬國會說), 기자팔조금법설(箕子八條禁法說), 인도 하층민 유입설, 서장족 이민설, 예족설, 달단족설, 왜인 피난설, 일반민 피난설, 성균관 노비설(成均館奴婢說), 두문동 72현설(杜門洞七十二賢說) 등입니다. 이 열 가지 견해들은 백정의 역사가 기구했던 사정만큼이나 기이하고 특별하면서도 역사 정론에서는 다루어지지 않았던 일들입니다.

그중에서 성균관 노비설과 두문동 72현설은 백정에 대한 설화와 몇몇 기록들에서 그와 유사한 흔적들이 발견되어 왔습니다.

성균관 노비설은 성균관 역사와 함께 생겨나서 전해지고 있는 얘기입니다만 조선왕조에서 기록된 승정원일기, 비변사등록에서 이를 뒷받침하는 기록들이 다수 밝혀짐으로써 역사 사실로 확인된 학설입니다.

성균관은 우리나라 최고 학부의 명칭으로 고려에 이어 조선시대에서도 최고의 교육기관이었지요. 조선왕조의 한양 천도에 따라 새 도읍지의 동북부지역인 승교방 부근에다 다시 지었는데 이곳은 장차 정부의 관리가 될 관리 후보생을 양성하는 교육기관이었으므로 이곳에 입학하여 유생이 될 수 있는 자격은 양반 사대부 자제들에게 국한되었지요. 유생들은 이곳 기숙사에서 지냈는데 음식, 학용품 등 생활필수품 일체를 국가가 지급했지요. 여기에 드는 비용은 국가의 세금과 성균관 노비들의 신공(身貢)으로 충당되었지요.

고려의 성균관에 소속되어 있었던 노비들도 조선시대로 바뀌면서 대부분이 그대로 옮겨졌는데, 비록 노비 신분일망정 고려의 학자들처럼 조선왕조의 도덕적 모순에 저항하였기 때문에 조선왕조로부터 정치적 수난을 겪었습니다. 또한 조선시대 초기 성균관 노비의 증원 때는 이성계와 조선의 건국을 결사반대했던 고려의 충신 후예들이 노비가 되어 강제로 배속되었는데 이들이 백정의 기원이 되었다는 주장입니다.

국가 개입·日자본 진출 확대

백정독점 도살시장 급속 잠식

승동(承洞)이라는 말은 '두문동 72현설(杜門洞七十二賢設)'과 관련이 있다는 견해가 있습니다. 이 설은 고려 멸망과 조선왕조 개국 사이에서 있었던 매우 특별한 비극적 사건에 붙여진 이름입니다.

조선왕조를 건국한 이성계에게는 고려의 학자들과 인물들이 절대적으로 필요했지요. 그들의 도움 없이는 새로운 국가체제를 운영해 나갈 수가 없었기 때문이지요. 이성계는 그들의 참여를 이끌어내기 위하여 많은 노력을 기울였습니다. 그런데도 불구하고 고려조에서 명망을 얻어 인민들의 추앙을 받았던 인물 대부분이 이성계의 조선왕조 건국을 냉소적으로 바라보았습니다.

이성계의 정치적 도덕성을 비난하면서 새 왕조와 단절하겠다는 단호한 태도로 맞섰습니다. 이성계 아들 이방원이 정몽주를 회유하던 끝에 개성 선죽교에서 살해한 사건이 가장 대표적인 경우라 할 수 있습니다. 정몽주의 죽음은 오히려 고려를 대표하는 학자와 인재들에게 더욱 격렬한 거부감과 혐오감을 갖게 만드는 역효과를 나타냈습니다.

이성계도 더는 인내하지 않고 칼로써 협박했습니다. 폭력이 무서워서 굴복하는 사람도 적지 않았지요. 당사자 한 사람에게만 위해를 가하는 것이 아니라 일가족이나 한집안 모두에게 치명적인 피해를 입히겠다는 극단적 협박은 당사자로 하여금 견디기 힘들게 하는 교활한 술책이었지요.

다른 사람의 목숨을 구해주기 위하여 무릎을 꿇고 조선왕조의 벼슬을 수락할 수밖에 없었지요. 그런데도 벼슬을 거절하여 버티다가 처형되거나 암살당하기도 하고, 더이상 가족들의 피해를 줄이기 위해 자결하는 사람도 있었습니다. 계속 피해다니면서 위기를 모면하고 있던 사람들은 시간이 흐를수록 점점 더 옥죄어드는 포위망을 벗어나 멀리 도망치기도 했습니다.

그중 일단의 학자들은 일가족을 모두 데리고 개성 송악산으로 피란을 떠났습니다. 그때 송학산으로 들어간 학자들을 72현이라 불렀습니다. 이성계는 이 72현들에게 다시 밀사를 보냈습니다. 여러 가지 협상안을 내놓고 그들을 설득하고 회유했지만 모두 거절당했습니다.

그러자 이방원을 비롯한 과격파들은 이성계의 그런 방법이 아닌 최후수단으로 준비해 온 방법으로 맞대응하기로 결정했지요. 이성계는 끝까지 회유해야 한다고 했습니다만 이미 대세는 과격파들 손에 쥐어있었지요. 어차피 조선왕조에 협조하거나 찬양해 줄 사람들이 아닌 것이 분명한 이상 72현 모두를 깨끗이 제거해 버리자는 계획이었습니다.

결국 집단학살이 자행되었습니다. 송악산 아래에다 군대를 풀어서 산을 에워싸게 한 다음 불을 지르도록 했습니다. 늦가을 송악산은 순식간에 불바다로 변했습니다. 이때 많은 사람이 불에 타죽고 간신히 목숨을 건진 사람들은 가족을 데리고 사방으로 흩어져 살아남을 수 있었습니다.

그러나 어디에 가서도 자신들의 본래 이름이나 살던 고향을 밝힐 수는 없었지요. 추격대에게 발각되거나 밀고 당할 위험 때문이지요. 그들 대부분은 목숨을 유지하기 위해 백정마을로 숨어들어 살았는데, 이들의 후예들이 조선왕조 중반 이후부터 이른바 조선백정의 한 부류가 되었다는 것입니다.

이런 역사를 근거로 하여 승동(承洞)이란 말은 두문동(杜門洞) 정신을 이어받는다는 뜻에서 '승동(承洞)'이 되었다는 것입니다.

따라서 승동도가(承洞都家)의 참뜻이 두문동 72현들의 지조와 기개를 이어받은 백정들의 정신적 고향이자 그들의 정부와도 같았던 것입니다. 이와 같은 승동도가를 재건시켜 보겠다는 장지필의 노력은 보다 현실적인 문제들을 해결해 보려는 의도가 깔려 있었습니다. 갑오개혁으로 승동도가가 해체된 뒤 1896년에는 최초로 도살장 법령이 제정되어 각 지방 도중 산하에서 그들끼리의 의논으로 도살장을 새로 만들거나 폐지해 오던 것이 금지되고 국가 법령으로 통제하기 시작한 것입니다. 그로부터 2년 뒤인 1898년에는 보다 상세하고 엄격한 제도를 위하여 포사규칙이 제정되기에 이르렀지요. 도살장을 도청의 허가제로 하고, 도살장 규격에 따라 세금이 부과되며, 도살하는 도부(屠夫)에게도 면허장 제도를 도입하여 도축 숫자에 따라 돈을 받되 그 돈에는 다시 세금이 부과되고, 고기 판매에도 세금이 매겨졌습니다. 오래도록 백정들의 독점사업으로 운영되어 오던 도살업을 국가가 적극 관여하여 재정수입을 올리기 위해서였지요.

이때부터 영세한 백정들의 생활은 더욱 궁핍해졌고, 생활이 어려운 백정들은 도살장을 떠나 농사나 다른 직종으로 생활수단을 바꿀 수밖에 없었습니다. 규모가 큰 도살장을 운영하던 백정들도 국가 기관이나 자본을 가진 상인들의 도축업 진출로 상당한 위협을 느꼈지요. 그러다가 1900년을 지나고 1910년을 경과하는 과정에서는 다시 새로운 세력이 백정들이 독점해온 사업에 본격적인 진출을 시작했습니다.

일본의 세력을 등에 업은 일본 업자들의 진출이 그것입니다. 특히 소가죽의 절대량을 한국에서 수입해 가던 일본 기업들이 아예 한국으로 진출하여 소가죽의 건조와 제조사업에 막대한 자본을 투입하여 참여하기 시작한 것입니다. 도살장을 인수하는가 하면, 솜씨 좋은 백정들까지 고용하자 한국의 부유한 백정들은 긴장할 수밖에 없었지요. 이런 급진적인 변화 속에서 백정들은 공동체를 상실한 채 서서히 붕괴되고 흩어지기 시작했습니다. 이 영향은 진주 지방에도 그대로 미쳤습니다. 서장대 밑 도살장과 소가죽 건피장에도 일본 자본의 유입을 걱정했습니다. 백정으로서 먹고 살아가야 할 현실 문제가 무엇보다 다급해졌지요.

이때 장지필이 백정들의 주된 산업인 도살장의 연합체를 재건하려 했던 이 사건은 뒷날 형평사운동 과정에서 형평운동은 백정들만의 운동이어야 한다는 그의 철학이 생겨난 근거가 되었습니다.

장지필은 최용규의 일을 돕기 위하여 경남지역의 도살업자들을 진주로 모이도록 연락을 했지요. 그는 동업자들의 조직화가 필요한 이유를 역설했습니다.

갑오개혁 이후 혁파된 승동도가와 도중 조직이 회복되지 못한 위에 자본을 가진 일반인들의 진출이 확대되고 있고, 다시 일본 자본가들이 국가의 힘을 배경으로 해서 전국의 큰 도축장을 차례로 잠식하고 있어서 이대로 가다가는 머잖아 모든 도축장과 건피장의 소유권이 일본인과 국가에게로 넘어가고 말 것이라고 분석을 했습니다.

그리고 이같은 자본과 시장잠식은 점점 도를 더하여 미처 준비하지 못한 많은 백정들의 생활을 도탄에 빠뜨릴 것이고, 얼마간 준비했다는 백정일지라도 한국사회의 완강한 차별과 소외의 벽을 무너뜨리지 못한 채 지리멸렬하여 거지가 되고 다시 종놈 신세가 될 것이라며 단결을 호소했습니다.

그날 참석한 경남지역 도살업자들은 일단 장지필의 권유를 받아들여 이 사업에 필요한 자금을 함께 조성해 보자는 결의를 했습니다. 그러나 각 지역 도살업자들은 돌아가서 지역 백정들에게 이 사실을 알리고 앞으로의 일을 의논하려 했지만 대부분 반대했습니다. 서로의 복잡한 이해관계 때문이었지요.

백정들 의견 분열……

공동체 재건 '물거품'

백정 공동체를 재건해 보려는 장지필의 첫 시도는 백정들의 반대에 부딪혀 실패로 끝났습니다. 장지필의 제안을 거절한 지역의 백정들은 이미 그들 뜻대로 살아갈 수 없는 상황에 놓인 이들이 많았습니다. 백정들의 주된 산업인 도살업과 피혁업은 1900년을 전후하여 커다란 변화가 나타나기 시작했지요. 새로 제정된 법령에 따라 일정한 규모를 갖추지 못하여 도축업 허가를 받을 수 없는 작은 도축장들은 재정 상태가 좋은 도살장에 흡수 병합되었고, 피혁업에도 비슷한 변화가 미쳤습니다. 이때 백정 신분이 아닌 상업자본가들이 암암리에 자본을 이용하여 독점적 이익이 있는 도살업과 피혁업에 손을 뻗쳤지요. 서울, 대전, 청주, 부산, 대구 등 큰 도시에서는 1900년 이후부터 일본 자본가들의 진출이 두드러져서 피혁업의 절반이 넘는 숫자가 일본 자본가에 의하여 잠식되고 있었지요.

그러나 영세한 백정들은 날품팔이 노동자로 전락했습니다. 그들은 이미 하루하루 벌어먹는 일에 급급하여 장지필이 말하는 공동체 같은 본질 문제에는 관심도 없었지요. 또한 상당한 재력을 가진 대표적인 백정들도 장지필이 무슨 엉뚱한 계략을 꾸미고 있는 것이 아닐까 하는 의구심을 떨쳐버리지 못했습니다.

특히 서울에서 내려온 최용규가 전국을 돌면서 지방의 도수조합을 결성하겠다는 제안을 놓고 지방 백정들의 견해는 통일되지 못했지요.

이미 나라가 일본 식민지로 떨어진 지 오래인데, 전국의 백정들이 경영하는 도축산업과 피혁업을 하나의 조직으로 만들어 일본의 큰 자본가에게 몽땅 넘겨주고 큰돈을 받기 위한 술책일지 모른다는 것이었습니다. 이같은 추측은 뜻밖으로 큰 호응을 얻었습니다. 비록 나라가 일본 식민지로 전락했지만, 백정들의 도축업에는 일본의 영향력을 되도록 줄여야 한다는 것이었지요.

한국의 소나 돼지를 한국 백정이 도살해 주는 대신에 한 마리당 20원의 일삯을 받고, 그 돈으로 쇠고기를 일본인한테서 사 먹어야 하느냐는 것이었지요. 일본 사업가들은 한국 백정들에게 말했습니다. 언제까지 천민대접받고 살려하느냐, 우리와 손잡고 일하게 되면 그 순간부터 너희들은 더이상 조선의 백정이 아니라 천황의 신민이 되는 것이다. 조선의 모든 사람이 다 천황의 신민이 되어 지극한 평등을 이루게 되는 것이다.

그리되면 너희들은 그토록 오랜 세월 동안 천대받아 온 백정이란 말에서 벗어나 천황의 신민으로 다시 태어나는 것이다. 이 얼마나 감격스런 은총이냐. 주저할 것 없다. 지난날 한때는 큰 자산가였던 자들도 너희들과 똑같이 천황의 신민일 뿐이다. 일본 자본가들의 이 말은 가난하고 무지한 많은 백정의 마음을 움직였습니다. 몇 년 뒤 형평사운동의 불길이 활활 타오르고 난 뒤에야 자신들이 어리석었다는 것을 뉘우치면서 말했지요.

일본 천황의 신민이기보다는 천대받더라도 조선의 백정으로 살고 싶다고 말입니다. 아무튼 장지필은 참담한 좌절을 맛보았지요. 그런 뒤 그는 백정들의 무지가 시대의 변화를 제대로 읽어내지 못했다는 것을 뼈저리게 느끼면서 백정들에게 교육의 기회를 만들어 주어야 한다고 생각했지요. 백정들의 고질적인 무지를 깨우치기 위해서는 자신만이라도 더 많이 보고, 듣고, 배워야 한다는 결론을 내리고 동경유학을 선택했던 것입니다.

일본 유학 중 장지필은 세계지도를 처음 보았습니다. 한국은 아주 작은 나라에 지나지 않았지요. 그 작은 나라 안에 갇혀서 사람을 차별하고 억압하면서 으스대는 모습이 얼마나 눈물 나는 어리석음인지 깨달았습니다.

또한 일본 안의 부락과 부락민들의 슬픔을 알았고, 여러 계층 사람들과 교우관계도 가졌습니다. 참으로 신천지를 본 것이지요.

장지필이 일본 명문대학에서 공부했고, 일본 상류층 지식인들과의 교류도 있었다는 점에서 한 번도 일본여행을 해보지 못한 강상호와는 좋은 비교가 됩니다. 강상호가 진주의 양반 지식인으로서 진주 일대의 모든 사회적 문제에 거의 빠짐없이 참여해 왔다는 사실과 진주지역 문제와는 별로 관련을 갖지 않고 서울 등 외지에서 지내며 가끔 진주를 다녀가곤 했던 장지필의 생활도 비교되는 점입니다.

아무튼 강상호는 1922년을 지나면서 많은 변화를 겪었습니다. 집 바깥에서의 일 대부분이 백정들과의 교류였는데, 백정들의 최대 관심은 그들 자식의 교육 문제와 생계 문제였습니다.

진주지방에서는 여러 개의 학교가 세워지고 경제적 능력을 갖춘 진주사람들의 자식들은 본격적으로 학교 교육을 받기 시작했지요. 경제적 여유를 가진 백정들은 어떻게든 그들의 자식을 학교에 보내려고 애를 썼습니다만 차별의 벽은 두껍고 또 높았습니다. 생계 문제도 점점 심각해져 갔습니다. 맥없이 무너져버린 그들만의 공동체, 아무런 희망도 없이 흩어지는 백정들, 그동안 끈끈하게 유지됐던 그들끼리의 유대감도 어느 날부터인가 싸늘한 남남이 되어갔고, 도축장과 건피장 소유권의 변화에 따라 근본적으로 흔들리는 백정들의 생존, 격렬한 변화 속에서 점점 더 가난해진 백정들이 겪는 차별과 배고픔의 이중 고통이 강상호의 생각을 옥죄어 들었습니다. 더구나 일제 식민지라는 조건 아래서 깊어지는 모순은 비단 그들이 백정이기 때문만은 아니었습니다.

강상호의 고뇌는 새로운 국면을 맞았습니다. 가난하고 무지한 백정들이 어떻게든 살아가기는 하겠지만, 그들이 겪는 생존의 아픔을 그들만의 몫이라고 외면해서는 안 된다는 것을 깨달은 것입니다. 그들의 슬프고 아픈 삶을 외면한다는 것은 한국인으로 살아가기를 포기하는 것과 다르지 않다고 판단한 것입니다. 어떻게든 그들 속으로 뛰어 들어가서 그들의 시련을 덜어줄 수 있는 방법을 찾아야 한다고 여겼습니다.

제8장

전야

3·1운동 후 국내 진보적 지식인들

日사회공산주의 세력과 연계 노력

동경에 유학 중인 강영호가 전해주는 일본 내부의 다양한 변화에 관한 소식과 부락(部落)의 존재에 대하여 강상호의 궁금증은 매우 커져갔습니다.

일본 곳곳을 여행하면서 그 실상들을 직접 눈으로 보고 체험하면서 앞으로의 계획을 세우고 싶었지요. 한국 안에서 일고 있는 약간의 새로운 변화 조짐들로서는 이렇다 할 뚜렷한 계기를 마련하기가 쉽지 않다고 본 때문입니다. 뭔가가 꼭 터지기는 터질 것 같은 분위기이면서도 정작 구체적인 사건은 터지지 않은 채 위기의식만 계속되었습니다.

일단 일본으로 여행해 보자는 시도를 했습니다. 그런데 이 시도는 시작단계에서부터 원천 봉쇄당했습니다.

일본 내무성이 발표한 이른바 '조선인 여행 단속에 관한 건'이라는 법령 때문이었습니다. 이 법령은 1919년 3월의 민족해방을 위한 만세시위가 있고 나서 공포 시행된 것이었습니다.

이 법령의 주요 목적은 한국의 독립운동에 뜻을 둔 '불령선인(不逞鮮人)'이 현해탄을 건너 일본땅으로 발을 들여놓지 못하도록 원천적으로 차단시키기 위한 것이었지요.

강상호는 진주의 독립만세시위를 주도한 주모자의 한 사람으로서 징역살이를 한 1급 '불령선인'에 해당되었기 때문에 그가 살아서는 일본 구경을 할 수 없다는 사실을 뒤늦게 알았지요.

만세시위 이후 조선총독부와 일본 내무성은 한국의 독립운동에 관여하는 진보적 지식인들이 일본 내부의 급진적 인물이나 단체들과의 연대를 가장 크게 두려워하면서 감시를 강화했지요.

1917년 러시아의 볼셰비키혁명 이후부터 일본 내부에서도 크게 성장하기 시작한 사회주의 또는 공산주의 세력은 일본 천황제도와 한국에 대한 식민지배를 근원적으로 타파해야 한다고 주장하면서 조직을 확대하고 있었기 때문입니다.

특히 무정부주의 사상가인 오스기, 이와사의 영향을 받아서 동경 유학생들인 박렬, 정태성, 백무, 김약수 등 한국 청년들이 가담하고 있었지요. 더욱 놀라운 사실은 사회공산주의 지도자인 사카이의 영향 아래 모여있는 원종린 등 한국 유학생들이 한국 내부의 급진 지식인들과 연결되는 것을 저지하기 위하여 총력을 기울이던 중이었거든요.

사회공산주의자들은 일본의 천황제도를 부정함은 물론 한국에 대한 식민지배 자체를 반인류적 폭거라고 규정하면서 한국의 독립운동을 지지하고 있었지요. 공산주의보다 사회주의의 힘이 더 컸는데, 다카쓰, 후세, 기타하라, 야마가와, 아라하타, 곤도, 사노 등 쟁쟁한 이론가이자 실천가들이 이미 러시아와 중국의 사회주의자들과도 연계되어 있어서, 한국 청년들이 이들과 접촉하는 것을 매우 우려했습니다.

그런 중에 강상호가 일본 여행을 하겠다고 나섰으니 허락될 리가 없었지요. 3·1만세시위 이후 조선총독부와 일본 내무성 관료들은 미친 사자처럼 흥분하여 한국의 독립운동과 관련된 모든 사람에 대한 감시망을 겹겹으로 쳤습니다.

조선총독부와 일본 내무성의 관료가 되기 위해서는 일본인 중에서도 일본주의 사상이 특출해야만 했습니다. 대개는 대를 물려서 일본에 충성하는 가문의 후예들이 아니고서는 이 부서의 관료가 될 수 없었지요.

이른바 정예 일본인이 아니고서는 불가능했습니다. 이들은 대개 정한론(征韓論)으로 새로운 시대를 열었던 메이지(明治) 정부와 밀접한 관련을 지닌 이들이거나 그 후예들이었습니다. 따라서 이들은 한국 식민지화를 정당화시키기 위해 체계적인 교육을 통하여 철저하게 사상 무장을 한 사람들이었지요.

이들을 무장시키는 데 주로 사용된 학습서는 '고사기(古事記)'와 '일본서기(日本書記)'였습니다. 이 두 책의 주요 내용은 일본이 고대(古代) 때부터 조선을 속국으로 지배해 왔다는 일본 민족의 우월성을 강조하는 데 있었습니다. 여기서 우리는 매우 중요한 몇 가지 사실을 짚고 넘어가야 할 필요가 있습니다.

주로 진주의 역사와 관련된 내용입니다. 특히 임진왜란에서 정유재란에 이르는 7년 동안의 참혹한 전쟁 속에서 진주사람들이 겪은 치욕과 분노에 관한 일본 기록들의 진실성은 참으로 중요합니다. 그중에서 진주성전투와 관련된 몇 가지 일본 문헌을 그 예로 들어 보겠습니다.

1593년 6월 진주성 총공격의 선봉장이었던 '가토기요마사(加藤

淸正)'에 관한 기록 몇 가지를 살펴보지요. 우리의 관심을 끄는 대표적인 것은 '청정기(淸正記)', '청정고려진각서(淸正高慮陣覺書)', '가등청정전(加藤淸正傳)'입니다.

먼저 '청정기'는 가토 기요마사가 조선에 출병하여 치른 중요한 전투의 내용과 그의 부하들에 대한 내용을 담고 있습니다. 그중에서 진주성 함락 이후 '논개'라는 한 조선 여인에 의해 살해된 것으로 알려진 왜장 이름인 '게야무라 로쿠스케'가 '기다 마코베'라는 사무라이였다는 대목이 나옵니다. '게야무라 로쿠스케'라는 이름은 일본의 역사서에는 등장하지 않습니다.

'기다 마코베'는 진주성전투가 있기 전인 1592년 가을 함경도 전투 때 죽었다는 기록이 '청정기'에 나옵니다. 따라서 '논개'가 죽인 것은 왜군의 장교 등 지휘관이 아니고 하찮은 술주정뱅이 졸개에 불과했다는 해석을 하도록 만든 기록입니다. 나머지 두 기록도 가토 기요마사의 영웅성을 부각시키고 있습니다.

그런데 이 세 가지 기록들이 모두 1910년을 전후하여 제작되었다는 사실을 주목할 필요가 있습니다. 이 시기는 일본이 '고사기'와 '일본서기'를 부분적으로 왜곡 날조하여 조선에 대한 우월성을 억지로 만들기 시작했던 시점과 일치합니다. 특히 일본 역사상 치욕적인 사건의 하나인 진주성에서의 논개에 의한 왜장의 살해는 곧 가토 기요마사를 영웅화시키는데 큰 오점이었지요.

그리하여 일본주의자들에 의해 주도된 한국과의 관련 역사를 왜곡 날조하는 작업에 가토 기요마사의 영웅성을 해치는 것으로 보이는 기록을 포함시킨 것으로 보입니다. 이렇게 조작된 기록은

1910년 이후 한국의 친일파들에 의하여 크게 강조됨으로써 '논개'의 역사적 진실을 위축시키거나 왜곡하는 과오가 있게 되었습니다. 심지어 이 왜곡 조작된 문서들을 근거로 쓰인 글들이 행정기관의 도움으로 된 것도 있다는 것은 참으로 부끄러운 일입니다.

이렇듯 조선총독부와 일본 내무성의 식민정책은 악랄했습니다.

가토 기요마사와 관련된 기록들이 1910년 한일합방을 전후해 왜곡 저술된 것으로 보인다. 가토 기요마사의 전기를 다룬 '加藤淸正傳'의 책 표지와 발행일자를 보여주는 판권 부분.

신농천 조선노동자 학살사건

진주 형평사운동 단초 제공

일본 내무성 관리들을 긴장시키는 한국인 중에는 일본 사회주의의 대부인 사카이(土界利彦)의 총애를 받는 일단의 동경 유학생들이었지요. 이들은 1921년 11월 21일 20여 명의 일본 유학생들로 결성된 검은 파도의 모임, 즉 흑도회(黑濤會)를 결성하면서 본격적인 사회주의 운동 단체로서의 활동을 시작했습니다.

이들은 한국의 불행한 현실을 양심적인 일본인들에게 알리는 일을 하는 한편 국가적 편견과 민족적 증오가 없는 세계 융합을 실현하는 것을 이상으로 삼았습니다.

지극히 관념적이고 순진한 목표였지요. 그런 그들에게 민족적인 분노와 투쟁 의지를 불태우게 하는 사건이 발생했지요.

저 유명한 시나노가와(信農川)수력발전소에서 조선노동자들을 학살한 사건이 그것입니다. 이 사건과 '조선인 여행 단속에 관한 건'은 매우 긴밀한 관계가 있었습니다.

이 법령은 원칙적으로 '불령선인'의 일본 입국을 제지하는 것이 목적이었지요. 그런데 세계 1차대전에서 큰 희생 없이 막대한 이익을 얻은 일본은 그들의 숨겨진 야욕을 성취하기 위해 중화학공장과 발전소가 필요했습니다.

중화학공장을 건설해야만 세계 정복에 필요한 고성능 무기들을 생산할 수가 있었지요. 이같은 거대한 공장을 가동시키기 위해서는 많은 양의 전기가 있어야만 했지요. 중화학공장과 발전소를 건설하는 데는 무엇보다 값이 싸고 강인한 체력을 가진 조선인 노동자가 필요했습니다.

조선노동자는 경우에 따라 임금을 주지 않을 수도 있다는 계산 아래서 대규모 모집을 시작했지요. 그때 '조선인 여행 단속에 관한 건'이 발효 중이어서 조선인 노동자들을 대량으로 데려가는 것이 문제가 되었지요.

어느 정도의 숫자라면 철저한 신원조사를 통하여 '불령선인'을 걸러낼 수도 있겠지만 수백여 명이나 되는 노동자들을 전국적으로 모집해서 데려가는 데는 사실상 신원조회가 불가능했지요.

충분한 조회 기간이 허락되는 것도 아니었지요. 공사가 다급했기 때문입니다. 조선총독부의 절대적인 지원을 받는 신월(信越)수력발전 주식회사는 조선인 노동자를 불러 모으기 위해 달콤한 선전 전술을 구사했습니다.

동양 최대의 수력발전소가 들어서게 될 북월(北越)지역은 가파른 협곡으로 이루어져 있는 지형이 험악한 곳이었습니다만 쾌적하고 편안한 꿈의 일터라는 선전 광고를 했습니다. 거기에다 일본의 다른 어느 공장보다 임금이 많다는 거짓말도 빼놓지 않았습니다.

배고픈 조선 농민들은 앞다투어 이 광고에 속아서 북월계곡의 수력발전소 공장 현장으로 갔지요. 시나노가와, 즉 신농천(信農川)이 흐르는 북월계곡을 가로막는 공사는 쾌적하고 편안한 꿈의 일터와는 거리가 먼 '지옥의 계곡'이었습니다.

발전소를 건설하는 회사에서는 조선인 노동자들을 일회용 소모품으로 단정 짓고 있었습니다. 드센 물살을 가로막기 위해 강 양쪽 언덕에 가파른 절벽을 허물어 내는 공사는 하루에 수십 명의 사상자를 내면서 강행되었습니다.

폭약을 터뜨려서 절벽을 허문 다음 궤도차나 지게로 돌덩어리를 운반하여 계곡을 가로막는 보를 쌓는 공사였습니다.

공사는 밤낮없이 강행되었지만 조선노동자들에게 주는 음식은 가축들이나 먹을 수 있는 조악한 것이었고, 임금 또한 형편없이 낮은 데다 제때 지불하지도 않았습니다. 얼마 안 지나서 속았다는 것을 깨달았지요. 목숨을 걸고 공사 현장을 탈출하는 사람이 줄을 이었지만 성공하는 사람은 그리 많지 않았습니다.

도망가다 체포된 이들은 끌려오는 과정에서 매를 맞아 죽거나 계곡 유치장 안에 감금되었습니다. 공사 현장의 비인간적 참상이 외부에 알려지는 것을 두려워했기 때문이지요.

조선노동자들은 견디다 못해 폭동을 일으키려 했는데, 준비 과정에서 비밀이 새어나가는 바람에 공사본부에서 알게 되었지요.

공사본부에서는 조선노동자 대표들을 불러내어 본보기로 학살을 자행했습니다. 이 학살사건이 1922년 7월 29일 '요미우리' 신문의 특종기사가 되어 세상에 알려지게 되었습니다.

사건이 폭로되자 공사 관계자와 지방의 행정관서는 이 사실을 극구 부인했지만, 사건의 진상 조사와 항의하는 단체들이 동경과 서울에서 모여들기 시작했습니다. 사람의 통행이 몹시 불편하도록 만들어진 현장까지의 악조건을 무릅쓰고 동경의 유학생들 단체인 흑도회와 몇몇 단체들, 그리고 서울에서는 '동아일보'의 이상협(李相協) 편집 국장이 직접 현지에 파견되어 진상을 보도하기에 이르렀습니다. 동아일보의 이같은 보도는 일본에 건너와서 참담한 노동 조건 속에서 인권을 유린당하며 살아가는 조선노동자들에 관한 최초의 보도였습니다.

이상협은 인간으로서의 기본적인 권리를 지켜나가기 위해 한국인들의 단결이 필요하다고 호소했습니다. 그는 1922년 8월과 9월한 달 사이에 25건의 기사와 4회의 사설을 통하여 인권 문제에 대해 통렬한 절규를 했습니다.

수력발전소 공사가 있기 전에는 일본의 대표적인 비경으로 알려진 이 깊은 산간벽지에서 최악의 조건 아래 노동력을 갈취당하는 조선노동자들의 비참한 사정은 일본과 한국에 널리 알려졌고, 인간의 기본적 권리회복 운동에 커다란 자극과 충격을 주었습니다.

강상호가 인권문제에 본격적으로 눈 뜨게 된 것도 이상협이 쓴 동아일보 기사를 통해서였습니다. 강상호는 동아일보 진주지국장이기도 했지만, 신농천 조선노동자 학살사건이 던져준 충격은 곧 자신이 고뇌하고 있는 백정들의 인권 상황하고도 연관이 있을 것 같다는 생각을 하기 시작했습니다.

조선노동자들의 인권을 유린하고 노동력을 착취하는 일본 기업주와 이를 비호하는 일본 정부의 비인간적 태도는 식민 지배의 비극이었지만, 신분 차별의 모순으로 탄압당하는 백정들에 대한 한국인들의 태도 또한 비인간적이며 식민지배보다 낫다고는 볼 수 없었습니다.

한국이 일본의 식민지배를 극복하기 위해서는 먼저 민족 내부의 모순인 신분차별이라는 소모적인 대결과 갈등부터 해결하지 않으면 안 된다는 확신을 하게 되었지요.

이 불행한 신농천수력발전소 사건을 두고 일본과 한국의 사회운동 관계자들이 처음으로 연대를 갖게 되었는데, 이는 곧 출현할 진주의 형평사운동과 일본의 수평사운동이 약하게나마 끈을 잇게 되는 최초의 계기가 되어주었습니다.

"피억압 계층 해방" 한·일 지식인들 연대

신농천수력발전소 한국노동자 학살사건은 1922년 3월 3일에 결성된 일본의 백정이라 할 수 있는 부락민(部落民)들의 인권해방을 위한 수평사(水平社)에게도 식민지 한국노동자의 인권에 깊은 관심을 갖도록 작용했습니다.

신농천 사건이 발생하기 전인 일본 수평사 결성 대회는 일본에 거주하는 한국인들에게도 깊은 인상을 심어주었습니다. 특히 1922년 3월 3일 강기(岡崎)에서 열린 전국 수평사 결성 대회에는 교토에 거주하는 한국 유학생들 수십 명이 직접 수평사 결성식장으로 몰려가서 감동을 억제하지 못해 울음을 터뜨리는 사람도 있었습니다. 한국 유학생들이 감동한 것은 수평사 선언문이 지닌 힘 때문이었지요.

"오랫동안 학대받아 온 형제여…… 우리는 우리들의 단결에 의해 스스로 해방하고자 하는 사람들의 힘으로 이제 집단행동을 시작한다…… 제국주의 일본 정부로부터 억압받는 조선인의 인간 해방을 요구하며…… 진심으로 인생의 열기와 빛을 원구예찬(願求 禮讚)하면서…… 이 세상에 뜨거움이 있어라, 인간에게 빛이 있어라!"는 호소는 한국 유학생들의 뜨거운 환영을 받았습니다.

이 일은 일본의 부락민과 한국의 유학생들이 제국주의 식민정책과 인간을 억압하는 모든 정책과 제도를 부정하면서 연대하여 투쟁할 것을 제의한 최초의 사건이었습니다. 일본의 국가 제도로부터 차별받고 억압당하는 부락민들의 인간해방 요구는 곧 식민지 한국의 억압 상태에서 신음하는 한국인들에게 무엇보다 큰 희망이자 용기로 작용한 것이지요.

교토지역 한국 유학생들이 일본 수평사 결성 대회에 참가하여 느낀 감동은 동경을 비롯한 오사카 등 일본 곳곳에서 유학 중인 한국 청년들에게 곧바로 영향을 끼쳤습니다.

동경의 강신호는 진주에 있는 강상호에게 이 소식을 전했습니다. 백정들의 차별대우 문제로 고민하던 강상호는 큰 선물을 받은 셈이었습니다. 그리하여 동경의 동생에게 수평사 결성에 관한 정보를 수집하여 보내달라고 편지를 쓰면서 백정들과의 유대를 더욱 단단히 다져갔습니다.

일본 안에서의 이같은 변화 움직임은 동경 유학생들을 자극했습니다. 이미 조직된 동경의 '흑도회' 멤버들이 이같은 일본 사회의 변화에 가장 민감하게 반응했습니다. 이들은 먼저 '동경조선고학생동우회(朝鮮古學生同友會)'와 '신인연맹(新人聯盟)'을 주축으로 삼아서 흑도회를 결성한 다음 한국사회의 사상적 변화를 위해 적당한 기회를 엿보던 중이었습니다.

그때 수평사 결성이 있었지요. 억압받고 살던 부락민들이 전국적인 조직으로 힘을 결집시켜 수백 년 동안 완강하게 버티는 일본의 차별제도에 도전하는 모습은 감동을 넘어 혁명적인 것으로 비쳤지요. 힘을 얻은 흑도회 멤버들은 마침 신농천수력발전소 사건이 터지자 진상조사와 함께 일본에 와서 일하는 한국노동자들의 단결을 목적으로 한 최초의 조직 활동을 시작했습니다.

흑도회의 김약수(金若水, 1892~?)는 유학 생활의 경제적 어려움을 무릅쓰고 현장을 조사하여 한국노동자의 이중 차별과 탄압 실태를 폭로했지요.

즉 한국노동자는 일본인 노동자들로부터도 차별받았는데, 이는 식민지의 노동자는 인간 이하의 존재이기 때문에 일본인 노동자와는 당연히 차별되어야 한다는 일본 노동자들의 의식을 신랄하게 비판하면서 노동자로서의 인간적 권리는 평등하다는 주장을 폈습니다. 이같은 활약의 결과는 매우 컸습니다. 일본 안에 있는 한국인 노동자들의 처참한 실태를 알게 된 많은 일본인 노동자들과 한국인 노동자들은 분노하기 시작했지요. 그리하여 1922년 9월 7일에 동경에서 신농천 사건에 대한 진상 보고 집회가 열리게 되었습니다.

재일 한국인의 주도로 열린 이 대회에는 일본인 노동자 2천 명과 숫자를 정확하게 파악하기 어려울 만큼의 많은 한국인 노동자들이 참가했습니다.

이것은 일본은 물론 한국의 현실을 감안해 볼 때 참으로 엄청난 일대 사건이 아닐 수 없었습니다. 이 집회가 계기가 되어 1922년 12월 1일에는 오사카에서 조선인 노동자동맹회 결성대회가 열리게 되었는데 동경의 김약수와 송장복(宋章福)이 주축이 되어 엮어낸 또 하나의 쾌거였지요.

이날의 행사에는 일본 노동총동맹, 관서지방 노동동맹회의의 책임 간부들이 여러 명 참석했으며, 특히 수평사에서는 요네다 도미(米田當一郎) 등 핵심 간부들이 참석했을 만큼 한국과 일본의 억압받는 계층끼리의 민족 간 연대가 시작되는 것 같은 조짐을 보였습니다.

이날의 행사는 뜻밖의 방해자들로 하여금 대회가 중단되는 사태가 생겼는데, 그 방해자 단체의 대표자는 안타깝게도 한국인이자 오사카 조선인조합 회장이란 직함을 지닌 이선홍(李善洪)이었습니다. 이선홍은 이보다 앞서서 개척사(開拓社)라는 회사를 경영하면서 제주도 출신자에 대한 차별철폐 문제를 해결하기 위해 노력하는 최선명(崔善鳴)과 함께 청십자(靑十字)운동을 하는 부락민 요네다 도미와 관계를 가졌던 인물이었지요.

그 이선홍이 일본 내무성 관료의 회유책에 끌려들어 오사카의 반민족적 융화단체인 상애회(相愛會)를 조직하여 일본 내의 한국인들이 일본에 저항하거나 사회주의 사상 단체와 연결되는 것을 저지하고 방해하는 반역을 하기 시작한 것이지요. 이는 일본 내무성이 가장 두려워하는 일본과 한국의 급진 지식인들의 연대를 근원적으로 차단시키기 위해 고안해 낸 교활한 전략이었으며, 한국인을 내세워서 한국인들의 조직을 방해하는 형식을 취함으로써 일본에게 돌아올 비난을 미리 없애기 위한 책략이었습니다. 그 책략에 이선홍이 포섭되어 민족 갈등을 일으키게 된 것입니다.

이같은 일본에서의 변화를 알게 된 강상호의 걸음이 바빠지기 시작했습니다.

다양한 사회운동조직 연대 필요성 절감

동아일보에서 보도하는 일본사회 내부의 변화에 관한 내용들을 통하여 강상호는 매우 소중한 일들을 새롭게 알거나 깨달을 수 있었습니다. 강상호가 눈여겨본 것은 일본 사회 안에서 한창 생겨나고 있는 다양한 사회운동 단체들의 왕성한 활약이었지요. 특히 사회주의와 공산주의 이념을 확산시키기 위한 목적으로 결성된 여러 개의 단체가 일본 사회에서 억압받고 있는 노동자와 농민 그리고 수백 년 동안 한 곳에서만 감금당하듯이 살아온 부락민의 처지에까지 눈길을 돌려 그 폐해와 모순을 혁파하기 위해 노력하는 모습은 새로운 세계를 발견하게 해주었습니다.

새로운 지식과 사회적으로 존경받는 사람들이 어둡고 핍박당하는 삶을 사는 사람들을 위하여 행동하는 것은 강상호에게 커다란 용기이자 충격이었습니다. 사상단체들, 노동운동 조직들, 심지어 일본의 자존심인 천황제도에 대한 비판과 함께 일본 귀족들의 모순을 질타하는 사람들의 행동은 저마다 독특한 특성과 철학을 지니고 있으면서도 전체적으로는 동일한 목적을 향하여 연대하고 있는 것 같은 모습이 감동적이었습니다.

거기에 비해 1922년 한국사회는 너무나 빈약한 사회운동 조직이었고, 민족해방을 목적으로 한 애국단체를 제외하고는 이렇다 할 사회운동 조직이 거의 생겨나지 않고 있었습니다. 강상호는 그 점이 늘 안타까웠지요. 민족의 해방이 필요한 것은 당연한 일이지만 그 필요성을 갖추기 위해서는 보다 다양한 생각과 행동들이 활발하게 나타나서 서로 연대해야만 될 것이라는 생각을 하게 되었지요.

우선 자신부터 먼저 개인적인 주장이나 고집을 꺾고 주위 사람들과 연대할 수 있는 계기를 만들어야겠다고 판단했습니다. 독립만세운동을 함께 펼쳤던 사람들 중에서 비교적 생각이 열려있는 강달영을 더욱 가까이하면서 강대창(姜大昌), 조우제(趙祐濟), 신현수(申鉉壽) 등과도 교류의 기회를 더욱 자주 가졌습니다.

1925년 이후 강달영과 강대창은 조선공산당 창당에 관여하기 시작하여 고난과 시련의 세월 속에서 비극적인 생애를 살아가게 되는 인물들입니다만 적어도 1920년에서 1923년에 이르는 동안에는 진주지역 어떤 지식인보다 개방적이고 진취적이어서 강상호의 생각을 가장 잘 이해해 주고 돕는 사람들이었던 것만은 분명합니다. 또한 이 두 사람과의 깊은 교류는 1945년 이후 강상호가 전혀 본의 아니게 휩쓸려 들게 된 '국민보도연맹' 사건이나 독립유공자 명단에서 누락되는 불행의 씨앗이 되기도 했습니다. 그 점은 다시 살펴볼 시간이 있을 것입니다.

아무튼 강상호는 진주사회에서도 새로운 흐름이 보다 다양한 모습으로 나타나야 한다는 것을 절감했습니다. 그래야만 양반, 상민이라는 이분법적인 대립과 갈등을 극복할 수 있는 계기가 생겨날 수 있다고 본 때문입니다.

사실 진주사회는 천여 년 넘도록 지배자와 피지배자, 구체적으로 양반과 상놈이라는 두 개의 축을 기본으로 하여 유지되어 왔습니다. 이같은 틀을 계속해 나가기 위해서는 상놈들이 다른 생각을 못 하도록 철저하게 봉쇄시켜 둘 필요가 있었지요. 그런데 강상호가 그 틀을 깨부수려고 했지요. 그것도 버젓한 양반 신분인 자가 천민 중의 천민인 백정들을 당당한 인간으로 인정해 주어야 한다는 주장과 행동을 하고 나선 것입니다. 양반층들은 긴장하다가 마침내는 적대 감정으로 변할 수밖에 없었겠지요. 그때의 그 적대 감정은 해방 이후까지 계속되어 강상호가 독립운동을 했다는 사실을 부정하게 되는 사태로까지 왜곡된 적도 있습니다.

1922년 가을이었습니다. 가을걷이를 끝내면서 소작인들로부터는 소작료를 거두어들이고, 여러 곳의 토지에서 수확한 벼를 곳간으로 실어다 쌓는 계절이었습니다. 강상호의 부친 강재순은 그즈음 마음이 영 편칠 않았지요. 큰며느리의 병이 깊어진 것이 가장 큰 걱정이었고, 강상호가 한사코 집밖에서 걱정스런 일을 도모하고 있는 점이 또 다른 근심거리였습니다.

그러던 어느 날 강재순은 진주의 식산은행 간부한테서 매우 충격적인 사실을 알게 되었습니다. 큰아들 강상호가 아버지 몰래 남의 돈을 빌려 쓰고 있는데, 집과 토지 일부가 담보로 잡혀 있으며 벌써 상당한 액수의 채무가 쌓였다는 것이었습니다. 처음엔 잘못 들었나 싶었습니다만 틀림없는 사실이었습니다.

강재순은 아들을 불렀습니다. 따져 물었지요. 강상호는 한동안 침묵만 지키면서 어떻게 이 비밀이 아버지가 아실 수 있었는지를 생각해 보았습니다. 비밀이란 영원할 수가 없지요. 더구나 돈이 개입된 비밀은 어떤 경우보다 지켜지기 어렵다는 것을 강상호는 몰랐던 것이지요. 결국 사실대로 털어놨습니다.

강재순은 기가 막혔습니다. 그토록 백정들과의 관계를 끊으라고 당부했고, 아버지로서 무엇보다 괴로운 일인 큰아들의 사회적 행동을 억압하기 위한 자금줄의 차단까지 했는데, 아버지를 속이고 재산을 담보로 빚을 내 썼다는 것은 분통 터지는 일이자 실망스러운 사건이었지요.

강재순은 결연하게 말했습니다. 부자지간의 천륜을 끊을 수만 있다면 끊고 싶구나. 네가 저지른 짓은 실망스러운 것이 아니라 한심한 짓이고, 세상 사람이 알까 두렵다. 왜 네가 모르느냐? 네 안사람을 시켜서 내 여러 차례 적잖은 돈을 내주었고, 다 큰 자식 앞길 막지 않으려고 남 알게 모르게 네 뒤를 돌봐온 사실을 정녕 몰라서 이랬단 말이냐? 다 말해 보거라. 일이 어디까지 잘못되었는지 이제라도 알아야겠다.

강상호는 기왕 들켜버린 일이서서 이제라도 낱낱이 고백하고 결심을 밝힐 각오를 했습니다.

최지환의 재산을 관리하는 자를 통하여 돈을 빌려 쓴 내력을 소상하게 밝혔습니다. 강재순은 눈을 감은채 깊은 생각에 잠겼습니다. 아들의 나이가 벌써 서른다섯 살로 접어들었고, 진주 일대에서는 널리 알려진 지도자로 자리잡아 가고 있으며, 무엇보다 동아일보 진주지국장이라는 책임은 더욱 무겁다는 것도 알았습니다.

내가 너를 잘못 키운 죄가 더 크다. 하지만 부모를 속인 자식의 죄도 결코 가벼운 것은 아니다. 오늘은 부자지간의 천륜이 끊기더라도 결판을 내야겠다. 이대로는 안 된다!

"백정들과의 관계 끊어라"

멍석말이 처벌받는 강상호

　강재순은 집사를 불렀습니다. 큰 멍석 두 장을 가져와 마당에 펴고, 머슴 다섯 명 모두를 불러 모이도록 했습니다.

　대청마루에 나서서 큰소리로 집사에게 뜻밖의 지시를 내리고 있는 강재순의 얼굴은 몹시 침통했습니다. 방안에 꿇어앉아 있는 강상호는 문밖의 아버지가 내리고 있는 지시가 무엇을 뜻하는지 짐작해 보려고 애를 썼지만, 도무지 알 수가 없었습니다. 주인의 지시가 의미하는 내용을 간파하지 못한 것은 집사도 마찬가지였습니다. 집사는 멍석을 펴라는 주인의 지시를 한 번 더 확인했습니다.

　어르신, 멍석 두 장이라 하셨습니까? 이놈아 귓구멍은 얻다가 동냥보내고 딴소리는 딴소리냐! 그게 아니오라 갑자기 멍석을 펴라 하시니 영문을 모르겠습니다. 이놈아, 널더러 영문이 어디 있는지 알아 오라고는 않을 터이니 잔말 말고 냉큼 갖다 펴기나 해 이놈아! 어르신, 머슴들은 또 뭣에 쓰시려고 그러시는지요. 지금 두 사람은 집에 없습니다. 다 불러올까요? 됐다, 나머지 아이들만 불러라. 어서!

　주인의 속마음을 도무지 짚어낼 수가 없었습니다.

　한참 뒤 마당엔 멍석 두 장이 펴지고, 머슴 셋에다 집사, 그리고 며느리들까지 모두 불러 모았습니다. 아직 새댁의 모습을 차리고 있는 이갑례를 비롯하여 강영호의 아내 김포시, 강신호 아내 최도분과 집안일을 거드는 사람들까지 열 명 넘는 식구들이 다 모였습니다.

모두 숨을 죽이고 강재순의 거동을 지켜보고만 있었습니다. 강재순은 대청마루 끝에 서서 아들을 불렀습니다. 강상호가 불려 나오자 마당으로 내려가 서도록 했습니다.

내 말한 대로 부모자식 간의 천륜을 끊어야겠다. 자식이 애비 말을 귀 밖으로 흘려듣고, 애비와 한 약속을 헌 짚신짝 버리듯 하고, 집안 식구들의 명줄이 걸린 재산을 훔쳐내는 자식을 더는 보고 있을 수만 없는 일이다. 해서 너를 벌하겠다. 네 잘못이 있는 줄 알면 네 스스로 저 멍석 위에 가 눕고, 잘못이 없다 여기면 그리 여기는 대로 해라. 어쩌겠느냐?

뜻밖의 결정이었습니다. 강상호는 그제야 아버지가 자신을 멍석말이 응징을 가할 결심을 했다는 것을 알았습니다.

멍석말이란 우리나라 농촌에서 예부터 전해 내려 오는 형벌의 한 종류였지요.

죄인을 멍석에다 둘둘 말아서 땅바닥에 눕혀놓고 그 위에다 물을 퍼부어가면서 몽둥이로 매질을 하는 것이지요.

이 형벌은 국가의 형벌 제도가 아니라 개인적인 사형(私刑)의 일종으로서 자칫 가진 자가 약한 자에게 일방적으로 폭력을 휘두르는 것이 될 위험성이 높은 것입니다.

주로 이 형벌은 씨족 단위의 마을에서 근친상간을 범하거나 패륜범죄에 대하여 가하는 응징이었고, 농촌 공동체인 두레의 규약을 어긴 사람에게 이 형벌을 가함으로써 경고와 함께 추방시키는 매우 가혹한 처벌 방법이었습니다.

멍석에다 죄인을 둘둘 말면 죄인은 완전히 멍석 안에 들어가서 밖을 볼 수가 없게 되지요. 그런 상태에서 매질하면 멍석 안에 있는 죄인은 자신에게 매질한 사람이 누구인지를 알 수가 없게 되지요. 따라서 매질하는 사람의 신분이 낮을 경우 신분이 높은 죄인을 제대로 매질하기 어려운 점을 피하면서 사사로운 감정이 남게 되는 후유증을 없애기 위한 일종의 지혜이기도 했습니다.

강재순이 멍석말이 처벌 방법을 생각해낸 이유도 상전인 강상호에게 매질을 해야 할 머슴들의 심정을 고려한 것이었고, 무엇보다 강상호한테서 백정들과의 관계를 끊겠다는 확약을 받아내기 위한 계획이었습니다.

강상호는 말없이 성큼성큼 멍석 위로 걸어가더니 가로로 엎드렸습니다. 그러자 이를 지켜보던 식구들이 술렁거렸습니다.

처음 보게 되는 일이기도 했으려니와 집안의 어른들끼리 벌이는 일이 너무나 엉뚱했기 때문입니다. 강재순이 소리쳤습니다.

멍석을 말아라! 어서! 그러나 어느 누구도 선뜻 나서지 못했습니다. 다시 불호령이 떨어지자 집사가 마지못해 나섰지요. 한 번 더 고함 소리가 집안을 쩌렁쩌렁 울렸습니다. 집사는 강상호 등 뒤에다 대고 나직이 말했습니다. 선생님, 용서하십시오. 어쩔도리가 없습니다.

강상호는 괜찮으니 어서 시키는 대로 하라고 허락했습니다.

이윽고 멍석이 말렸습니다. 그러자 강재순은 멍석을 한 겹 더 말도록 소리쳤습니다. 집사는 속으로 안심했습니다.

두꺼운 멍석을 두 겹으로 말면 그 안에 있는 강상호에게 매질의 충격이 그다지 심하지는 않을 터이고, 이는 아들의 건강을 배려하고 있는 아버지의 깊은 뜻이 들어있는 것이었지요. 머슴들에게 몽둥이를 들게 했습니다. 그러자 머슴들이 긴장하며 망설였지요.

그때 강영호 아내 김또시가 시아버지 앞으로 조심스럽게 나섰습니다. 강재순이 놀라는 눈치였습니다. 김또시는 시집온 뒤로 몇 차례 시아버지의 마음을 헤아려내는 행동으로 강재순으로부터 말없는 사랑을 받고 있기도 했습니다.

그날도 김또시는 흔치 않은 부자간의 기이한 대결이 더이상 악화하도록 내버려 두어서는 안 된다고 판단했습니다. 무엇보다 손위 동서인 이갑례가 나서서 부자간의 일에 끼어들기도 난처했으며, 그냥 지켜만 본다는 것도 예사로 고통스런 일이 아니라는 생각을 한 나머지 자신이 나서기로 마음먹었던 것이지요.

아버님, 노여움을 거두시고 안으로 드셔서 얘기로 매듭지으시지요. 감히 저희들이 어찌 아버님 깊은 뜻을 헤아릴 수 있겠습니다만, 아랫사람들 앞에서 이러시는 것은 아주버님처럼 바깥세상에서 존경받으시는 분께 자칫 누가 될까 싶어 염려가 됩니다. 이미 아주버님께서는 우리 집안의 큰 기둥이신데다 진주사람들의 지도자가 아니옵니까. 체면을 떠나서라도 아버님께서 더욱 보살펴주셔야만 아주버님을 바라보는 사람들에게서 존경심을 잃지 않으리라 사료됩니다. 이만큼만 하셔도 아주버님께서는 아버님의 깊은 뜻을 헤아리셨을 줄 믿사오니 부디 노여움을 거두시고 저희들이 아주버님을 모셔가도록 허락해 주십시오.

김또시의 말은 진심이었습니다. 강재순은 속으로 무척 기뻤습니다. 둘째 며느리의 깊고 따뜻한 마음씨와 지혜가 강재순을 감동시켰습니다. 하지만 이대로 덮어둘 수는 없었지요. 어떻게든 결판을 내야 했습니다. 머슴들로 하여금 몽둥이로 주인을 때리도록 다그쳤습니다.

"식민지서 양반·상놈 구분 한심한 짓"

머슴들도 더는 피할 도리가 없었습니다. 하지만 정말로 강상호에게 매질을 할 수도 없었습니다. 그래야 할 아무런 이유도 없었거니와 머슴이 주인에게 몽둥이질을 해야 할 만한 사정도 아니라는 것을 머슴들도 알고 있었지요.

아들에게 매질을 하라고 다그치는 아버지의 마음도 이해할 수 있었지요. 그렇다면 아버지와 아들 어느 쪽으로부터도 원망이나 책망을 듣지 않을 수 있는 방법을 찾아내야만 했습니다. 머슴들은 서로 눈짓을 주고받았습니다.

강재순은 머슴들의 속뜻을 헤아리기라도 한 듯 짐짓 큰소리로 외쳤습니다. 만일 네놈들이 내 뜻을 거역하는 날엔 내 네놈들을 가만두지 않을 것이다!

어서 쳐라! 어서!

머슴들이 더이상 머뭇거리지 않았습니다. 어른 팔뚝 굵기의 몽둥이로 멍석을 때리기 시작했습니다. 몽둥이를 높이 쳐들었다가 내려칠 때는 힘을 뽑고 멍석 위에다 슬쩍 갖다 대면서 치는 시늉만 했습니다.

강재순의 불호령이 떨어졌지만 머슴들의 태도는 바뀌지 않았습니다. 강재순도 더는 머슴들을 다그치지 못했습니다. 주인과 머슴이 아닌 인간끼리의 묵계를 지켜야 했지요. 그 대신 아들을 향해 소리쳤습니다.

이래도 네가 백정놈들을 계속 만날 것이냐? 난들 이러고 싶어서 이러겠느냐? 부자지간에 왜 이런 일이 일어나야 되느냐? 네가 그 천하디 천한 놈들과 어울려서 집안을 뒤흔들지 않는다면 내가 왜 이러겠느냐? 말해봐라! 도대체 왜 이런 짓으로 집안에 불안을 불러들이느냐?

강상호는 즉시 대답했습니다.

아버님, 저 하는 일을 잘못이라고 나무라시면 안됩니다. 지금 어떤 고초를 겪어도 저의 신념은 변하지 않을 것입니다.

강재순은 아들이 야속했습니다. 말로나마 그냥 잘못했다고 하면 당장 덮어둘 수 있을 터인데 저토록 완강하게 버티고 나오는 아들이 점점 미워지려 했습니다. 네가 이 애비 말을 거역하겠다는 것이냐? 나는 그동안 네가 하는 일이라면 모두 들어주었다. 죽향이 일도 그랬고, 만세 때도 그랬고, 동아일보 한다 할 때도 네 뜻을 다 들어주었다. 하지만 저 천한 백정놈들과 어울려서 가산을 탕진하려 드는 이번 일만은 절대로 용서 못 한다! 안 된다!

강상호는 멍석에 말린 채 절규했습니다.

백정의 어디가 천하다는 말입니까? 무슨 이유로 그들을 천민이라 합니까? 그들이 천민이라면 부모 뱃속에 있을 때부터 천민이었다는 것일까요? 누가 그런 것을 정했다는 말입니까? 하늘이 그런 일을 하지는 못합니다. 단지 인간이 무슨 목적으로 그따위 짓을 했습니다. 천민이 있어야만 성립되는 계층인 양반들이 만들어낸 짓입니다.

대우받고, 편하고, 이익과 권세를 누려가기 위해서 억지로 만들어낸 것이 상놈이고 천민입니다. 하지만 이제는 그래서는 안됩니다. 일본의 식민지가 된 한국이고, 노예로 변해버린 한국인인데, 식민지 안에서 노예들끼리 서로 잘났다고 다투는 것은 한심한 일입니다. 한심한 짓을 반성하고 새롭게 사는 길을 찾아 나서지 않으면 한국인은 일본의 노예에서 해방되기 어려울 것입니다.

아버님, 독립운동이 성공하여 나라를 되찾는다면 참으로 다행한 일이라 하겠지요. 그런데 저는 요즘 생각이 많이 바뀌고 있습니다. 지금처럼 양반 상놈으로 갈리어 서로 헐뜯고, 억압하고, 미워하는 상태로 독립되는 것을 원치 않습니다.

그리되면 언젠가, 그리고 또 다른 어느 나라의 종살이를 할 수밖에 없을 것입니다. 그보다는 먼저 해결해야 할 것이 있습니다. 인간이 인간을 차별하고, 미워하는 불평등이 소멸된 위에 평등한 삶이 가능한 세상이 만들어지는 일입니다.

아버님, 저도 한때는 임금이 나라의 주인이며, 그 임금을 섬기고 위하는 것이 충(忠)이라 믿은 적이 있었습니다. 이 나라가 임금의 나라이며 백성은 다만 임금의 은총을 입어 토지를 나누어 갖고, 사람과 일이 은총아래서 이루어지는 것인 줄 알았습니다. 양반 사대부는 그 임금의 나랏일을 돕는 것이라고 여겼지요. 그래서 상민과 천민들을 부리고 호령했습니다.

그런데 이 몇 해 동안 저는 그 생각이 얼마나 부끄러운 일인지 알게 되었습니다. 천민들에게 서당을 못 다니게 한 이유와 혼인을 하되 천민들끼리만 하도록 강요한 까닭이 무엇이었는지를 깨달았습니다. 천민들이 글을 배우게 되면 책을 읽을 것이고, 책을 읽게 되면 양반 사대부들의 명령을 거부하게 될 것이기 때문이라는 것을 알았습니다.

이 나라에 있는 그 어떤 책에도 양반 사대부가 상민과 천민을 구박하고 사람으로 여기지 않는 것이 하늘의 뜻이라고 쓰여있지는 않습니다. 단지 상민과 천민이 끊임없이 양반 사대부의 억압과 수탈에 저항하고 불만을 품어왔다는 사실들이 더 많이 적혀있을 뿐입니다. 그것을 두려워하고 있습니다.

또한 상민이나 천민들이 다른 신분과 혼인하여 세력을 넓히거나 다른 생각을 하게 되는 것을 미연에 차단시키기 위해 그들끼리만 혼인하도록 강요해왔습니다. 그런 세월이 조선왕조 오백 년이나 계속되었습니다. 그 나머지 이 나라가 일본의 식민지가 된 것입니다. 그래도 양반 사대부의 생각이 옳다는 말입니까? 이제는 다 망해버렸습니다. 누가 양반이고, 누가 천민이라는 말입니까?

한국인 모두가 천민이 된 이 참담한 현실을 어찌 인정하지 않으려 드십니까? 아버님, 이제는 우리 집안부터라도 달라져야만 합니다. 합방 이전에 우리 집안이 누려온 부와 권세는 곧 우리 농사를 지어 온 소작인들과 머슴들을 불행하게 한 대가였습니다. 일천 석 넘는 토지도 마찬가지입니다.

지금은 많은 재산을 가졌다는 것이 죄가 되고 부끄러운 것이 되고 말았습니다. 죄를 가볍게 하고, 부끄러움을 벗어나려면 재산을 옳게 사용해야 합니다. 한국이 일본 식민지를 벗어나기 위한 독립운동에 쓰이거나, 천민을 억압하고 잘못된 생각과 관습을 뜯어고치고 천민들을 일으켜 세우는 일에 사용해야만 합니다.

아버님, 이 불행한 시대에 편안하게 사는 것을 부끄럽게 여겨야 합니다. 독립운동하는 데 목숨을 바치고, 무지한 백성을 일깨우기 위한 교육사업에 일가의 운명을 내던지며, 우리의 발길로 짓밟아 온 천민들과 가난한 사람들을 일으켜 세워 평등한 인간으로 함께 살아가는 일에 생애를 바치고 있는 많은 사람에게 우리는 크게 잘못을 범하고 있습니다.

저는, 이 자리에서 아버님의 매를 맞고 또 맞을지언정 저의 뜻을 거두어들일 수는 없습니다. 부디 아버님께서 저의 간곡한 당부를 저버리시지 말기를 간청합니다.

강상호는 울면서 외쳤습니다.

"소를 도살하는 자는 천하고

그 음식을 먹는 자는 귀한가"

강상호의 절규는 몸으로 외쳐대는 목소리가 아니라 나름의 깨달음에서 비롯된 울림으로 다가왔습니다. 아무 걱정 없이 살아온 양반댁 큰 도령이 어쩌다 알게 된 천한 백정의 불우한 삶에 대하여 갖는 다분히 감상적인 연민으로 해보는 말이 아니었습니다.

그는 1922년 봄 일본의 천민인 부락민(部落民)들이 인간으로서의 권리를 회복하기 위하여 시작한 수평사(水平社)운동에 관한 소식을 들은 뒤로 많은 생각을 했습니다. 인권(人權)이라는 말과 평등(平等)이라는 말도 처음으로 알았지요. 한 사회에서 일어나는 모든 일들이 저마다 주장이 있고 지향점이 조금씩 다르다 하더라도 근본적으로는 서로 밀접한 관계를 지니고 있다는 것과 각각의 목적을 달성하기 위해서는 서로 연대하는 것이 좋다는 것도 수평사운동에서 배웠지요.

무엇보다 중요한 것은 국가보다 인간이 먼저였으며 인간의 권리는 평등하다는 사실을 뒤늦게나마 배우고 깨닫게 된 점이었습니다. 인간을 불평등한 존재인 것처럼 만드는 것은 부와 권력을 장악하기 위한 인간의 욕망이었다는 점도 알았습니다.

소수의 사람이 많이 소유하기 위해서는 다수가 궁핍해야만 하고, 소수자가 권력을 유지하기 위해서는 다수자가 억압당하는 위치에 놓여있지 않으면 안 된다는 것도 알았습니다.

천민이나 백정은 소수의 사대부와 귀족들의 권력과 부를 지속시켜나가기 위해 만들어낸 지배 논리의 산물임을 깨닫고나서부터 강상호는 무섭게 변하기 시작했습니다.

먼저 자기 자신부터 변해야 한다고 믿었습니다. 그 변화는 관념적인 인식으로 그치는 것이 아니라 현실 세계에서 실천하는 것이었습니다. 그 실천은 곧 자신이 누려온 경제적 부와 양반으로서의 수많은 특혜를 포기하는 삶을 사는 것이었습니다.

그는 아버지를 향하여 외쳤습니다.

아버님. 제 나이가 서른다섯입니다. 아버님께서 베풀어주신 은혜를 입어서 고생이란 것이 무엇인지 모르고 어른이 되었습니다. 배고픔이나 추위, 더위도 크게 못 느끼면서 늘 풍족한 가운데서 신학문까지 익혔습니다.

나라가 일본 제국주의 침략을 받아 식민지로 떨어진 뒤에 나라를 해방시키자면서 만세시위도 벌였습니다만 지금 생각해 보면 잘못도 많습니다. 아버님. 저는 백정들을 만나서 큰 선물을 받았습니다. 그들이 아니고는 누구한테서도 받을 수 없는 소중한 선물이었습니다.

그것은 인간이 지닌 저마다의 가치는 모두 평등하다는 것이었습니다. 양반 귀족이라 해서 가치를 더 많이 갖고 있지 않다는 것입니다. 그런데 저는 이 나이까지 제가 가진 가치와 백정이 지닌 가치는 차이가 있다고 여겼습니다.

그런데 그게 아니었습니다. 속은 것이지요. 제가 저 자신을 속이고, 양반이 양반을 속이고, 귀족이 귀족을 속여온 것입니다.

속지 않은 것은 백정이나 천민으로 불러온 사람들뿐이었다는 말씀입니다. 아버님. 제가 백정들한테서 배우고 느낀 것은 그뿐이 아닙니다.

유학에서 가르쳐온 충(忠)이 사실은 큰 모순덩어리라는 것을 알았습니다. 대한의 땅덩어리가 황제 개인의 사유지가 아니며, 이 나라 백성들이 황제 개인의 머슴이나 종이 아니라는 말입니다. 저는 그렇게 알고 속아왔다는 사실이 부끄럽습니다.

사람마다 똑같은 권리가 있고, 그 권리들이 모여서 나라가 된다는 것을 알았습니다. 사람이 먼저이지 나라가 먼저는 아니라는 말씀입니다. 그래서 독립운동이 성공하면 이 나라를 일제 통치로부터 해방시킬 수는 있겠지만 그 해방이 곧 이 나라가 지니고 있는 인간 차별 악습을 혁파시키지는 못한다는 것도 깨닫게 되었습니다.

인간이 인간을 차별하고, 학대하는 폐습이 고쳐지지 않은 상태에서 진정한 해방은 큰 의미가 없다는 것을 저는 이제야 알았습니다. 나라도 소중하지만 나라만큼 한 사람 한 사람의 권리도 소중합니다. 인간 없는 나라가 어찌 존재할 수 있습니까? 또한 나라는 양반이나 귀족들만의 나라가 아니라 사람으로 생겨난 모든 이들의 것입니다.

양반들의 체면과 가풍이 중요하다면 백정들의 일과 행동도 똑같이 중요합니다. 백정이 짐승을 도살한다 하여 천민이라 한다면, 그들이 도살한 쇠고기며 피혁을 먹고 입는 양반 귀족들은 무엇이라 불러야 옳습니까? 공자묘에 제사를 올리기 위해 소를 도살하고 그

육류로 음식을 만들어 바치는데, 소를 도살하는 사람은 천하고 그 천한 사람이 도살하여 만든 음식을 올려놓고 절하는 사람은 귀하다는 것입니까? 그렇다면 백정이 소나 짐승의 목숨을 빼앗기 때문에 천하고, 그 천한 백정이 죽여서 만든 쇠고기를 먹기만 하는 양반 귀족은 귀하다고 할 때, 백정 스스로 소나 짐승을 죽이는 것이 아니라 양반 귀족의 필요 때문에 어쩔 수 없이 도살해야 하는 사람을 어찌 천민이라 하여 능멸하고 박대하는 것입니까?

이는 정녕 억지이자 해괴한 이치가 아닙니까? 제대로 말하자면 짐승을 죽이도록 시킨 사람이 더 극악무도한 자가 되며, 그래놓고 짐승을 죽였다 하여 차별하고 모욕하는 것은 공자의 인(仁)도 의(義)도 예(禮), 지(智), 신(信)도 아닌 위선이자 폭거일 뿐입니다.

아버님, 이 시대에 참으로 반성하고 참회해야 할 것은 양반, 귀족, 부자들뿐입니다. 그들은 모두 큰 죄인입니다.

쌓여만 가던 부자간 갈등 '봄눈 녹듯'

국가는 인간의 필요에 따라 약속한 역사적 구성물에 지나지 않으며, 국가보다 인간이 더 중요하다는 강상호의 절규는 강재순의 마음을 크게 뒤흔드는 감동이자 충격이었습니다. 이 시대의 불행에 대하여 책임을 묻는다면 농민이나 천민이 아닌 양반 귀족 등에게 물어야 한다는 것, 천민을 정당하게 대우해 주면 그만큼 나라의 힘이 커지고 강해진다는 것, 사람이 지닌 가치는 평등하다는 말을 틀렸다고 부정할 수가 없었기 때문입니다.

강재순은 아랫사람들 눈치 볼 겨를도 없이 버선발로 마당까지 걸어 내려와서 멍석을 손수 풀었습니다. 멍석이 다 풀리자 아들 모습이 드러났습니다. 눈물로 얼룩진 아들 모습을 바라보는 강재순의 눈에도 물기가 어렸습니다. 아들의 손을 잡았습니다. 강상호가 일어나 앉으면서 아버지 앞에 머리를 조아리며 흐느꼈습니다. 강재순이 아들의 등을 토닥거려주고 마루로 올라가기 위해 몸을 돌릴 때였습니다.

대문 밖에서 수십 명의 백정들이 집안으로 달려 들어오면서 소리쳤습니다. 선생님! 저희 때문에 이 고통을 겪으시다니요. 저희들이 잘못했습니다! 박일남의 아버지 박한춘을 비롯한 옥봉백정들이었습니다. 그들은 강재순이 아들을 멍석말이로 응징하려 한다는 강재순의 머슴과 식구로부터 기별을 받고는 급히 달려왔었지요.

대문 밖에서 집안의 광경을 숨죽인 채 지켜볼 수밖에 없었지요.

섣불리 집안으로 뛰어들었다가는 오히려 강상호에게 더 큰 화가 미칠지도 모른다는 우려를 한 때문이었습니다.

강상호가 멍석에 말리는 모습을 대문 틈으로 지켜보던 백정들은 숨죽여 흐느꼈습니다. 오로지 자신들 때문에 강재순 부자가 저렇게 괴로움을 겪는다는 것을 알았지요. 아무런 말도 할 수 없이 그냥 막막한 심정으로 사태를 지켜볼 수밖에 없었습니다. 멍석에 말린 채 강상호가 부르짖는 얘기는 백정들에게도 큰 감동으로 다가왔습니다.

그러다가 강재순이 아들의 판단에 동의하며 부자간의 갈등이 해소되는 감동을 보게 되자 더는 억제하지 못하고 집안으로 뛰어든 것이었습니다. 강재순이 백정들을 향하여 돌아서려다 말고 곧장 방 안으로 들어가 버렸습니다. 백정들은 일제히 마당에서 강재순이 들어간 방을 향하여 큰절을 올리며 고맙다는 칭송을 했습니다.

강상호가 웃으며 두 팔을 벌려 박일남과 김삼수를 껴안았습니다. 백정들이 강상호를 에워싸고 엉엉 울기 시작했습니다.

되었네, 이 사람들아. 이게 어디 울 일인가? 오늘 우리는 천군만마보다 더 귀하고 강한 힘을 얻었어. 자네들이 더욱 한뜻으로 뭉쳐야 할 것이네.

내가 얘기해 왔듯이 더욱더 자주 회의를 열어서 전체의 의견을 자꾸 정돈하여 하나로 모아야 할 걸세. 오늘은 나를 이렇게 격려해 주어서 고마우이.

백정들이 돌아간 뒤 강상호는 세수를 하고 옷을 갈아입고는 다시 아버지 방으로 들어갔습니다.

강재순이 먼저 말문을 열었습니다.

폐 일언하고, 오늘부터 우리 가문을 너한테 맡기기로 했다. 나는 이미 팔십을 바라보는 늙은이다. 이때까지 자식한테 살림을 안 맡기고 틀어쥐고 살아온 이 애비의 욕심이 너를 힘들게 만들었구나. 아무 소리 않으마. 이제는 다 네 뜻대로 살거라.

강재순은 살림살이와 재산권을 모두 아들에게 넘겨주겠다는 뜻을 밝혔습니다. 하지만 강상호는 부친께서 살림을 돌봐주시도록 사정했습니다.

아버님, 이제 아버님께 다 말씀드리고, 용서까지 받았으니 저는 이제까지 해온 대로 바깥일에 매진하고 싶습니다. 제가 사회활동을 더 진지하게 할 수 있기 위해서는 여전히 아버님의 보살핌이 가장 필요합니다. 더욱 정성을 기울이고, 공평하게 일을 해나가면서 부족하고 어려운 일은 아버님께 말씀드리고 좋은 방법을 여쭙겠습니다.

이렇듯 아버지와 아들 간의 갈등이 해결되자 집안은 다시 활기를 되찾았습니다. 강재순은 큰며느리 이귀인의 문병을 하러 갔습니다. 강상호의 곤경을 모면해 주기 위하여 친정 어른들의 도움을 구해야만 했던 큰며느리의 남모를 고통과 번민을 뒤늦게야 알고서 그냥 모른 척 넘어갈 수가 없어서였습니다.

이귀인이 겪고 있는 고통은 예사로운 것이 아니었지요. 널리 소문난 부잣집인 데다 남부럽지 않은 자식들도 거느린 집안이면서도 모조리 어른들만 있을 뿐 어린아이 울음소리 들리지 않는 분위기는 분명 쓸쓸함을 넘어 괴기 어리다 말하는 이가 많다는 것도 큰며느리의 부덕한 소치로 여기고 있었습니다. 그 소리를 잠재우기 위해 이갑례와 강상호를 부부로 짝지어주었는데 자신의 애끓는 소망은 거기서도 쉽사리 이뤄질 기미를 보이지 않고 있었습니다. 그런데도 자신의 병은 무거워만 졌습니다. 강재순은 큰며느리의 깊은 시름을 알 수 있었습니다.

내 네 맘 안다. 네가 이렇게 그늘져있는데 난들 어찌 매사가 즐겁겠느냐. 그래도 네가 눈에 보이게 안 보이게 맘 써주어서 집안이 이만큼이라도 사람 사는 흔적이 있다. 애비 생각하는 네 맘을 내가 몰랐구나. 서운했을 것이다. 하지만 오늘 다 풀었다.

너도 날 원망하는 마음 거두거라. 올겨울이 몹시 길고 추울 것이란다. 몸조심하거라.

강재순은 병색이 완연한 큰며느리를 두고 오면서 시큰해오는 콧잔등의 통증을 느꼈습니다. 애잔함과 무상함이 엄습했습니다.

임신한 죽향 문제 해결, 집안 평온

한편 만삭이 가까워진 죽향은 더이상 청수관에서 지낼 수가 없었지요. 강상호는 부친께 죽향의 거처 문제를 의논했습니다. 부친은 서둘러 집한 채를 장만하여 정중하게 들여앉히라고 했습니다.

겉으로 드러내놓지는 않았지만 죽향의 임신을 반기는 강재순의 마음은 매우 큰 기대로 설레고 있었습니다. 워낙 후손이 귀하다 보니 자식의 기생첩에서라도 아들 손주가 얻어졌으면 하는 바람을 억누를 길이 없었습니다. 다만 큰며느리의 속타는 심정을 헤아려 주어야 했고, 다른 며느리들의 눈치도 안 볼 수가 없어서 적이 억제해 왔을 따름이었지요.

강상호의 마음은 어린 신부 이갑례에게도 들켜버렸습니다. 어린 신부는 어른처럼 행동했습니다. 행여 이갑례의 눈치를 보지 않을 수가 없어서 따로 살림집을 차려주는 것이라면 죽향을 아예 집으로 데리고 들어와서 함께 살자는 제안을 한 것입니다.

강상호는 어린 신부의 그 제안을 선뜻 받아들이지도, 거절하지도 못한 채 망설였습니다. 만약 어린 신부의 그 생각이 죽향을 질투하는 것이라면 꾸짖어야 할 것이지만 진심일 경우에는 어떻게 대응해야 좋을지를 얼른 판단하기가 어려웠기 때문이지요.

그 어떤 쪽이든 어린 신부답지 않게 자신의 위치를 더욱 공고하게 다지면서 남편의 난처할지도 모를 심정을 은근히 위로하는 것이었습니다. 강상호는 일단 그렇게 고운 마음씨를 지닌 어린 신부에게 고맙다는 인사를 했습니다. 그러고는 볼만한 집 한 채를 장만하여 죽향에게 살림을 차려주었습니다.

이사를 든 이튿날, 병석에 있던 이귀인이 이갑례와 함께 죽향을 방문했습니다. 떡과 과일을 머슴에게 지워서였습니다.

자네가 귀한 일을 하고 있다는 소식을 듣고도 우리 인사가 빠졌네. 어찌 되었건 부디 옥동자를 해산해 주시게. 우리 둘이서 못 해내고 있는 일을 자네라도 해주시면 큰 경사가 아니겠는가.

행여 언짢게 듣지는 말게. 우리는 그냥 해보는 소리가 아닐세. 아버님이 저토록 손주를 기다리시니 자네가 아버님 소원을 풀어드리게. 그리되면 큰상을 내리실 것이네. 우리 집안의 광영이자 조상님들께서도 크게 기뻐하실 것이네. 부디 몸조심하시게.

죽향은 고개를 들지 못하고 고마워했습니다. 꿈에도 생각할 수 없었던 이귀인의 방문을 받고 난 뒤 죽향은 말로만 들어온 큰부인의 귀티나고 의젓한 인품에 감동했습니다. 함께 온 둘째부인의 침묵과 민첩한 태도 또한 죽향이 함부로 넘볼 수 없는 기품임을 알았습니다.

집으로 돌아오는 길에 이귀인은 이갑례의 손을 꼬옥 잡은 채 타이르듯 얘기했습니다.

이 사람아. 부디 내 청을 잊지마시게. 저 죽향이 만일 아들을 낳게 되면 아버님의 마음이 흔들릴 것이네. 그렇다고 아버님을 원망할 수야 없는 일이 아니겠는가. 비록 첩실 소생이라 하더라도 아들이기만 하면 지금의 자네나 내 입장으로는 그 아이가 장손 자리에 오르는 것을 막을 수가 없단 말일세. 투기해서가 아니라, 첩실이 낳은 자식으로 장손을 삼을 경우 대개는 집안에 분쟁을 낳기가 십 상이란 말일세.

세상일이 그렇다는 것이네. 해서 말이네만, 부디 기출이 생겨야 할 것이네. 그 일이 맘먹은 대로 되는 일이 아닌 줄 알지만 어쩐지 내가 들어서 자네 앞길을 더 험하게 만드는 것 같아서 미안하기도 하네.

이귀인은 눈물을 보였고, 이갑례는 다소곳이 머리를 숙인 채 말이 없었습니다. 죽향은 두 사람이 다녀간 뒤로 사뭇 엉뚱한 생각을 할 때가 많아졌습니다. 자신이 만약 아들을 낳게 되면 그 아들이 강상호의 장손이 될 수 있을지, 그리된다면 자신도 버젓하게 큰댁으로 들어가서 큰방의 주인이 될 수는 없을까 하는 생각이 자신도 몰래 불쑥불쑥 떠올랐기 때문입니다.

큰부인은 이미 자식 낳기는 글렀다고 했고, 둘째부인도 아직은 임신한 기미를 안보이고 있어서 죽향 자신이 아들을 낳기만 한다면 큰방의 주인이 되지 말란 법도 없는 것이 아닌가 하는 강렬한 유혹을 뿌리치기 싫었습니다. 하지만 그런 생각을 하고 있는 자신의 경솔한 모습을 꾸짖기도 했습니다. 살림을 내준 뒤로는 강상호의 걸음은 여전했습니다. 이갑례는 자신이 직접 맛있는 음식을 해서 가져다주거나 사람을 시켜서 힘든 일을 도와주었습니다.

그럴 때마다 죽향은 잠시나마 자신이 큰방 주인이 될 수 없는가 하고 생각했던 게 부끄러웠습니다. 처지가 바뀌었더라면 자신은 이갑례처럼 행동하기 어려웠을 것임을 솔직하게 인정하지 않을 수 없었습니다.

그러면서도 뱃속의 태아가 힘차게 꿈틀거리면서 살아간다는 즐거움과 보람이 어떤 것인지를 생각하게 할 때마다 자신이 강상호의 기생 첩실이라는 그늘진 자리에서 생을 살아가야 한다는 사실을 거부하고 싶었습니다. 예쁘고 건강한 사내아이를 낳아 젖을 물린 채 첩실로서의 차별받는 자리에서 눈물짓고 싶지 않았지요.

강상호가 다녀갈 때마다 죽향은 자신의 그런 속마음을 털어놓지 못하고 망설였습니다.

1922년 겨울은 유별나게 추웠습니다. 병석에 누워있는 이귀인은 머슴을 시켜서 죽향의 거처로 마른 장작을 여러 차례 보내주었고, 추위에 몸상하지 말라는 인사도 자주 보내왔습니다.

그때마다 죽향은 품어오던 큰방 주인이 되고 싶은 자신의 생각을 들켜버린 듯싶어 혼자 낯을 붉히곤 했습니다.

노동동맹회 日 방해공작 속에 결성

1922년 겨울, 일본에서 생활하는 한국의 노동자들이 노동동맹회 결성을 준비하게 되었습니다. 그해 7월에 있었던 신농천수력발전소 공사현장의 한국인 노동자 학살사건이 계기가 되어 진상조사 활동이 시작된 이후 도쿄, 오사카를 중심으로 일본 곳곳에서 한국 노동동맹회 결성의 필요가 제기되었기 때문입니다.

이같은 노동동맹회 결성 움직임에는 일본 수평사와 일본 노동동맹 관계자들의 적극적인 후원이 뒤따랐는데, 이 사실은 역사상 최초로 한국과 일본의 하층민이자 노동자들끼리의 연대라는 매우 특별한 의미를 지닌 것이었지요. 식민지 노동자와 일본 민중과의 제휴는 일본의 지배층을 바짝 긴장시켰습니다. 더욱이 일본 내부의 최대 관심사이자 제국주의 일본이 가장 두려워하는 단체인 사회주의 노선들이 식민지 노동자와 급진 청년 지식인들과 제휴하는 것은 절대로 용납할 수 없는 일로 단정 짓고 있었지요.

공산주의 단체들은 공공연하게 천황 제도를 부정하고 일본의 제국주의 자체를 반인류적 폭거로 규정하면서 일본 정부와의 대결을 조장하고 있었습니다. 여기에다 식민지 노동자와 급진 청년 지식인들까지 합세하여 연대한다는 것은 심각한 사태였습니다.

그리하여 조선총독부와 일본 내무성에서는 한국인들 중에서 몇 사람을 은밀하게 포섭했습니다. 일본 안에서 한국 노동동맹회 결성에 관여하거나 한국인 단체에 참여하는 한국인 중에서 몇 사람을 선택하여 친일분자로 교육시킨 다음 한국인 단체에 들어가서 조직을 방해하도록 가르쳤습니다.

한국인들끼리 싸우도록 유도하여 조직을 와해시켜 버리면, 일본 민중과의 국제적 연대가 단절될 것이고, 일본인들만의 사회주의 운동은 적절하게 대처할 수 있다고 판단한 것입니다.

일본 내무성의 공작에 의하여 세상에 나타난 것이 상애회(相愛會)라는 단체였지요. 서로 사랑하는 모임이라는 뜻의 이 단체는 한때 오사카지역 한인회에 관계했던 이선홍(李善洪)이 이끌고 있었습니다. 이 단체가 표방하는 상애(相愛)란 일본과 한국이 서로 잘 지내자는 것이었는데, 실제로는 한국인으로 하여금 일본에 굴종하자는 반민족적 융화를 목적으로 조직된 것이었지요. 이선홍은 지난날 수평사의 간부이자 청십자운동을 펼치던 요네다 도미의 도움으로 일본의 여러 사회단체에 소개되었던 인물입니다.

일본 내무성에서는 이선홍을 노리고 공작을 펼친 결과 뜻밖의 성과를 거둘 수 있었지요. 그리하여 일본에 거주하는 한인들을 일본 식민지 정책에 동화시키기 위하여 이선홍을 앞세웠지요. 적절한 이익과 권한을 미끼로 삼은 것이지요. 이선홍은 자신의 영향을 받은 주변 인물들을 동원하여 상애회를 결성한 다음 일본 내무성이 지시하는 대로 움직였습니다.

1922년 12월 1일 동경의 김약수, 오사카의 송장복이 주축이 되어 오사카에서 한국인 노동자동맹회 결성대회를 열었습니다. 회장에는 일본 노동총동맹, 관서지방 노동동맹회의, 수평사 간부들이 많이 참석해 있었습니다. 특히 요네다 도미는 수평사를 대표하여 자리해 있었지요. 이때 상애회의 이선홍 등이 회의를 방해하기 시작했습니다. 회의장은 혼란에 빠졌고, 마침내 오사카 경찰이 투입되어 강제로 해산명령을 내려 대회를 중단시키기에 이르렀습니다.

그러나 이틀 뒤인 12월 3일에는 기어코 한국 노동동맹회가 결성되어 수평사와 일본 노동동맹과 국제적인 연대관계가 성립되었습니다. 강상호는 동아일보와 조선일보를 통하여 이같은 일본 안에서의 다양하고 활발한 사회단체들의 움직임을 면밀하게 검토하면서 진주지역 인사들과의 교류를 계속해나갔습니다.

옥봉사람들 중에는 진주장터에서 정육점을 하거나 육류와 그 부산물을 이용한 음식점을 하는 이들이 차츰 늘어났습니다. 이학찬은 서장대 아래에다 소가죽 말리는 건피장을 새로 장만하고 있었고, 장터 골목에 푸줏간을 확장시켰으며, 이봉기, 하윤조, 유억만, 이두지, 유소만, 하경숙, 박상태, 김덕수, 허일도, 양상호, 이임식 등은 도살장과 푸줏간을 갖춘 비교적 여유 있는 사람들이었지요. 이들은 강상호와 친밀하게 지내면서 장지필과도 깊은 유대를 갖고 있어서 장지필과 강상호 사이에서 중요한 역할을 맡고 있는 셈이었지요.

이들의 호적 직업란에는 그들의 신분을 선명하게 적어놓았습니다. 도축장을 경영하는 사람은 도수업(屠獸業), 쇠고기 푸줏간을 하는 사람은 우육판매상(牛肉販賣商)이라고 적었습니다.

따라서 아무리 신분을 감추려 해도 호적부가 존재하는 한 도리가 없었지요. 사회제도가 변혁되지 않는 한 그들은 대를 물리면서 차별받아야 하는 업보 같은 짐을 지고 비틀거려야 했지요. 이들이 겪는 고통 중에서 가장 현실적인 것은 그들의 자식들을 학교에 보내지 못하는 사실이었습니다.

학교에서 백정 자식들의 입학을 받아주지 않았지요. 이같은 백정 자제에 대한 입학거부 판단은 학교 자체에서 하는 것이지만 학교로서는 재학생들의 학부모들이 백정 자제들과 자신들의 자식이 한 학교에서 함께 교육받는 것을 혐오스럽게 여기기때문에 일반 학부모들의 눈치를 안 볼 수가 없었습니다. 실제로 몇몇 학교에서 백정 자제의 입학 시도가 있었고, 이를 둘러싸고 심각한 실랑이가 벌어지기도 했습니다만 모두 거부되었습니다.

옥봉사람들은 자식들이 일반인과 함께 공부할 수 있는 변화를 기다리기만 할 것이 아니라 자신들의 손으로 변화를 만들어야 한다는 생각을 하기 시작했습니다. 그같은 계기를 만들어준 것이 강상호였습니다.

신현수, 백정차별 사회적 이슈화 제의

1923년으로 해가 바뀌면서 백정들의 차별문제에 관한 저항의식이 점점 뜨거워지기 시작했습니다. 장지필은 강상호와 빈번하게 만나 일본 안에서 진행되고 있는 노동자와 급진 지식인들과의 교류와 사회변화에 대하여 의견을 나누었습니다.

동아일보와 조선일보에 보도되는 세상 소식들은 백정들에게도 널리 알려졌고, 주로 백정 청년들을 주축으로 한 모임이 강상호 집에서 자주 있었습니다.

이제 강재순도 그의 집을 드나드는 백정들을 더이상 꾸짖거나 막지 않았습니다. 백정 청년들은 자신들이 운영하는 도축장, 푸줏간, 진주장날마다 장터 골목에서 육류와 내장 종류 및 뼈다귀를 팔아서 착실하게 재력을 모으는 한편 개인적인 학습을 통하여 상당한 지식도 쌓은 사람들이었습니다. 어떻게 보면 당시 진주사회에서는 중소 사업가들로서 진주지역 경제계에 상당한 영향력을 끼치는 인물들이라고도 말할 수 있었습니다.

강상호는 조선일보 진주지국장인 신현수와 자주 만나서 백정차별 문제를 사회적인 관심사로 공식화하는 일을 의논했습니다. 신현수도 일본 사회의 변화를 소상하게 알고 있었고, 진주지역의 백정차별 문제가 다른 지역보다 심하다는 것을 자주 얘기해 오던 중이기도 했지요.

진주지역의 백정차별 의식은 진주가 경상우병영과 진주목 등 정치적 권세를 상징하는 관청이 중복되어 있어서 탐학과 압제를 자행하는 관리들이 많다는 점과 전통적으로 유림들의 영향력이 커서 반상의 차별의식이 매우 완고했던 사실과 깊은 관련이 있습니다.

특히 유림 세력은 조선시대를 통하여 불교 승려들을 천민으로 몰락시켜 정치적 탄압과 수난을 강요했지요. 따라서 유림의 세도가 큰 지역일수록 불교 승려들의 수난도 컸으며, 그런 지역은 어김없이 유명 사찰에다 도축장을 강제로 떠맡겨서 관장토록 했습니다. 합천, 의령, 산청, 진주지역에 백정 숫자가 많은 것과 유서 깊은 사찰이 많은 것도 그런 점에서 시사하는 바가 큽니다.

유림들은 승려들과 백정들을 함께 차별했습니다. 그런 나머지 유림들은 절에도 잘 가지 않았거니와 어쩌다 사찰에 가더라도 법당에 들어가 부처에게 절하는 경우는 매우 드물었으며, 승려들에게는 말을 하대했지요. 조선왕조 오백 년 내내 지속된 유림들의 불교 배척과 승려 탄압은 백정들에 대한 차별의식과 천민제도의 강화로 이어졌습니다.

아무튼 진주는 천년이 넘도록 정치적인 관청이 있어온 곳이며 따라서 유교문화가 뿌리깊이 내려진 땅입니다. 유교를 이념으로 삼은 조선시대 정치는 반상계급제도를 근간으로 하고 있어서 낮은 계급에 대한 차별은 곧 조선의 지배세력이 존립할 수 있는 근원적인 철학이기도 했습니다.

많은 이들이 평등하게 살아가기 위하여 정치가 존재하는 것이 아니라 되도록이면 보다 분명하고 강건한 차별과 불평등을 전제로 소수의 유교 지배자들이 편안하게 살아갈 수 있기를 원해온 것입니다. 그 지독하고 뿌리 깊은 불평등과 차별을 위한 정치의식과 제도의 틀을 깨기 위한 시도가 진주에서 싹트기 시작한 것입니다.

저항은 평상심으로 인내할 수 없는 강도의 억압이 있을 때 나타납니다. 진주지역에서 백정차별에 대한 저항이 시도되고 있다는 것은 그만큼 억압이 크다는 것을 뜻합니다. 지금까지 진주 형평사 운동을 말해오는 동안 하필이면 진주에서 형평운동이 일어날 수밖에 없었던 이유에 대하여 많은 사람들이 백정들의 견딜 수 없는 학대와 억압의 상황보다는 이 운동을 주도한 이들의 사회적 성향과 정치 사회적 조건들을 더 중요하게 여겨왔습니다.

이는 자칫 뜻하지는 않은 것이지만 또 하나의 차별이 될 위험성이 큰 방법일 수 있습니다. 이는 마치 형평사운동이라는 사회변화의 한 틀을 성립시키기 위하여 인간 이하의 취급을 받으며 고통을 겪어온 백정들의 삶을 도구화할 수도 있음을 뜻합니다.

흔히 국가주의자들이 자행해온 것처럼 국가를 위하여 인간이 존재한다는 잔인한 논리처럼 형평사를 위하여 백정이 있었던 것처럼 되어서는 안됩니다. 그것은 이론이란 이름의 지독한 차별이기 때문입니다.

아무튼 중요한 변화의식이 생겨나고 있는 가운데 강상호는 신현수한테서 매우 의미 있는 제의를 받게 되었습니다.

신현수는 강상호보다 일곱 살 아래여서 깍듯이 형님으로 예우했습니다. 강상호의 호가 백촌(栢忖)이어서 늘 백촌형님이라는 호칭을 즐겨 사용했습니다.

백촌형님, 올봄에는 아이를 해산해야 할 테지요. 이게 벌써 삼년째 진통을 겪고 있는데 적당한 시기를 잡아서 출범을 해야 옳겠지요. 너무 뜸을 길게 들여도 오히려 일이 싱겁게 될 수 있거든요.

신현수는 강상호와 장지필이 추구해 오는 백정차별을 공개적으로 문제 삼는 일을 두고서 하는 말이었습니다. 강상호는 잠시 죽향이 임신하고 있는 일을 두고 하는 말로 착각할 뻔했습니다. 죽향은 머잖아 아이를 낳게 될 것이었습니다.

그러기에 말일세. 분위기는 무르익어 가는 듯싶은데, 아직 딱 부러지게 이것이다 할 만한 계기가 안 잡히고 있어. 무엇보다 단체를 규합하려면 그 이름이 먼저 정해져야 하는데 그 일도 아직 거론 못하고 있다네.

제가 백촌형님한테 한 가지 제의를 해보고 싶은데, 어떨까요?

무슨 말씀이신지, 해보시게.

백촌형님께서 금방 말씀하신 그 단체 이름에 대해서 저 혼자 생각해 본 것이 있거든요.

말씀해 보시게. 그래 어떤 좋은 이름이 생각났는가?

그냥 저 혼자서 생각해 본 것인데.

신현수는 뜻밖에도 강상호가 궁리하고 있는 문제를 먼저 끄집어냈습니다.

작년에 일본 사람들이 수평사(水平社)라는 이름의 단체를 출범시켰을 때 저는 기가 막힌 착상이라고 감탄했습니다. 수평(水平)이란 잔잔한 수면처럼 평편한 상태를 뜻하는 말이 아닙니까. 우리 조선에서는 한옥을 지을 때 주춧돌을 박으면서 윗면의 고르기를 하는데 수평기(水平器)를 사용하지 않습니까. 주춧돌의 면이 수면처럼 평평해야만 기둥이 곧게 서고, 집이 제대로 앉을 수 있는 가장 중요한 초석이 잡히거든요.

'형평'이라는 이름을 맨 먼저 제안한 조선일보 진주지국장인 신현수.

신현수 "국가 초석은 지배층 아닌 서민들"

신현수가 말하는 수평이란 한옥 짓는 목수들이 건물 균형을 잡는 데 쓰는 도구로서 흔히 수평기(水平器), 형평기(衡平器)라고 부르는데, 수준기(水準器)라고도 합니다. 수평선, 수평면을 잡기 위해 만들어진 도구지요.

신현수는 수평기라는 도구가 지닌 상징성에 대하여 자신의 견해를 좀 더 피력했습니다. 집 짓는 데서 주춧돌의 윗면상태가 수평을 이루지 못하면 그 위에 세워지는 기둥과 건물의 모든 구조가 균형을 잃고 붕괴할 수밖에 없다는 너무나 당연한 결과를 그는 애써 강조했지요.

그의 생각으로는 한 국가의 초석이 되는 것은 왕이나 사대부 또는 가진 자와 유식한 계층이 아니라 서민들이라는 관념이 옳지 않겠느냐는 것이었지요. 따라서 천민을 포함한 서민들이 골고루 사람대접받는 세상이 만들어져야만 국가의 모든 제도와 계획이 좋은 목적을 이루는 데 쓰여질 것이라는 매우 이상적인 생각을 하고 있었지요.

백촌형님이나 제가 옥봉 천민들한테 기울이고 있는 이 관심을 두고 진주의 내로라하는 양반들이 얼마나 비웃고 있는지 저도 귀가 따갑도록 누누이 듣고 있어요. 그 비웃음이 또 얼마나 우리가 사는 이 진주를 누습과 적폐의 늪에다 처박는 무지이며 가련한 아집인 줄도 알지요.

또한 형님과 저를 배가 부르니까 심심해서 저 고통받는 천민들 일에 관심을 보이면서 마치 성인군자라도 된 듯이 거들먹거리며 착각하고 있다는 무서운 비난이 아주 틀린 것만은 아니라는 사실을 잊지 않고 있어요.

그래도 우리는 이 일을 그만둘 수가 없고, 이 일을 해서 우리한테 무슨 이익이 돌아오리라고 생각했다면 형님이나 제가 참으로 한심한 작자들이겠지요. 오늘날 진주에서 밥술깨나 뜨고, 문자 귀가 트인 인사들 대부분이 변절하고 있어요. 동무끼리의 우정도, 이웃 간의 인정도 오직 이익이 있어야 하고 뭐든지 유리한 데가 없다고 판단되면 거침없이 등을 돌리는 한심한 세태를 부추기고 있거든요. 그런 것을 신문물이라고 한단 말이오. 아무튼 제가 생각키로는 수백 년 동안 일본에서 천대받아온 그 부락민들의 권리를 주장하면서 수평사(水平社)라는 이름을 붙인 것은 놀라운 착상이라고 봅니다.

세상살이 울퉁불퉁한 모습을 수면처럼 평편하게 하자는 것이 아니지요. 인간의 본래 모습이 평편하다는 점을 강조하고 있다고 보거든요. 누구든지 어머니 뱃속에서 자라나 이 세상에 태어날 그때는 똑같이 사랑스럽고 귀한 생명체들이었지요. 불평등과 차별은 그 뒤에 만들어졌지요. 사람이 태어나는 것 같이 자연스런 일이 아니라, 인간에 의해 만들어진 것이 불평등이고 차별이다 이겁니다.

인간이 만든 것이니까 인간이 없앨 수도 있지요. 그 일이 옳은 것이 아니라면 없애려는 노력이 진리가 아니겠습니까? 저는 처음에 백촌형님께서 천민들의 처지를 이해하지 못하면 일본 식민지가 되어 탄압받고 있는 한국인의 참모습을 제대로 인식하기 어렵다는 말씀을 솔직히 귀밖으로 들었어요.

그랬다가 저의 판단이 어리석고, 위험하다는 사실을 알았지요. 총독부에서 볼 때 한국인은 모두가 식민지의 노예일 뿐이라는 점을 뒤늦게야 깨달았거든요. 그렇지 않고 식민지가 된 이후에도 뿌리 깊은 고정관념에 사로잡혀서 한국인을 양반·상놈으로 갈라져서 사는 한 결과적으로는 총독부를 도와주는 어리석은 짓이 된다는 것을 깨닫지 못했다는 말입니다.

양반·상놈을 없애고 오직 조선 사람으로 살자는 뜻임을 알고 나서 저는 백촌형님을 마음으로부터 한 번 더 따르기로 다짐했지요. 독립운동을 하면 총독부에서 당장 체포하여 징역을 보내지만, 천민들을 사람대접하자는 일을 총독부가 불순하게 보지는 않을 게 아닙니까? 더구나 작년에 일본 제놈들도 부락해방을 선언하고 나선 마당이고 보면 우리가 백정들에게 사람권리를 인정해 주자는 일을 무슨 명분으로 탄압하겠습니까? 이것이 결국 독립운동을 돕는 일이 아니겠습니까? 저는 형님의 판단이 어떻게 해서 내려졌는지를 이제는 알 것도 같거든요.

그래서 저도 어떻게든 형님 일을 도울 방도가 없을까 생각하다 보니 일본 사람들이 부르짖은 저 수평사라는 이름이 뇌리를 스쳐 가더군요. 일본인들이 수평사 했으니까 우리는 형평사(衡平社)라고 하면 안 될까 싶더군요.

강상호는 신현수의 번뜩이는 지혜가 고맙고 놀라웠습니다.

그러니까 자네 얘기는 원래 인간은 누구나 다 평등했다, 그런데 태어난 뒤부터 불평등하고 차별되는 세상을 살게 되었고, 그 불평등과 차별은 그로하여 이익을 누리게 되는 자들이 억지로 만든 것이다, 그러니 이 모순된 제도와 악습을 뜯어고치려는 행동은 진리에 속한다는 얘기구먼?

그렇지 않습니까? 저의 견해가 잘못된 것입니까?

아닐세. 그런 뜻이 아닐세. 뭐라고 했나, 형평사라고 했지?

강상호는 수평기가 지닌 고도의 상징성을 응용한 일본 수평사운동의 정신을 나름대로 꿰뚫고 있는 신현수가 믿음직스러웠습니다.

'사람 위에 사람 있다'는 착각이 식민 불러

형평사라는 이름을 놓고 강상호, 신현수는 토론을 벌였습니다. 천민을 포함한 서민들의 생활이 견딜만하여 희망을 품을 수 있어야 사회도 평온해진다는 신현수의 논리에는 비범한 힘이 느껴졌습니다. 수평이든 형평이든 공정하고 평등해야 하는 대상으로서 서민 대중을 말하는 까닭은 그들만이 유독 궁핍하고 무지하며 억압당하고 있는데, 이같은 현실을 혁신시켜야만 사회와 국가가 올바르게 설 수 있다고 여기기 때문이었지요.

신현수는 자신이 생각하고 있는 내용을 정연하게 드러내 보였습니다. 예나 지금이나 나라의 기틀이 되어온 것은 서민들이었지요. 백정이든 노비든 그들은 모두 의무만 있고 권리는 없었던 자들인데, 그 의무라는 것을 그들 스스로가 좋아서 만들어 지닌 것입니까? 어떤 인간이 의무만을 짊어지고 살아가려고 하겠습니까? 사대부, 양반, 부자며 세도가들이 그렇게 만든 것이지요.

사대부가 존경과 권위를 누리기 위해서는 그들을 존경해 주는 사람이 있어야만 되는 일이고, 권위를 인정해 주고 받드는 사람이 없이는 아무 소용없는 허깨비에 불과하겠지요. 양반이 양반으로 살아가기 위해서 필요한 아랫것들, 부자의 전답을 제몸처럼 돌봐주는 머슴, 소작인, 품앗이꾼들, 세도가의 세도가 먹혀들기 위해 복종하는 사람들이야말로 소중한 존재들이 아니겠습니까?

사대부, 양반, 부자, 세도가 저 혼자서는 사대부도, 양반도, 부자도, 세도가도 존재할 수가 없지 않으냐 이 말입니다. 상대가 있어서 성립된 것이기 때문에 천민, 농민, 서민의 중요성을 부정해서는 안 된다는 말입니다.

백정들이 글을 배우지 못한 것은 그들의 탓이 아니며, 억압 속에서 생로병사의 생애를 마쳐야 하는 비참함도 그들 탓이 아닙니다. 백정을 무지하게 만들고, 끊임없이 억압받도록 해야만 체통이 서고, 권위가 지켜지며, 재산과 세도가 커질 수 있기 때문입니다.

그런데 언제까지 이같은 일방적인 불평등을 강요할 것이냐는 새로운 사조가 퍼지기 시작했단 말입니다. 언제까지나 양반 사대부들이 시키면 시키는 대로 고분고분 복종하고, 대를 이어서 굽신거릴 이유가 없다는 생각을 하게 되었다는 것이지요. 더욱 놀라운 것은 복종해온 자들만을 위해서가 아니라 군림해온 자들을 위해서도 더이상 일방적인 복종은 그쳐야 한다는 생각입니다.

억압당해온 자들이 억울하고 분했다면 마치 하늘이 내려준 것처럼 세도를 휘둘러온 자들한테도 심각한 병이 만연되어서 사람의 도리를 망각해 가고 있어요.

우리 조선이 일본의 노예가 된 가장 큰 이유가 사람 위에 사람 있다는 사대부들의 심각한 착각 때문이라고 저는 보고 있습니다. 그 착각 증세가 마침내 나를 잃어버리게 만들었습니다. 나라까지 잃어버린 이제 우리는 그 원인을 사무치도록 깨닫고 있습니다.

독립운동이 그 나름으로 위대한 사명을 다하고 있는 것처럼 백촌형님이나 저 같은 사람은 우리 민족 내부에 쌓여서 썩어가고 있는 인간차별 악습을 혁파하는 일에라도 몸을 던져야만 합니다.

사람 위에 사람이 있어서는 안 되듯이, 사람 아래에도 사람이 있어서는 안 됩니다. 만약 있어도 좋다면 이 나라에서 독립운동은 당장 뜯어치워야 옳습니다. 왜놈은 조선사람 위에 있고, 조선 양반 사대부 밑에는 천민이 있다는 논리가 성립되기 때문입니다. 조선 사람 위에 왜놈이 올라서지 못하도록 하기 위해서라도 조선의 양반 사대부 밑에 억눌려사는 천민들이 없도록 해야 합니다.

제가 생각하는 수평이나 형평은 그런 뜻입니다.

강상호는 신현수의 주장에 큰 감동을 받았습니다. 부쩍 더 자신감이 생겼지요. 그렇다면 이제부터는 폭넓은 조직을 시작해야 할 것이고, 그러자면 많은 자금이 필요하게 되리라는 결론이 내려졌지요.

그때부터 강상호는 보다 구체적인 계획이 필요하다는 것을 느꼈습니다. 혼자서는 혹은 몇몇 사람의 재력에 의지하여 일을 시작해서는 안 된다는 점도 알았습니다. 이제까지 경험해온 일들과는 사뭇 성질이 다른 것도 한 이유지만 소수의 힘에 의하여 좌우되어서도 안 된다는 점을 깨달았지요.

그렇게 진지한 고뇌를 하면서 일을 추진하고 있을 때 죽향이 몸을 풀었습니다. 진주사회의 앞날을 걱정하는 사람들이 비봉산 아래 의곡사에 모여서 열띤 토론을 하고 있을 때 연락이 왔습니다. 그 자리에는 진주소년운동을 주도하는 고경인을 비롯하여 지난해에 있었던 전국소작인대회를 엮어낸 강달영과 김재홍도 참석해 있었습니다.

집에서 기별을 가지고 온 심부름 하는 아이가 전해준 말에 따르면 죽향이 아들을 낳았다고 했습니다. 함께 있던 동무들이 큰 소리로 축하인사를 보냈습니다. 강상호는 어쩐지 가만 앉아있을 수가 없었습니다. 그런 강상호의 마음을 읽어낸 신현수가 슬쩍 거들어주었지요.

강상호 집안에서는 실로 얼마 만에 듣게 된 갓난아기 울음소리겠느냐며 좌중의 동의를 끌어내주었지요. 강상호는 신현수의 배려가 무척 고마웠지요. 서둘러 죽향이 사는 집으로 갔습니다. 죽향은 곁에다 예쁜 사내아이를 낳아놓고 있었습니다.

죽향 출산 사내아이 '동수'

호적상 어머니는 이귀인

죽향이 사내아이를 낳았다는 소식은 강재순에게도 지체없이 전해졌고, 병든 몸을 돌봐줄 사람과 둘이서만 지내는 이귀인한테도 이 소식은 곧바로 알려졌습니다. 죽향이 일부러 사람을 보내 알린 것이지요.

집안은 미묘한 분위기에 휩싸였습니다. 강재순은 먼저 큰며느리를 떠올렸지요. 혼자서 몹시 번민하리라 짐작했습니다. 사려 깊은 큰며느리로서는 피할 수 없는 고통일 터이고, 이미 그 고통은 오래전에 예고되어 있기도 했지만 그래도 직접 눈앞에 다가선 죽향의 출산이 하염없는 고마움으로 느껴지기도 했습니다. 강재순은 혼잣말로 심경을 달랬습니다. 아무런 전제조건 없이 출산 그 자체만을 놓고 본다면 이는 분명 집안의 경사임에 틀림없었지요.

그것도 강상호가 결혼한 지 18년 만에 들은 귀하고도 귀한 소식이었으니까요. 그 반가운 소식이 이귀인의 몸으로 전해졌다면 다시없는 기쁨이었을 것이고, 그도 아니면 이갑례의 혈육이기라도 했더라면 얼마나 좋았겠는가 하는 안타까움이 강재순의 가슴을 아리도록 훑어내렸습니다. 그러면서도 죽향이 아들 손자를 낳아주었다는 사실이 마냥 싫은 것은 아니었지요. 큰며느리한테서는 이미 자손 기대가 끊어졌지만, 그 며느리 손으로 맞아들인 새며느리는 아직 나이도 어리거니와 건강해서 언제든지 자손을 볼 수가 있으리라는 기대를 한시도 버린 적이 없었습니다. 새며느리가 얼른 자식을 가졌더라면 죽향의 이번 출산이 이렇게 집안 분위기를 무겁게 만들지 못했을 것이라는 생각을 하면서 가늘게 한숨을 내쉬었습니다. 드러내놓고 기쁜 안색을 짓자니 며느리들 눈치가 살펴졌고, 그렇다 해서 언짢은 표정을 지을 일도 아니었지요. 강씨 핏줄을 타고난 손자임이 분명했으니까요. 하지만 걱정하지 않을 수도 없었지요. 죽향이 강상호 배필로 호적에 오르지 않는 한 첩실 몸에서 난 자식이라는 뿌리 깊은 차별의 통념을 부정할 수 없고, 그로 인한 수모와 고통을 겪게 될 아이와 죽향이 살아갈 미래가 눈에 보였기 때문입니다. 다행히 새며느리가 늦게라도 자식을 두게 되면 괜찮겠지만 만에 하나 자식이 귀해지는 날이면 죽향과 그의 소생으로 하여 생길지도 모르는 집안의 불화를 염려하지 않을 수 없었습니다.

생각이 거기까지 미치자 태어난 아이가 어쩐지 가련하게 느껴졌습니다. 강상호가 아버지께 죽향의 일을 아뢰기 위해 왔습니다.

강상호의 표정은 전에 없이 밝았습니다. 아버지는 아들의 기분을 짐작할 수 있었습니다.

네가 올해 서른여섯이구나. 제때에 자식 두었더라면 손자볼 나이에 첫 자식을 보았으니 나도 맘이 놓이는구나. 다른 말 않으마. 네 안식구들 맘 안 다치도록 잘 보살펴주거라.

강상호는 아버지의 말씀에 함축된 의미를 알고 있었습니다. 이귀인과 이갑례의 마음이 어떠하리라는 것도 짐작할 수 있었지요.

집안의 무겁고 미묘한 분위기는 강영호 아내 김포시에게도 민감하게 영향을 끼쳤습니다. 결혼한 지 5년이 지나도록 임신을 못하고 있는 강신호 아내도 적잖이 불편한 집안 기류였지요.

강상호는 몹시 밝은 표정으로 죽향이 사는 집과 아내가 기다리는 집을 오갔습니다. 아이에게는 동수(東洙)라는 이름을 지어 호적에 올렸습니다. 호적상 동수의 어머니는 그를 낳은 이춘엽이 아니라 강상호의 아내인 이귀인이었습니다.

동수를 호적에 올렸다는 말을 들은 죽향은 사람을 시켜서 호적등본을 떼어오도록 했지요. 동수의 어머니로 등재된 사람이 이귀인임을 확인하고는 목을 놓아 울었습니다. 그 울음이 뜻하는 것이 무엇인지 아는 사람은 별로 없었습니다만 이춘엽 자신은 참기 어려운 고통을 안으로 다스리면서 오열했습니다.

강상호는 젖먹이의 모습이 눈에 삼삼거려서 하루에도 몇 차례씩 이춘엽이 사는 집을 오갔습니다. 그리도 자식이 좋은 모양이었습니다. 올 때마다 뭐든지 사들고 왔지요. 아이한테만 오는 걸음이 아니다 보니 이춘엽에게 줄 선물도 자주 사들고 왔지요.

이같은 소문은 다른 소문보다 빨리 큰댁에 전해졌지요. 이갑례는 아무것도 못들은 것처럼 태연하려고 애썼지요. 몸져누워 있는 이귀인은 이갑례 마음을 달래주어야겠다고 여겨 옷감이며 노리개 같은 것을 인편에 부쳐 보내거나 이갑례를 불러서 전해주기도 했습니다. 그러면서 당부했지요. 어서 자식을 두라고 말입니다.

그렇게 늦은 자식을 본 강상호는 더욱 활기 넘친 걸음으로 진주 사회의 새로운 희망을 찾는 일에 뛰어들었습니다.

진주노동공제회 활동방향 놓고 갈등

늦둥이를 본 강상호에게 축하인사를 보낸 사람들 중에는 강달영도 들어있었지요. 강상호와 강달영은 3·1만세운동과 감옥살이를 함께 겪으면서 더욱 가까워진 사이였지만, 두 사람 사이에는 미묘한 대립과 갈등이 생길 조짐이 처음부터 있었습니다. 첫 번째 갈등은 진주노동공제회를 출범시키는 과정에서 나타났습니다.

노동공제회는 3·1운동 이후 감옥에서 돌아온 사람들이 주축이 된 한국 최초의 노동단체였으며, 전국의 크고 작은 지역에서도 노동공제회를 조직하고 그 지역 유지들이 지도부에 참여했지요.

진주에서도 강달영, 김재홍 등 3·1운동을 주도했던 몇몇 사람들이 진주노동공제회를 발기하여 강상호 등 진주를 대표하는 소시민적 유지 신사들도 자연스럽게 참여했지요. 이같은 현상은 당시 한국사회의 일반적인 경향이기도 했지요. 이때 노동공제회가 목적으로 삼은 것은 이름 그대로 노동자들의 인권과 권익을 옹호하고 자유롭게 평등한 삶을 구가하도록 하는 것이었지요.

노동자란 구체적으로 농민을 뜻했고 농민 중에서도 소작인을 주요 대상으로 정하고 있었지요.

1922년의 전국 농가 호수는 270만 9,636호였고, 그중에서 소작농가 호수는 전체 농가 호수의 8할인 210만 6,022호였습니다. 60만 9,014호에 불과한 지주는 전체 농가의 2할에 불과했지요.

8할의 농가가 2할의 지주를 위하여 피와 땀으로 짜낸 소작료를 바치고 있었으며, 인간 이하의 비참한 생활수준으로 인하여 일찍 늙어서 죽고, 높은 사망률과 질병의 생지옥 속에서 허덕였으며, 여성들은 임신 중 중노동과 영양실조로 사산율이 높고 태어난 아이들의 사망률도 매우 높은 현실은 농사의 모든 가치를 지주에게 약탈당하기 때문이라고 보았습니다.

노동공제회는 이같은 소작농민들의 실상을 지적하면서 그 폐단을 혁파하기 위한 방안을 강구하려고 했지요.

1922년 당시 한국사회에도 노동자가 있기는 했습니다. 대표적인 노동단체로는 인쇄직공친목회, 전차종업원조합, 양복직종조합, 이발조합, 공우협회, 노우회, 반도고무직공조합 등 40여 개 단체가 있었지요. 모두 6만 명 정도로 추산되는 노동자들은 1,300만 명에 이르는 소작인들보다는 다소 나은 생활을 한다고 볼 수 있었습니다.

이같은 소작인들의 참담한 생존을 보호하기 위한 방안으로 지주의 반성을 촉구하자는 의견이 많았습니다. 그러자 강달영은 늑대에게 양을 지켜달라고 호소하는 것과 다르지 않다며 다수의 의견을 신랄하게 비판했습니다.

또한 강달영은 노동공제회가 궁극적으로 무엇을 추구하고 있는지에 대하여 강상호에게 말해주었습니다. 한국 토지의 6할 이상이 일본인 회사와 일본인 개인의 소유로 되어있는 상황에서 지주(地主)란 곧 일본인 지주를 의미하는 것이라고 했습니다.

지주에게 반성을 촉구하는 현행 정치와 법률로는 소작인 문제가 해결되기는커녕 늑대에게 양을 맡기는 결과밖에 더 되겠느냐는 주장 역시 일본인 지주가 어떻게 한국 소작인들을 행복하게 해주겠느냐는 뜻이었지요. 따라서 식민지 운명을 벗어나지 않고서는 살길이 없다는 단호한 결론을 내리면서 강상호에게 쏘아붙였습니다.

자네가 비록 다른 수많은 진주지역 지주들과는 달리 소작인들에게 많은 배려를 하고 있고, 수확한 곡물을 궁핍한 이웃에게 나눠주거나 재산을 처분하여 사회에 되돌려주는 좋은 사업을 하고는 있지만, 그건 어디까지나 더 크게 잃지 않기 위해서 미리부터 손을 쓰는 방어 술책이라고 말할 수 있겠지.

조국이 일제 식민지인 이 상태에서 자네 부친과 자네는 지주 신분임이 분명하지 않은가. 식민지 땅에서 지주란 무엇인가? 식민지 지배자라는 뜻이 아닌가? 그것도 같은 한국인이 동족을 노예로 부린다는 말이 아닌가? 만약 한국이 일제로부터 해방되지 못한다면 자네와 자네 부친은 영영 일본의 지배계급으로 편입되어서 나같이 빈주먹뿐인 식민지의 불평분자와는 한 하늘을 이고 살지 않으려고 할지도 모르겠지.

하지만 자네한테는 매우 특별한 데가 있단 말일세. 내가 말했듯이 부끄러운 지주로서 살려 하기보다는 현재 점유하고 있는 재산을 이용하여 식민지 해방을 위하는 사업에 참여하고 있다는 점일세. 내가 자네와 친교를 맺어온 까닭도 그 때문일세.

그런 강달영은 강상호의 재정적 후원을 입고 있었지요. 강달영을 두고 진주사람들은 '고등유민(高等遊民)'이라 불렀지요. 놀고먹는 백성 중에서도 표나게 떠들고 돌아다니면서 세상 온갖 일에 참견하는 사람을 두고 하는 말이지요.

이렇다 할 직업도, 재산도 없으면서 항상 말쑥하게 차려입고 바쁘게 돌아다니는 사람들은 어느 시대에나 있었지요. 약간의 잡동사니 지식 나부랭이와 남을 선동하거나 회유시키는 재주를 지녀서 붙임성도 있고 적잖이 뻔뻔스럽기도 해서 어떤 자리에도 곧잘 끼어들어 배를 채우기도 하지요. 그러다가 불평불만이 있는 사람이나 일을 보면 자기 일처럼 팔을 걷고 달려들지요. 그렇게 살아가는 것이 습관이 되는 동안 나름의 이론이 생기고 세상을 읽어내는 눈도 발달하여 이른바 사회운동가로 성장한 전형적인 인물이 강달영이었습니다.

강달영은 강상호를 남모르게 돕는 역할을 맡기도 했는데, 강상호가 진보적 사회운동에 참여하도록 도와준 일 외에 이춘엽을 끝까지 책임지도록 돕기도 했지요.

죽향이란 이름의 기생을 어떤 일이 있어도 지켜주어야 한다고 했지요. 강상호가 죽향을 멸시하게 되면 죽향은 누구한테도 인간적 대우를 받고 살아가기 어려운 운명임을 각인시켜 준 것이지요.

진주지역 아전·관료지향문화

피지배계층 폭발적 저항 촉발

1923년 봄 진주의 표정은 진지했습니다. 1922년 9월 진주노동공제회가 주축이 되어 열렸던 전국소작인대회를 지켜본 사람들은 진주가 지닌 특유의 열정과 폭발적인 힘에 감탄했습니다. 그 열정과 힘의 원천은 뜻밖에도 전통시대의 아전문화와 관료지향문화에 대한 저항과 비판의식에서 발달한 것인지도 모릅니다.

진주목사와 경상우도병마절도사 때부터 시작된 아전문화는 권력을 빙자한 아전들의 온갖 비리와 탐학, 패거리를 만들어 반대파를 억압하면서 이권을 독점하여 토호가 되는 악순환을 등장시켰지요. 이들의 패거리 문화는 진주 바깥에서 들어온 사람들을 차별하고 소외시키는 텃세로 굳어졌지요. 이권을 독식하기 위해 협잡과 음모를 철학으로 삼는 아전문화 뿌리는 관청과 권력 주변을 맴돌면서 겉치레와 속임수로 허세를 부리는 악습을 낳았습니다.

관료지향문화는 진주목과 병영이 진주에 있었고, 경상남도 도청이 진주에 있었다는 사실과도 관련이 있습니다. 경상우도의 정치, 경제, 문화가 진주에 집중되었기 때문에 관료지향문화가 특징처럼 자리잡게 된 셈이지요.

강한 권력 앞에서는 철저한 복종으로 살아남고, 약한 자는 짓밟고 올라서며, 신분적 차별의식을 강조하고, 형식적 서열을 중시하는 문화를 만들었지요. 이같은 특성은 곧 전통시대 진주문화의 폐습이라 할 수 있는데, 일제시대로 접어든 이후에는 식민통치의 핵심지역 중 한 곳이기도 해서 민족적 투쟁 열기가 그만큼 뜨거웠던 곳이기도 합니다.

관료가 되기 위한 교육열이 유난히 높았던 곳이었던 사실은 일제 때 선구적 사회의식이 확산되는 바탕으로도 작용했지요. 독립운동에 헌신한 사람 숫자 못지않게 친일파가 많았던 이유나 비교적 이른 시기에 일본 유학을 떠나 세계적 흐름인 사회주의 사상을 받아들여 초기의 조선공산당 조직을 주도했거나 좌파적인 정치운동을 추도한 인물이 진주에서 많이 배출된 내력 또한 높은 교육열과 관료지향문화와의 끈이 닿아 있습니다.

강한 자 앞에서는 굽신거리고 약한 자는 짓밟아버리는 이중적인 가치관의 횡포에 맞서 약한 자들끼리 연대하여 강한 자들에게 저항하는 시대가 도래했습니다. 아전문화와 관료지향문화 스스로가 초래한 결과였습니다.

약한 자들의 연대를 통하여 생존을 수호하기 위한 집단저항이 1862년 임술년의 진주농민항쟁이었고, 1919년 3·1만세운동이었으며, 전국소작인대회였던 셈이지요. 지주들의 소작인에 대한 착취가 다른 지역에 비해 그만큼 극심했다는 것이고, 누적된 불만과 참기 어려운 수탈과 억압에 맞설 수 있는 용기와 이를 부추기는 사회의식이 다른 지역보다 뜨거웠다는 것이지요.

이와 같은 진주지역에서 사회의식을 확산시키는 직접적인 계기가 된 것은 진주노동공제회였습니다. 진주의 인력거꾼, 짐꾼, 소작인, 영세 농민들의 비참한 생활에 관심을 가지고 있던 강달영의 집요한 근성이 이룩해낸 결과였지요. 이들이 서로 연대하여 목소리를 내기 시작하자 가장 민감하게 반응한 것이 옥봉 사는 백정들이었습니다. 그것은 참으로 놀라운 발견이었지요.

1922년 9월 진주에서 전국소작인대회가 열리고, 전국 곳곳에서 천여 명이나 되는 사회운동가들이 진주를 다녀가게 되자 진주의 소작인을 비롯한 이른바 가난하고 억눌려 사는 사람들은 막연하게나마 희망을 품기 시작했지요.

진주에서 행사를 마친 노동공제회 지도부는 이 단체가 근본적으로 지니고 있는 한계, 즉 한국 최초의 노동단체이기는 했지만, 노동자의 계급적 이해에 입각한 노동자 단체가 아니라 놀고먹는 낭만적 지식인들의 관념적 유희에 지나지 않는다는 혹평을 받아들여 1922년 10월 15일 자진하여 해체했습니다.

그리고 1922년 10월 16일 조선노동연맹회라는 새로운 이름으로 단체를 조직하는데, 이때부터 강달영은 본격적인 사회주의 노선을 지향했습니다. 아무튼 강상호에게 강달영이란 존재는 두렵고도 고마운 사람이었습니다.

동아일보 진주지국을 맡아 경영하는 동안 강달영과의 관계는 더욱 친밀했지요. 소작인들과의 소작료 등 여러 가지 문제에 있어서 항상 소작인들의 처지를 고려해줌으로써 전국소작인대회 때도 강재순, 강상호 토지를 소작하는 소작인들은 한 사람도 이 대회에 참여하지 않을 수 있었지요.

그러다 보니 정촌면 가좌리, 예하리 등지의 소작인들은 대물림

하는 경우도 있었습니다. 이러한 변화 속에서 강상호는 자신이 어디에 서 있어야 하는지를 분명하게 깨달았지요. 강달영처럼 정치적인 활동은 자신에게 맞지 않는다는 것을 알았습니다. 자신이 기어코 참여하고 싶은 일은 백정들의 신분 차별을 철폐시키는 것이었습니다.

이 문제는 자신이 이춘엽을 사랑하는 것과도 관련이 있었습니다. 강달영이 그토록 당부했던 이유도 인간이 인간을 차별하는 것만큼 잘못된 것이 없다는 뜻임을 깊이 새기고 있었지요.

기생신분이며 첩실이라는 이유로 이춘엽을 차별한다면 그런 썩은 정신으로 어떻게 백정 신분의 차별이 옳지 못하다는 신분 해방 운동을 할 수 있을 것이냐는 것이었지요.

사회적 규제 통해 백정 신분 노출 강요

백정에 대한 모욕적 차별을 폐지하는 일이 얼마나 중요한지는 익히 알고 있었지만, 구체적으로 어떤 방법을 써야 하며, 차별철폐가 필요한 구체적인 사례는 어떠한 것인지를 먼저 챙겨볼 필요가 있었습니다.

신현수, 천석구를 비롯하여 이학찬, 정찬조, 강상호가 그의 집에 모여서 회의를 가졌습니다. 이학찬이 주로 백정차별의 사례를 들었습니다.

두루마기는 물론 갓을 써서는 안 된다. 비단으로 옷을 입어서는 안 된다. 갓 대신 패랭이를 쓸 수는 있지만, 패랭이 끈은 종이나 짚으로 꼬아서 사용해야 한다. 혼인한 여인일지라도 머리에 비녀를 꽂을 수 없고, 패랭이를 쓰지 않을 때는 머리에 검거나 흰 천으로 띠를 매어 백정임을 표시해야 하며, 여성은 치마 왼쪽에다 천을 덧대어서 어디에서든 백정임을 알아볼 수 있도록 분명하게 신분 노출을 시키도록 했지요.

그래서 백정 여인들은 치마를 만들 때 왼쪽 부분의 한 폭을 아예 검정이나 흰 천으로 이어 붙였지요. 이는 마치 유대인들에게 노란 표시를 하고 다니게 했던 것과 매우 닮았습니다. 아무리 나이 든 노인이라 할지라도 일반인·어린아이에게까지 높임말씨를 사용해야 하며, 공공장소를 지나갈 때는 반드시 허리를 굽히고 껑충껑충 뛰어가도록 강요받았지요. 사업으로 재산을 모은 사람이더라도 지붕에 기와를 얹어서는 안 되며, 혼인할 때는 가마를 탈 수 없고, 장례식 때는 상여를 이용할 수 없습니다.

거주지는 백정들끼리만 모여 살아야 하기 때문에 일반민들과 섞여서는 살 수 없도록 규정되어 있었지요. 혼인은 철저하게 그들끼리만 해야 합니다. 호적이나 족보를 가져서도 안됩니다. 무덤도 일반민들의 무덤 가까운 곳이나 일반민의 묘지를 내려다보는 높은 곳에 만들어서도 안됩니다. 서당이나 학교에 다닐 수 없도록 했으며 공공장소에 출입해서도 안됩니다.

'백정각씨 놀이'라는 것이 있지요. 일반민들이 많이 모인 곳에서 흔히 벌어지는 놀이의 한 종류인데 백정 신분을 능멸하는 매우 자극적이며 잔인한 짓거리입니다. 이 놀이는 소학교 운동회 같은 데서도 곧잘 벌어져서 사람들로 하여금 백정을 얕잡아 보도록 했습니다.

구경꾼 가운데 백정 신분 부녀자가 있으면 사정없이 앞으로 끌어냅니다. 목에다 새끼줄을 매어 소처럼 끌고 다니면서 모욕을 주지요. 부녀자는 울면서 소처럼 엎드려 엉금엉금 기어 다녀야 합니다. 반항하면 무참하게 짓밟히다가 끝내는 소 흉내를 내야만 하기 때문에 참으로 고통스럽습니다. 경우에 따라서는 끌려다니면 짓궂은 남자들이 달려들어 치마를 벗겨 버립니다. 심한 경우에는 속곳까지도 벗겨 버립니다.

그래서 백정 부녀자들은 되도록 공공장소 근처에도 얼씬거리지 않습니다. 그런 사정이 생기게 되면 반드시 백정 남자들과 일반민 남자들 사이에는 피를 보게 되는 불상사가 생기기 쉽지요.

일제시대 이후부터 생겨난 새로운 호적제도에서는 직업란에 백정 신분임을 표시하도록 했지요. 1920년대 초반 진주의 인구는 대략 1만 5,000여 명이었습니다. 그중에서 백정 신분을 지닌 사람 숫자는 700여 명 정도였습니다.

이들 대부분은 옥봉과 서장대 아래쪽 들판이나 강가에서 모여 살았지요. 그들 중에는 진주장터에서 정육점을 하며 강상호가 사는 진주성 안으로 옮겨 와서 일반민들과 섞여 사는 사람도 있었는데, 정찬조 같은 이가 대표적인 인물입니다.

토론이 무르익어 가자 이학찬은 무엇보다 먼저 백정 신분을 가진 사람들의 어린 자식들에게 학교 입학이 허락되어야 한다는 주장을 강력하게 폈습니다. 이같은 일은 진주사람들의 뜨거운 자녀 교육열과도 관련이 있지요.

1920년대 진주에는 제1공립보통학교가 6학급을 운영했고, 봉양학교를 빼앗아서 만든 제2공립보통학교가 있었습니다. 진주 인근의 면단위 지역에서도 공립보통학교가 속속 세워지고 있었지요. 하지만 입학할 수 있는 숫자가 매우 제한되어 있어서 실제로 입학하여 공부하는 사람은 아주 적었습니다. 이같이 입학생을 제한한 이유는 여러 가지 사정 때문이었지요. 폭발적으로 증가하게 될 학생 숫자에 비하여 아이들을 가르칠 교사를 양성하는 데 시간이 필요하기도 했고, 교육시설이며 교재를 확보하는 데 드는 비용도 큰 문제였겠지요.

하지만 가장 큰 이유는 한국의 어린이들에게 친일사상을 가르쳐서 완전한 식민지를 만들어야 하는 정치적인 문제였습니다. 소수

정예로 친일사상을 주입시키기 위해서는 입학생을 엄격하게 선별할 필요가 있었다는 얘깁니다.

조선총독부가 한국의 어린이들에게 학교교육제도를 통하여 신문물을 가르친 것은 식민지배에 도움이 될 수 있다고 판단했기 때문이지요.

제9장

그날

인권운동 효시 형평운동

형평사(衡平社)를 만들어 사회적으로 차별 받아온 백정들의 삶을 세상에 널리 알리면서 불평등하고 불공정한 한국사회를 개혁하자는 결의가 다져졌습니다. 형평사 창립을 위하여 오랜 준비과정에 참여한 사람은 20여 명이었습니다. 백정 신분 아닌 사람은 강상호, 신현수, 천석구 3명이었고, 나머지 대부분은 백정 신분이었습니다.

장지필, 이학찬, 하석금, 박호득, 하윤조, 이봉기, 이두지, 하경숙, 최명오, 유소만, 유억만, 정찬조, 장지문 등이 형평사를 창립하는데 참여했던 대표적인 인물들이지요.

이들은 개인적으로나 혹은 여럿이서 주로 경남지역 백정들을 찾아다니면서 형평사라는 단체의 이름과 그 필요성을 들려주면서 새로운 이 운동에 동참해 줄 것을 설득하고, 권유했습니다.

결코 쉽지만은 않았지요. 적어도 1923년 봄 내내 애쓴 보람이 있어서 1923년 4월 24일 진주청년회관에 모여서 첫 출발인 기성회를 가졌습니다. 본격적인 총회를 열고 형평사 창립을 선언하는 의식을 갖기 위한 준비 모임이자 총회를 위하여 필요한 절차이기도 했지요.

이렇듯 매우 체계적이고 매끄럽게 창립 절차를 밟아 나갈 수 있었던 것은 1920년대 초반 진주사회에는 4~50여 개에 이르는 각종 사회운동 단체들이 생겨나 나름으로 활발하게 활동하고 있어서, 모임의 조직과 운영에 관한 경험들이 일반화되고 있었기 때문이지요. 첫날 발기총회에는 약 70여 명의 백정들과 사회운동가들이 참여했습니다.

그다음 날인 1923년 4월 25일 마침내 형평사 발기총회가 진주청년회관에서 열렸습니다. 전날보다 더 많은 숫자가 참여한 80여 명의 흥분된 관심 속에서 임시의장으로 강상호가 뽑혔습니다.

강상호의 주재로 회의가 시작되었습니다. 단체의 이름을 '형평사'로 하고, 임원선거가 있었습니다.

위원: 강상호, 신현수, 천석구, 장지필, 이학찬

간사: 하석금, 박호득

이사: 하윤조, 이봉기, 이두지, 하경숙, 최명오, 유소만, 유억만

재무: 정찬조

서기: 장지문으로 결정한 다음 형평사의 규칙을 통과시켰습니다. 뒤이어 형평사 유지 방침, 교육기관 설치, 발회식 거행, 회관 설치, 전국 곳곳으로 출장을 나가서 취지를 선전하는 문제, 창립회를 신문에 광고하는 문제 등을 결의했습니다.

이날 업무 분담을 정하고 임원을 선출한 것은 형평사라는 단체의 조직이 갖추어져서 사실상 창립이나 다름없는 성과를 거두었습니다. 그리고 형평사의 목적을 밝힌 '형평사 주지(主旨)'를 발표했습니다.

이 유명한 선언문을 작성한 사람은 알려져 있지 않으나 발기총회에 참석하고 있는 사람들의 면면을 살펴보면 장지필의 문장이 아닐까 짐작되기도 합니다.

아무튼 이날 밤 자정까지 강행군으로 진행된 발기총회에서는 앞으로 필요하게 될 활동을 위하여 600여 원의 의연금을 즉석에서 모았습니다. 한국 역사에서 단연 이채로운 인권운동의 효시가 된 형평운동은 이렇게 출발했습니다.

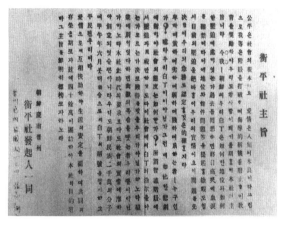

1923년 4월 25일 형평사 발기총회에서 선언된 형평사 주지(主旨).
이 선언문이 인쇄되어 전국 곳곳에 뿌려짐으로써 형평운동의 막이 올랐다.

형평운동 전국적 호응 속 대규모 창립축하식 거행

형평사가 출범한 다음 날부터 지도자들은 이 단체의 목적을 널리 알리기 위하여 진력했습니다. 지도자들은 먼저 경남지역에서부터 홍보 활동을 폈습니다. 이때 장지필의 활동은 단연 두드러졌습니다.

경남은 일찍이 그의 아버지가 경상도 71개 군의 백정 대표로서 경상도 감사 이호준과 망건 착용을 금지하는 법령을 철폐하라는 운동을 일으켜 승리를 거둔 놀라운 역사의 고장이었지요. 이때 세워진 역사는 뒷날 갑오개혁에서 백정 해방령을 이끌어내는 적극적인 계기가 되었지요.

이같이 놀라운 내력을 바탕에 깔고 장지필은 아버지에 이어서 백정에 대한 신분차별 철폐운동에 나섰던 인물이지요. 그의 대를 이은 백정 해방운동은 1910년 1월 초 전국 도수조합 경남지부 결성을 시도한 것을 예로 들 수 있지요. 백정들의 이해 부족으로 좌절하기는 했지만, 백정차별을 적극적인 방법으로 극복하려 했던 그의 노력은 깊은 인상을 심어주기에 충분했습니다.

그 후 일본 유학에서 돌아온 뒤로 전국의 백정 마을을 돌면서 백정차별의 실상을 확인했고, 그 차별을 극복하기 위하여 남모르는 숨은 노력을 바치면서 피울음을 울었습니다. 그러던 중에 강상호를 알게 되었고 그를 통하여 진주의 진보적 성향을 지닌 지식인들과 교류할 수 있었습니다.

백정 신분이 아닌 지식인들과의 교류는 목마른 물고기가 강물을 만난 것과 같았지요. 백정들만으로는 이루기 어려운 형평사를 조직했다는 것은 분명 차별철폐를 위한 하늘이 내린 다시없는 기회였지요.

장지필은 강상호와 함께 경남의 남부지역인 마산과 부산을 돌면서 백정들을 만나기 시작했습니다. 어떤 날은 신현수, 강상호와 세 사람이서 함께 나서기도 했지요. 이 두 사람과 동행한 것은 이들이 동아일보와 조선일보의 진주지국장을 맡고 있어서 이들이 형평운동에 나섰다는 사실을 알게 된 백정들은 두려움과 의아심으로 망설였던 끝에 선뜻 참여하기로 결심하는데 큰 자극이 되기도 했기 때문이지요.

특히 강상호가 형평운동에 참여하여 지도자가 된 사실은 경남 지역에서 비교적 재력이 넉넉한 백정들에게는 큰 자극이 되었습니다. 마산지역 백정들은 강상호 부친과 어머니가 진주사람들한테 받아온 존경을 잘 알고 있었으며, 강상호의 삶에 대해서도 여느 양반들하고는 다른 인격자임을 인정했습니다. 독립만세운동 이후부터 시작된 옥봉백정들과의 깊은 교류를 통하여 백정들의 차별받는 고통을 이해하기 위해 애써온 강상호라는 인간의 부드럽고 헌신적인 자세를 익히 알고 있었지요.

지난날 장지필이 전국도수조합 경남지부 결성을 시도했을 때 장지필의 계획이 그의 재산권을 지키기 위해 힘없는 백정들을 끌어들이려 한다며 반대했던 백정들까지도 강상호가 나선다면 동참하겠다고 했지요. 이같은 반응은 장차 형평운동이 전개되는 과정에서 적잖은 문제점으로 돌출하게 되리라는 깃을 예견한 사람은 없었습니다. 형평사 간부들은 취지문을 인쇄하여 방문하는 마을마다 나누어주면서 형평사의 목적을 일일이 설명해주었습니다.

형평사에 관한 소문은 빠른 속도로 퍼져나갔지요. 전국에 걸쳐서 호응이 일어나기 시작했습니다. 형평사 간부들은 이같은 긍정적인 상황에 고무되어 대규모 집회를 계획했지요. 여론이 무르익어 가는 한 시점에 전국 규모의 집회를 개최하여 세력을 과시하면서 자긍심도 키워보자는 생각을 한 것이지요. 신현수와 강상호가 각각 조선일보와 동아일보 지국을 운영하고 있어서 언론을 통한 홍보도 어려움 없이 계획대로 추진되었습니다.

발기총회를 연지 3주일만인 1923년 5월 13일을 형평사 창립축하식 날로 잡았습니다. 장소는 진주좌(옛 진주극장)로 정했는데 진주에서는 가장 규모가 큰 건물이었기 때문입니다. 백정차별을 없애자는 대회를 진주좌로 정한 것부터가 진주사람들의 이목을 끌기에 충분한 것이었지요.

창립축하식을 준비해온 형평사 지도부에서는 면밀하고도 조직적인 홍보활동에 각별한 정성을 기울였습니다. 이날 오전 10시 무렵부터 대대적인 시가지 홍보에 돌입했습니다. 자동차 3대를 준비하여 진주시내 곳곳을 돌면서 창립축하식 행사를 알리는 선전지 7,000여 장을 뿌리거나 거리에서 만나는 사람들에게 일일이 나눠주면서 참석하기를 부탁했습니다.

이미 1919년 3·1만세운동을 경험한 지도부는 지난해 일본에서 열린 일본 수평사운동의 홍보 전략을 참고하여 나름의 특징을 고안했지요. 이같은 홍보 방법은 일찍이 한국사회 어느 곳에서도 볼 수 없었던 기발하고 충격적인 것이었지요. 이같은 독창적 홍보 전략은 그 이후 전국 각 지역으로 확산된 형평사운동의 좋은 선례가 되었습니다.

오후 1시 무렵 강상호의 개회사를 시작으로 백정 역사상 유례가 없었으며, 한국의 억압받는 계급의 역사에 눈부신 이정표가 우뚝 서게 될 감격적인 행사가 시작되었습니다. 행사장에는 400여 명이 참석했는데, 그중 300여 명이 전국의 백정 대표자들이었습니다. 이렇게 많은 전국 백정 대표자들이 공공의 장소에서 공개적인 집회를 열게 되었다는 사실 자체만으로도 한국 인권역사의 눈물어린 첫걸음이 되고도 남는 위대한 사건이었습니다.

형평운동을 알리는 형평깃발.
1928년 열린 형평사 제6회 전조선정기대회 사용 (일본 수집가 소장품).

형평사 창립 축하 여흥 예정

진주기생조합 친일 세력 압력으로 참여 무산

형평사 창립축하식에 참석한 백정 대부분은 경남의 22개 지역에서 온 사람들이었고, 충남·경북에서도 유력한 백정 대표자들이 참석했습니다.

신현수 위원의 취지 설명, 국내와 일본에서 보낸 사회운동 단체들의 축전을 낭독하는 순서에 이어서 내빈으로 참석한 백정 신분이 아닌 사회운동가들의 축사로 이어졌습니다.

오후 5시경에 형평사 만세 삼창으로 이날의 행사를 일단 마치고 곧이어서 축하 여흥이 있었습니다. 그런데 이 축하 여흥은 원래 계획했던 내용이 아니라 긴급하게 꾸려낸 다소 성의 없는 것이었습니다.

처음부터 계획했던 여흥 행사는 진주기생조합이 참여하여 뜻깊고 볼만한 내용으로 꾸며보자는 것이었습니다. 기생조합의 참여를 책임진 사람은 강상호였습니다. 그의 연인인 죽향이 그때는 비록 기생조합을 나와서 강상호의 집안 식구로 살고는 있었지만, 왕래는 하고 있는 터여서 별 어려움 없이 성사되리라 여겼습니다. 강상호의 부탁을 받은 죽향이 직접 진주기생조합의 어른인 금향(錦香)을 만나 그런 사정을 얘기했고, 금향도 흔쾌히 승낙했습니다.

그런데 행사를 며칠 앞두고 죽향에게 다시 연락이 왔는데, 연회에 참석하기로 했던 진주기생들이 백정들 잔치에는 갈 수 없다는 거절의사를 알려왔습니다. 강상호는 낭패감으로 잠시 어지러웠습니다. 직접 금향을 찾아가 사정을 알아보았습니다. 금향은 진주기생을 대표하는 어른이었지요.

진주기생은 1905년 조선의 문물제도 개혁 때 관기제도의 폐지와 함께 일단 해체되었습니다. 빼어난 기개로 명성이 높았던 진주기생들은 새로운 시대에 걸맞은 직업형태로 바꾸기 위해 놀랍게도 기생조합을 조직했습니다. 진주기생 고유의 훌륭한 전통을 체계적으로 이어가자면 그 길밖에 없었지요. 그렇게 탄생한 것이 권번(券番)이지요. 그러나 경영이 어려워지면서 무거운 빚더미에 눌려오다가 1915년에 다시 해산했습니다.

그러자 진주경찰서의 경부로 있던 최지환(崔志煥)이 일본인 경무부장의 비밀 지령을 받고 기생조합을 다시 일으켰지요. 이때부터 기생조합의 회계와 영업 감독이 남자들 손으로 넘겨졌습니다.

강상호 방문을 받은 금향은 몹시 난처한 표정이었습니다. 지난날들을 생각해보면 금향이 강상호 부탁을 거절해서는 안 된다는 것을 금향도 모르지 않았거든요. 금향은 그냥 없었던 일로 해달라고만 하면서 한사코 강상호의 눈길을 피했습니다.

그제야 강상호는 말 못 할 사정이 있구나 싶었습니다. 그렇지 않고서야 대범하고 호쾌한 성격의 금향이 그토록 난감해할 리가 없었기 때문입니다. 강상호는 선걸음에 돌아서려고 했습니다. 그러자 금향이 잠시만 방 안으로 들어와 술이라도 한잔하고 가라며 의미 있는 눈짓을 보냈지요.

금향은 술 한잔을 권한 뒤 약속을 번복하게 된 사정 얘기를 하면서 사과했습니다. 수년 전 해체되었던 기생들이 권번이라는 새로운 체제로 재기하게 된 것이 기생들 스스로의 힘에 의해서가 아니었다는 점을 먼저 말했지요.

실질적인 운영권자인 최지환과 진주경찰서 일본인 간부들의 묵시적인 압력과 간섭으로 거절할 수밖에 없었다는 것이었지요. 더구나 권번체제로 출범하기에 앞서 진주기생들의 사상적 검토 작업이 있었으며, 3·1만세운동 때 이른바 진주기생들로서 만세시위에 직접 가담했거나 비밀리에 운동자금을 헌금하는 등 독립운동에 관심을 보였던 이들은 모두 추방했을 만큼 최지환은 철저했습니다.

조선총독부에 충성함으로써 출세를 거듭하고 있는 진주출신 최지환의 눈에는 형평사 간부인 강상호, 신현수를 비롯한 강달영 등 사회운동가들의 숨겨진 목적이 불순하게 비쳤지요. 폭발하게 되면 최지환에게 돌려질 문책의 칼날을 미리부터 차단시키자는 계산이었던 것입니다. 더욱이 자신이 실질적 운영권자인 진주권번 기생들로 하여금 독립운동자들의 모임인 형평사 창립축하식에 가서 춤과 노래로 축하를 해준 사실이 뒤늦게 드러나면 어떤 문책을 당할지 알 수 없다는 불안감을 일찌감치 없애버리자고 판단한 것이었지요.

금향은 비록 나이 들어 퇴기 신세였지만 진주기생으로서의 기개와 의리만은 간직하고 싶다며 눈물을 보였습니다. 강상호는 금향을 위로하고 돌아왔습니다. 축하식 다음 날인 5월 14일 백정 대표 300여 명은 진주청년회관에 다시 모여 보다 구체적인 회의를 가졌습니다. 형평운동의 미래를 위한 중요한 모임이었습니다. 조직을 전국적으로 확대하기 위한 의논이 있었습니다.

창립축하식이 있고 난 뒤로 전국의 사회운동가들로부터 큰 관심의 대상이 된 형평사는 일본에 있는 유학생 단체들로부터 뜨거운 지지를 받았습니다. 창립축하식 이후 형평사 지도부는 전국의 백정들에게 참여를 권유하고, 지역의 조직을 돕기 위하여 몇 개의 선전대로 나누어 진주에서 출발했습니다.

천석구를 주축으로 한 조는 대구로, 하석금을 조장으로 한 조는 부산 등지로 떠나게 되었지요. 신현수, 장지필이 호남지방으로 가고, 강상호와 이학찬은 충청도지방으로 떠났습니다.

어느 백정의 억울한 죽음 앞에

"평등한 세상 앞당기자" 다짐

강상호는 이학찬과 함께 형평사를 전국 곳곳으로 확산시키기 위해 진주를 떠났습니다. 신현수, 장지필 조가 그랬듯이 백정 신분자와 진주를 대표할 만한 지식인 한 사람을 한 조에 편성한 것은 매우 치밀한 계획에서 비롯된 전략이었습니다.

이는 다른 사회운동 조직에서는 찾아보기 힘든 매우 독특한 체제로서 백정들에게는 용기와 자신감을 불어넣어 주고 일반인들에게는 백정차별에 대한 반성과 화해를 촉구하는 이중의 목적을 지닌 방법이었지요. 이같은 진주 형평사 본부의 선전 전술이 얼마나 큰 호소력을 나타낼 것인지는 두고 봐야 할 일이었지요.

강상호와 이학찬은 각각 두 명씩의 동행인을 포함시켰는데 긴급한 연락을 하거나 업무를 도와줄 측근들이었습니다. 이들 일행이 하동에서 섬진강을 건너 순천지방을 지나가고 있을 때였습니다. 일단의 낯선 사람들이 일행을 가로막고 나섰습니다. 머리에 두르고 있는 띠며 입성들로 보아 전라도지방 백정들임을 금방 알아볼 수 있었지요. 사내 한 명이 나서서 자신들의 목적을 밝혔습니다.

강상호 선생이 뉘시오?

내가 강상호요. 그쪽은 누구신데 이러시오?

아, 말로만 듣던 그 어르신이군요. 우리는 이럴 수밖에 없는 사정으로 해서 결례를 범했소, 너그러이 헤아려주시오.

무슨 일이시오?

선생께서 좀 수고를 해주시면 합니다마는.

그들은 순천과 광양에 사는 백정들이었습니다. 이학찬도 관심을 보였습니다. 그들이 강상호 일행을 안내한 곳은 엉뚱하게도 으슥한 야산 골짝에 있는 무덤가였습니다. 일행은 몹시 긴장할 수밖에 없었습니다. 강상호는 뭔가 심상찮은 일이 벌어지겠다는 직감을 했지요.

여기 이 무덤의 주인이 품고 죽은 한을 풀어주십사고 이렇게 모셨습니다.

무슨 말씀인지 천천히 해보시오. 들어줄 수 있는 일이라면 그리하지요.

강상호 일행 모두의 얼굴에는 긴장이 역력했고 강상호와 이학찬은 서로 눈빛을 주고받으면서 의미 있는 짐작을 했습니다.

문제의 무덤에는 광양에 살던 젊은 백정 남자의 주검이 들어 있었습니다. 나이 스물 세 살밖에 안된 미혼의 청년이었는데, 그는 순천에 사는 한 양갓집의 딸과 사랑에 빠졌습니다. 엄격하게 따진다면 양반의 첩실이 낳은 딸이었습니다. 두 사람의 사랑은 곧 세상에 알려졌지요. 그러나 처녀의 아버지 되는 사람이 이들의 관계를 당장 단절시켰지요. 집안에 망신살이 뻗쳤다며 처녀를 다른 데로 보내버렸습니다.

그리고는 백정 청년에게 사람을 보내 일어설 수 없도록 짓밟았지요. 너무 심하게 짓밟힌 나머지 끝내 살아나지 못했습니다. 하지만 어느 누구도 이 사실을 항의하지 못했지요.

죽은 지 닷새 지났습니다.

그들은 진주에서 형평사가 출범했다는 소문을 듣고 진주까지 달려가고 싶었지만, 혹 무슨 후환이 생길까 두려워서 섬진강을 건너지 못했다고 했습니다. 소문으로 강상호가 진주 양반이며 동아일보 지국장인데 경상도 백정들한테는 큰산과 같은 존재임을 듣고 있었다는 말도 했습니다.

우리가 어떻게 해드리면 되겠소?

강상호는 금방 눈물을 보였습니다.

억울하게 죽은 망자의 눈을 감겨주시고, 한을 좀 달래주시면 좋겠소만.

그럼 무덤을 파헤친다는 얘기요?

무덤이 아니라 저승인들 못 파헤치겠소!

그들은 정말로 엊그제 만든 무덤을 파헤쳤습니다. 잠시 뒤 멍석에 쌓여 있는 시신을 멍석째로 들어냈습니다. 멍석은 세 군데로 묶여 있었는데, 매듭을 끊어버리자 청년의 모습이 드러났습니다. 아직 형체가 그런대로 보존되어 있었는데 시신은 눈을 부릅뜨고 있었습니다.

강상호는 침착하게 행동했습니다. 함께 온 청년들에게 급히 심부름을 시켰습니다. 술한 병을 빨리 구해오도록 해놓고 시신의 눈을 감겨주기 위해 얼굴을 손바닥으로 천천히 쓰다듬었습니다. 시신은 이미 부패하기 시작했지만 부릅뜨고 있는 시신의 눈에서는 차별의 고통과 저주하는 기운이 강렬하게 느껴졌습니다.

강상호는 뜨거운 눈물을 뚝뚝 흘리면서 청년의 눈언저리에 손을 덮고 말했습니다.

청년의 그 죽음이 결코 헛되지 않도록 백정차별을 철폐하여 평등한 세상에서 고개 들고 사는 날을 앞당겨보겠다는 다짐을 했습니다. 시신의 눈이 감겨졌습니다.

술과 간단한 안주가 도착하자 간략한 제사를 드렸습니다. 시신을 다시 무덤 속에 안장한 뒤 백정들과 함께 제사를 드리며 즉석 축문까지 읽었습니다. 축문이라기보다 그 자리에 있는 백정들을 위로하면서 형평사운동의 미래를 다짐하는 결의문이었습니다. 강상호 일행은 뜻밖의 일을 치르고 나자 새로운 자신감이 생겼습니다.

강상호와 이학찬이 충남 공주에서 백정들을 만나고 있을 때 전북지방 순회를 마친 장지필 일행이 합류했습니다. 강상호와 이학찬이 논산에 설치한 형평사 충남지사를 아예 도청 소재지인 공주로 옮겨서 본격적인 활동을 할 수 있도록 해주자는 의논을 했지요.

결국 1923년 6월 6일에는 공주에서 형평사 충남지사 창립총회까지 열었습니다. 6월 9일에는 청주, 조치원, 천안에서 형평사 분사를 발족시켰고, 6월 10일에는 경북 대구로 옮겨 대구지사 창립총회를 도왔습니다. 6월 15일 장지필, 이학찬, 천석구는 대구에서 밀양을 거쳐 진주로 돌아오고, 강상호는 삼랑진을 거쳐 부산으로 갔던 사람들과 함께 진주로 돌아왔습니다.

이렇게 진주 형평사운동은 확산되어 갔습니다.

형평사운동이 전개되는 과정에서 생겨난 백정 청년들로 구성된 정위단의 모습.
백정의 복장과 머리띠 모양까지 갖춘 단체사진으로는 유일한 것이다.

악덕지주, 소작인·머슴 선동 반(反)형평운동

형평운동은 들불의 기세로 확산되었습니다. 40여만 명으로 알려진 전국 백정들은 난생처음 맞은 백정차별 철폐운동에 혼신을 기울여 뛰어들었습니다.

1923년 봄에서 여름으로 이어진 시간은 온통 형평의 깃발과 함성으로 뒤덮이는 것처럼 느껴질 정도였지요. 1919년 기미독립만세운동을 제외하면 형평운동의 열기만큼 전국 곳곳을 골고루 들쑤시면서 모든 언론과 사회운동 세력들의 관심을 끌게 된 경우는 없습니다.

형평사 본부 임원들은 사뭇 고조되어 더욱 활발하게 전국적인 조직을 다져나갔지요. 그러자 진주에서 형평사를 반대하는 반형평운동이 일어났습니다. 반형평운동의 선봉에는 진주지역 24개 동리의 농민들이 서 있었습니다. 각 마을마다 설치되어 있는 농청에 모여서 백정들의 차별 철폐운동과 이를 돕고 있는 몇몇 진주 양반 지식인들을 몰아내자는 결의를 했습니다.

각 농청에서는 대표자를 뽑아 진주로 보냈고, 진주에서는 각 농청 대표자들이 모여서 형평사를 반대하자는 결의를 했지요. 백정들의 조직을 압박하는 데 가장 효과적인 수단은 쇠고기 불매운동이라고 판단하여 본격적인 반형평운동이 벌어졌습니다.

1923년 5월 24일 오후 수백 명의 농민이 진주 중심가에 모여서 시위를 벌였습니다. 그들은 '형평사 공격', '새백정 강상호, 신현수,

천석구'라고 쓴 깃발을 앞세우고 돌아다니면서 소리 소리쳤습니다.

진주지역 농민들이 느닷없이 형평운동을 반대하고 나선 것은 매우 은밀한 배후 조종을 받은 몇몇 농민들의 불순한 선동에 따른 것이었습니다. 반형평운동에 동원된 농민들 대부분은 특정 지주들의 토지를 소작하고 있거나 머슴살이하는 사람들이었지요. 이들은 그들의 생계가 달려 있는 토지의 지주들로부터 백정들의 조직을 반대하고 나서라는 협박을 받았습니다. 만약 지주들의 요구를 거절하면 그날로 소작권을 박탈해 버리겠다는 것이었지요.

이처럼 가난하고 힘없는 소작인과 머슴들을 반형평운동으로 내몰고 있는 지주들이란 강달영이 주도하는 진주노동공제회로부터 소작인을 탄압하고 수탈한다는 지적을 받는 사람들이었습니다.

진주노동공제회에는 박진환, 김재홍, 심두섭, 정준교, 강상호 등 진주지역을 대표하는 양반 지식인이자 재력가들이 회원으로 활동하고 있었습니다. 이들은 독립만세운동을 주도했던 진주의 정신적 지주들로서 노동공제회 활동을 통하여 매우 이례적인 행동으로 일반 지주들로부터 경계의 대상이 되기도 했습니다.

예를 들면 상당한 재력가였던 박진환의 경우, 그의 토지를 소작하는 소작인들로부터 받은 소작료를 되돌려주는가 하면 소작료를 받기로 하되 소작인들의 처지를 깊이 헤아려서 지주와 소작인이 함께 살아가자는 미덕을 실천해 보였지요. 그러자 소작료를 대폭 낮추고 누적된 채무를 탕감해 주는가 하면 곳간에서 곡식을 풀어 소작인들의 어려운 처지를 돕는 일이 더러 있었지요.

이렇듯 노동공제회 회원이 된 지주는 소수에 지나지 않았지만,

이들의 행동을 못마땅하게 여기는 지주들 숫자가 훨씬 많았습니다. 이른바 친일 악덕 지주로 불리게 된 지주들은 노동공제회의 지주들을 어떻게든 진주에서 추방하거나 감옥살이를 보내기 위해 혈안이 되어있었지요.

그러던 중 형평사가 출범하고, 백정들의 조직을 돕는데 이들 노동공제회 회원들의 직·간접적인 협력이 사실로 드러나자 이들이 백정 편에 섰다는 것을 적극 악용하기 시작한 것입니다.

진주지역 농민들의 백정차별 감정을 이용하여, 백정들이 농민들을 얕잡아보면서 장차 농민들 위에 군림하려 들지도 모른다는 유언비어로 소작인들을 선동했지요. 그러자 소작인들이 분통을 터뜨렸습니다. 가뜩이나 짓밟히고 사는 신세인데, 천민에 불과한 백정들까지 자신들을 무시하려 든다는 데는 참을 수가 없었지요. 단순한 감정을 폭발시킨 것입니다. 정녕 백정들이 소작인을 멸시하려 했는지 알아보지도 않은 채 지주들의 말만 믿은 것이지요.

소작인들의 분노를 부추긴 또 하나의 불순세력은 보천교도들이었습니다. 노동공제회 회원들은 보천교의 반민족적 형태에 대해서도 비판했기 때문에 보천교도들은 이런 기회를 이용하여 사회운동 단체들을 무너뜨리려고 했습니다.

소작인들은 억눌려온 자신들의 울분을 백정탄압으로 터뜨리려 했습니다. 과연 그렇게하여 자신들을 짓눌러온 착취와 탄압이 해결될 수 있을지 생각해볼 겨를도 없이 지주와 선동자들의 책략에 휘말려든 것입니다. 농민이란 이름으로 시작된 반형평의 분노는 여러 날 계속되었습니다. 그들은 맨 먼저 강상호의 집을 공격 목표로 삼았습니다.

'새백정 강상호!'를 외치면서 집을 포위하고는 돌을 던지기 시작했습니다. 대문을 부수고 집안으로 난입하지는 않았지만 주먹만한 돌에 장독이 박살 나고 집안사람들은 두려움으로 떨었습니다. 강상호는 거의 날마다 진주를 떠나있어서 강상호와 직접 충돌하지는 않았지만, 식구들은 무서워서 집 바깥으로 나가지 못한 채 여러 날을 집안에 갇혀 지내야만 했습니다. 신현수와 천석구의 집도 공격을 받았습니다. 백정들의 상점이 파괴되고, 강상호와 이웃에 사는 이학찬의 집도 공격대상이었습니다.

농민 청년들은 백정들이 운영하는 정육점 부근에 몽둥이를 들고서서 쇠고기를 사러 가는 사람을 막았습니다. 또 다른 농민들은 강상호에게 소잡는 칼을 들려서 직접 소를 잡도록 해서 기어코 새백정놈으로 낙인찍어야 한다는 엉뚱한 주장을 펴기도 했지요.

강상호 집이 농민들에게 포위되었다는 소식이 전해지자 옥봉백정들은 결사대를 조직하여 강상호 집을 지켜야 한다는 결론을 내리고, 힘센 청년 십여 명이 몽둥이를 들고 강상호의 집 대문 안팎을 지켰습니다.

곳곳에서 백정 청년들과 농민 청년들이 폭력사태 직전까지 맞섰습니다. 형평사 본부에서는 반형평운동에 맞서기 위해 결사대 조직을 공식 선언했습니다. 사태는 걷잡을 수 없이 악화되었습니다.

호적 신분표시 철폐 첫 가시적 성과

폭풍 전야의 긴장 속으로 곤두박질치는 진주의 형평사와 반형평 운동의 대립을 지켜보고 있던 강달영과 박진환 등은 어리석고 무익한 이 대결을 방지하기 위해 나섰습니다.

다른 사회운동가들도 양측을 진정시켜 화해하도록 진력했습니다. 이들의 노력으로 양측의 화해가 이루어져서 형평사 측에서는 결사대를 해체하고 농민들은 쇠고기 불매운동을 중단했습니다. 진주사회가 거둔 뜻깊은 승리였습니다. 이때부터 형평운동은 차츰 자리를 잡으면서 전국으로 확산되어 갔습니다.

강상호는 형평운동을 시작한 뒤로 점점 더 많은 돈이 필요해졌습니다. 그의 부친도 더는 강상호의 사회활동을 반대하지 않았습니다. 오히려 돈이란 좋은 목적으로 사용하면 그만이라며 아들을 격려해 주었지요.

그런 자식을 둔 강재순은 그즈음 동경 유학 중인 두 아들의 소식에도 마음이 흔쾌했습니다. 셋째인 강영호는 소년운동에 전력을 기울이고 있었습니다. 그는 일찍이 진주에서 소년운동을 시작했지요. 절친한 친구이면서 진주농업학교 학생인 고경인과 함께 천도교소년회 창립에도 관여했지요. 어렵고 절망적인 시대일수록 어린이들이 올바르게 생각하고, 행동하면서 자라나야만 그 민족의 미래가 희망을 품을 수 있다는 것이 강영호의 철학이었습니다.

1921년 천도교 교주인 손병희 선생의 사위인 방정환(方定煥)과 함께 천도교소년회를 창립했던 강영호는 1922년 5월 1일 '어린이의 날' 제정에도 뜻을 같이했습니다. 그러다가 1923년 3월 16일 한국 최초로 소년운동과 아동문학을 위한 동인단체인 '색동회'를 발족시켰습니다.

진주에서 형평사가 창립되어 온 나라를 흥분시키고 있을 때인 1923년 5월 1일 일본 동경에서 정식으로 '색동회'가 창립되었습니다. 강영호(姜英鎬), 방정환, 손진태(孫晋泰), 고한승(高漢承), 정순철(鄭順哲), 조준기(趙俊基), 진장섭(秦長燮), 정병기(丁炳基) 등 8명이었습니다. 1923년 7월 23일에는 천도교 대강당에서 색동회 주최로 아동예술강습회를 열었지요. 여기서 강영호는 아동예술운동을 통하여 독립정신을 심어주어야만 어린이들이 올바로 자랄 수 있다는 강연을 하기도 했습니다.

1924년부터 매년 5월 1일을 '어린이날'로 정착시키려는 노력을 했습니다. 이날에는 가극공연, 강연회, 동화회, 동요회, 민속공연 등 다채로운 행사를 벌였습니다. 강영호는 강연회 때마다 어린이운동은 어른들의 독립운동 못지않은 의미와 중요성을 강조했습니다. 색동회에는 다시 윤극영, 조재호, 최진순, 마해송, 정인섭이 가세하여 제법 모양새를 갖추어갔습니다.

강영호가 소년운동의 매력에 흠뻑 빠져있을 때 막내 강신호는 한창 물이 오르기 시작한 색채감과 안정감 있는 구도를 바탕으로 하여 서양화 부문에서 두각을 나타내고 있었습니다.

강신호의 미술 재능은 일찍부터 인정받기 시작했지요. 그가 제3회 '조선 미술전람회'에 '아침의 정물'을 출품하여 좋은 평가를 받은 뒤로 그의 작품세계는 빛나기 시작했습니다. 1925년 제4회 조선미술전람회에서 '정물'로 4등상을 받았습니다.

1925년에는 일본의 신춘미술전람회에서 특선을 하고, 뒤이어 중앙미술전람회에 입선했습니다. 이때의 강신호를 두고 동아일보는 '근래 보기 드문 천재'가 나타났다는 기사를 쓰기도 했습니다.

이렇듯 강상호 형제들은 바야흐로 명문가의 아들들답게 저마다의 분야에서 명성을 떨쳤습니다. 강상호는 두 동생들의 활약이 무엇보다 자랑스러웠습니다. 특히 영호에 대한 사회운동가들의 좋은 평가는 자신의 어떤 영광보다 기뻤습니다. 형평운동도 조금씩 성과가 나타났습니다. 놀라운 기세로 확대되는 조직뿐만 아니라 백정들이 직접 느낄 수 있는 성과가 눈앞에서 나타나자 백정들의 성원은 점점 커졌지요. 형평사 창립 이후 이룩한 최초의 성과는 호적의 직업란에 표시했던 신분 표시를 없앤 일이었습니다.

형평사 본부 간부들이 호적을 담당하는 경찰부를 방문하여 신분 표시 문제가 백정들에게 얼마나 깊고 큰 아픔을 주고 있는지 말하면서 그 철폐를 강력하게 요구했습니다. 경찰부에서도 그 요구를 달리 거절할 이유가 없었지요. 그다음으로 나타난 성과는 형평사 사원과 그들 자녀들의 교육문제를 여러가지 방법으로 해결해 나가기 시작한 것입니다.

형평사 사원 자녀들을 학교에 보내어 교육받게 하는 문제는 가장 절실한 과제였지요. 사원들로 하여금 자녀들을 학교에 입학시키도록 권유하는 한편 학교에 갈 수 없는 빈곤한 아이들을 위해서는 야학을 열어 공부할 기회를 만들어나갔지요. 학교에 입학시킨다고 하여 문제가 해결되는 것이 아니었습니다. 학교 안에서의 차별이라는 또 다른 시련이 기다리고 있었거든요.

형평사운동이 활발해지면서 백정 자녀들의 일반학교 입학이 급격하게 늘어났습니다. 그러자 몇몇 학교에서는 백정 자녀들과 같은 학교에서 일반인 자녀들이 수업받는 것을 문제 삼았습니다. 일반인 자녀들은 수적으로도 절대적인 우위를 차지하고 있었지만, 학부모들의 영향력 면에서도 도저히 비교될 수 없는 처지여서 일반 학생들의 학부모가 백정 자녀들의 입학을 문제 삼기 시작하자 새로운 차별사건으로 등장했습니다.

일반인 학부모들은 자식들을 학교에 보내지 않거나 수업 거부 등 단체행동으로 맞서면서 백정 자제들을 퇴학시키도록 압력을 가했습니다.

야학의 개설은 또 다른 희망이었지요. 배울 기회가 없었던 백정들이나 그들 자녀들에게 글자와 셈본 등 생활에 필요한 지식을 가르쳐주자 백정들은 처음으로 하늘을 볼 수 있었지요.

세상살이에 필요한 상식을 얻기 위해 잡지, 신문을 읽게 하고 교양 강연도 자주 열어서 품위 있는 행동과 교양을 갖추는 데도 열성을 기울였습니다. 형평운동은 백정들에게 새로운 세상을 보게 해주었습니다.

형평운동 방향 놓고 강상호-장지필 갈등

형평사 깃발이 꽂힌 곳에서는 백정들에 대한 일반민들의 저항이 있었습니다. 자신의 토지가 전혀 없거나 소유한 토지가 있다 하더라도 궁핍을 면하는 데는 턱없이 부족한 가난한 농민들일수록 백정들의 차별철폐 주장을 못마땅하게 여겼습니다. 백정들이 허리를 꺾고 엎드려 굽신거리며 살 때는 그나마 그들보다는 낮다는 슬픈 자위를 하면서 온갖 수탈과 능멸을 견딜 수 있었습니다.

그러나 백정들마저 무기력한 농민들을 눈 밖에 두려 한다고 오해한 농민들은 어떤 희생을 치르더라도 이번만은 물러설 수 없다는 결연한 자세였습니다. 전국 곳곳에서 충돌했습니다. 충돌이 발생한다는 것은 곧 백정과 천민에 대한 차별과 능멸이 있어 왔다는 사실을 증명해 보이는 셈이었지요.

충북 제천에서 형평 분사 창립축하식이 열렸는데, 이를 못마땅하게 여긴 제천 사람 수백 명이 축하 식장을 습격하는 사건이 벌어졌습니다. 분노한 일반 군중은 식장 안으로 몰려 들어와 행사에 참여하고 있는 백정들에게 몰매를 가했습니다. 수적으로 턱없이 열세인 백정들은 군중들에게 붙들려 나가 강제로 패랭이를 쓰고는 목을 새끼줄로 묶여서 거리로 끌려다니게 되었지요.

김해에서는 농민과 학생들이 합세하여 김해 형평 분사에서 운영하는 야학교를 공격하는 사건이 일어나기도 했지요. 사건은 여기서 그치지 않고 다음 날로 이어져 천여 명의 농민들이 백정들을 무차별 공격하는 사태로까지 치달았습니다. 닥치는 대로 백성들을 체포하여 구타하는가 하면, 백정들의 집에 몰려가 가재도구를 박살 내는 등 분탕질을 일삼았지요. 사태는 더욱 거칠어졌습니다.

백정이 모여 사는 마을을 돌면서 차례차례 짓밟아 나갔지요. 그러나 백정들도 이에 맞서서 쌍방간에 격투가 벌어졌습니다. 싸움은 한 달을 넘기며 계속되었지요. 농민들은 쇠고기 불매운동을 통하여 백정들의 목줄을 죄어들었지요. 김해 형평 분사의 경제적 손실이 자꾸 누적되고 어려움은 커졌습니다.

그러자 여성 형평사원들이 쇠고기를 머리에 이고 다른 지방으로 팔러 나가기도 했지만, 근본적인 해결책은 못 되었지요. 생계에 지장이 생기기 시작했습니다. 경찰과 행정관청의 중재로 가까스로 양측의 타협이 이뤄지긴 했지만, 백정들에게 불리한 결과로 매듭지어졌습니다.

그럼에도 불구하고 백정들은 일반민의 차별대우가 부당하다는 것을 보다 분명하게 깨달으면서 적극적인 저항으로 맞서는 계기가 되었습니다. 개인적으로 당하기만 했던 수모와 차별을 참고 견디기만 하던 태도에서 벗어나 이를 형평사 조직에 알려서 조직의 힘으로 대응하거나 사회문제로 공론화하여 보다 근원적인 해결방법을 모색하게 되어 갔습니다.

전국에 걸쳐 형평운동을 못마땅하게 여기는 편협하고 고루한 폐습을 따르는 사람들과 충돌하면서 크고 작은 시련을 겪기는 했지만, 전반적으로는 매우 빠른 속도로 형평운동의 정당성과 실질적인 혜택이 백정들에게 인식되고 누려졌지요.

이같은 결과는 백정 출신이 아닌 사회운동가들의 도움이 중요한 역할을 했습니다. 이들은 대개 3·1운동 이후 각 지역의 사회운동을 이끌고 있었는데, 이들의 참여가 형평사와 다른 사회운동 단체와의 관계를 잇는 역할을 했습니다.

형평운동의 확산은 언론의 도움을 받아 더욱 신속하고 폭발적인 힘을 얻었습니다. 형평운동을 적극적으로 돕는 사회운동 세력들은 형평사가 단지 백정 신분해방에만 머무르지 말고 사회 전체를 개혁하는 데도 협력하라는 요구를 했지요. 그렇게 되면서 형평운동은 백정 신분해방이라는 제한적 범위에서 한국사회운동의 흐름 한가운데로 들어갈 수밖에 없었습니다.

형평운동의 방향에 대한 이같은 사회운동 단체들의 요구는 차츰 형평사 지도부 특히 장지필을 주축으로 한 백정 지도자들에게 상당한 부담감을 주게 되었지요. 백정 지도자들이 형평운동을 통하여 추구하는 것은 신분해방이라는 인권문제와 함께 그들만의 전통적 공동체인 승동도가의 부활과 쇠고기의 판매권 및 소가죽 판매에 따른 경제적 이권을 보다 확실하게 챙기는 데 있었지요.

한일합방 이후 본격적으로 잠식당하거나 빼앗기기 시작한 도축장 경영권과 도축업과 관련된 백정들의 생계문제를 해결하는 것이 인권해방 못지않게 화급을 다투는 생존문제였기 때문입니다.

그런데 형평사의 출범과 전국적 확산, 이에 따른 실직적인 이익과 혜택을 누리게 된 데는 백정출신이 아닌 사회운동가들의 적극적인 도움 없이는 불가능했다는 점을 부인할 수가 없었지요.

따라서 사회운동 단체들의 이같은 요구를 거부할 수도 없었지요. 처음엔 생각하지도 못했던 갈등이었습니다. 결국 이 갈등은 장지필과 강상호의 사이에서 표면화되었고, 장지필을 주축으로 한 백정 계급들이 경남을 제외한 전국적 조직이었다면 강상호를 따르는 경남지역 백정과 사회운동가들로 대립하게 되었지요.

두 사람의 대립과 갈등은 처음부터 내재되어 있었던 불씨였습니다. 결국 이들의 갈등은 형평운동의 미래에까지 이어졌습니다.

강상호와 함께 형평운동의 양대 축을 이루었던 장지필.
사진은 일본에 있는 원본의 복사본 일부.

형평사 분열·진주본사 위상 약화

장지필과 강상호 두 사람의 개인적인 사정과는 큰 상관없이 형평사 진주본사의 지도력이 두 사람을 주축으로 분열된 것처럼 나타났습니다. 강상호는 남부지역을, 장지필은 중북부지역을 대표하는 것처럼 보였습니다.

육류 판매나 소가죽 사업으로 재력을 착실하게 모은 백정은 경상도지방이 중북부지역보다 훨씬 많았지요. 그러다 보니 형평운동의 방향에 대해서도 상당한 차이가 있었습니다. 이같은 견해의 차이는 다시 파벌대립으로 이어져 혁신회가 만들어졌습니다.

결국 진주에서 형평사가 창립된 지 1년도 안 되어 형평사는 진주와 서울에 각각 본부를 둔 두 세력으로 분열되었지요. 진주파와 서울파의 대립입니다. 진주의 형평사 연맹본부, 서울의 형평사 혁신동맹 총본부로 갈라섰지요.

그 후 두 세력의 화해를 거쳐 통일된 모임을 갖기도 했으나 형평사의 주도권이 진주파에서 서울파로 옮겨졌고, 진주 본사의 위상은 경남지사로 낮추어져 진주 지도자들의 형평운동에 미치는 영향력은 차츰 줄어들어 갔습니다.

강상호는 형평운동과의 관련을 계속하면서 경남도청이 부산으로 이전하는 문제를 반대하는 운동에 참여하고, 신간회 진주지회의 간사로 일하는 등 폭넓은 사회운동을 계속해 나갔지요.

그런 중에 아내 이귀인의 죽음을 맞았습니다. 그토록 강상호를 지켜내고 집안을 이끌고 오면서 헌신적인 삶을 살았던 아내의 죽음은 강상호에게 견디기 힘든 아픔을 주었습니다.

아내의 죽음으로 집안이 깊은 슬픔에 젖어있을 때 막내동생 강신호도 자신의 생애에서 매우 불행한 사건으로 기록될 시련을 맞고 있었습니다. 강신호는 거듭되는 조선미술전람회 출품과 입선의 기쁨으로 어엿한 청년 화가로서의 위상을 세웠갔지만, 아내와의 오랜 갈등으로 청신한 열정의 한줄기가 깊은 상처로 피를 흘리고 있었지요.

강신호는 14살 되던 해 자신보다 두 살의 연상인 최또분과 혼인을 했었지요. 그러나 두 사람의 만남은 처음부터 잘못된 출발이었습니다.

강신호는 아내를 멀리했습니다. 아내 또한 밤낮 그림 그리는 데만 매달려 지내는 어린 신랑을 탐탁잖게 바라보면서 시큰둥한 관계를 유지했습니다. 그러다가 강신호가 서울로 유학을 떠나게 되자 그날부터 사실상 별거에 들어갔지요.

서울로 간 강신호는 좀체 진주 나들이를 하지 않았습니다. 아내가 무섭다는 얘기를 하면서 한사코 집밖으로만 나돌았지요. 두 사람 다 서로에 대한 애틋한 감정은 생겨나지도 않았습니다. 이따금씩 강상호나 강재순 앞으로 보내오는 편지나 소식을 전하는 인편이 있었지만 언제나 간략한 문안 인사로 시작하여 생활비를 보내달라는 말로 끝맺었을 뿐 단 한마디도 아내에 대한 언급은 없었습니다.

어쩌다가 고향에 다니러 오는 날이면 기이한 촌극이 벌어지곤 했지요. 강신호가 집 대문으로 들어서다가 아내가 마당에서 빨래를 널거나 다른 볼일로 집안에 있는 것을 보면 얼른 뒤돌아 나가버렸습니다.

대문 밖에서 한참 서성거리다가 다시 대문 안을 기웃거렸습니다. 그때까지도 아내가 마당에 있으면 다시 나가버렸지요. 그러기를 몇 차례 더 반복하다가는 기이한 행동을 했습니다. 대문 밖에서 집안을 향하여 고함을 내지르는 것입니다.

"포자야! 길 좀 치워라!"

포자는 강상호와 강영호 사이에 있었던 강기호의 딸이었지요. 강기호는 결혼하여 딸 하나를 낳은 뒤 일찍 죽었지요. 강기호가 요절하자 그의 아내는 어린 딸을 시댁에 맡기고 재혼했기 때문에 포자는 외롭게 자랐습니다.

아무튼 포자는 막내 숙부의 그같은 외침이 뭘 뜻하는지 금방 알아차리고는 막내 숙모를 데리고 방안으로 들어갔습니다. 아내는 서러웠겠지요. 어두운 얼굴로 눈물지으면서 부엌이나 안방으로 들어가고 나면 강신호는 천천히 집안으로 들어와 사랑채에 딸린 그의 작업실에 들어가 틀어박혀 버리는 것입니다.

집에 머무는 동안에도 아내를 피했습니다. 그러다 보니 집에 머무는 시간이 짧을 수밖에 없었지요.

그는 술을 마시지 않았습니다. 담배도 피우지 않았고 기생집에 놀러 다니지도 않았습니다. 병적이라 할 만큼 생활은 깔끔했고, 옷매무새와 말씨, 목소리도 행동도 정갈하고 조용한 사람이었습니다. 눈빛은 언제나 소년처럼 맑았지요. 웃어도 소리를 내지 않는 잔잔한 미소를 머금었고, 고개를 조금 숙인 채 바지 주머니에 두 손을 찔러넣고 천천히 걸어 다녔습니다. 혼자 있을 때는 나지막이 휘파람을 잘 불었습니다. 홀로 된 것이나 다름없는 그의 아내는 큰 불평 없이 세월을 겪어냈지만 지켜보는 식구들은 괴로웠지요. 두 사람 사이에서 자식이 생길 리 없었지요.

그러다가 동경유학을 떠난 뒤부터는 아예 남남으로 살아야 했습니다. 1926년 제5회 조선미술전람회에 참석하기 위해 잠시 고향에 들렀던 강신호는 마침내 아내와 헤어지기로 결심했습니다.

형제들이 만류했지만, 강신호의 결심은 굳어진 뒤였습니다. 서로가 더이상 피 흘리지 말고 자유롭게 살자는 것이었고, 그의 아내도 이혼에 동의했습니다. 철없는 나이에 부부가 되어 9년 동안을 남남으로 아파하다가 헤어진 것입니다. 강신호는 22세였고, 그의 아내였던 최또분은 24세이던 해였습니다.

첫 개인전 열던 강신호

남강서 심장마비 요절

아내와 헤어지면서 생긴 마음의 상처는 쉬 아물었습니다. 몸으로든, 마음으로든 사랑하지 않았기 때문에 이렇다 할 상처랄 것도 없이 잊혔습니다. 그런 뒤 강신호는 전에 없이 무서운 열정으로 작업에 몰두했습니다. 일본과 한국 화단에서 동시에 주목받기 시작한 신예 작가로 떠오른 그는 프랑스 유학을 준비했습니다.

강신호는 '선전(鮮展)'으로 불리는 조선미술전람회가 한국의 근대미술 전개에 매우 큰 영향을 미치기 시작했음을 느꼈습니다. 조선총독부의 이른바 문치정책의 하나로 창설된 이 선전은 긍정적 측면 못지않게 부정적인 역할을 더 많이 하게 되리라는 민족운동 진영의 우려에도 귀를 기울였습니다.

즉 한국근대미술이 일본그림의 영향을 강하게 받게 됨으로써 한국 화가들의 일본화가 대대적으로 촉진되어 마침내는 그림까지도 일본 종속이 되지 않겠느냐는 우려였습니다. 음악과 미술의 식민지화는 정치와 경제의 식민지화보다 더 본질적이고 철저한 종속성과 노예화를 가져온다는 것을 강신호는 깨닫기 시작했습니다. 아동문학과 소년운동을 통하여 민족의 완전한 해방을 준비하는 강영호, 천민의 인권해방을 토대로 삼아 민족의 단결을 꿈꾸는 강상호의 영향도 컸지만, 동경 유학생 그룹들이 지향하고 있는 진보적 사상에 더 큰 영향을 받아서였습니다.

프랑스 유학을 결심하고부터 강신호는 최초로 개인전 준비에 몰두했습니다. 개인전을 결심한 데는 몇 가지 이유가 있었습니다. 첫째는 팔순을 넘고 있는 아버지께 자신의 그림세계를 보여 드리고 싶었습니다. 프랑스 유학길에 오르면 여러 해 동안을 파리에 머물러야 할 것이고, 이미 황혼기를 넘어선 아버지가 막내아들의 금의환향을 기다려 언제까지 생존해 계시기는 어렵다는 것, 결국엔 아버지와 아들의 이승 인연이 끝나기 전에 제대로 된 작품 몇 점이라도 아버지 앞에 펼쳐놓고 싶었던 것이지요.

두 번째 이유는 자신이 태어나 자랐고 자신의 정신세계 한쪽을 떠받치고 있는 진주에 대한 영혼으로부터의 감사인사를 드리고 싶었기 때문입니다. 유장한 진주의 역사와 자신의 맥박 속에도 무르녹아 흐르는 남강의 숨소리를 색채 언어로 드러내어 진주의 바람과 햇살 앞에 내보이고 싶었습니다.

1927년 제7회 '선전'에 작품제7, 바구니를 든 사나이, 꽃 등을 출품하여 '작품제7'이 특선을 했습니다. 그리고 1927년 7월 진주물산장려관에서 그동안 그린 작품들로 첫 개인전을 가졌습니다.

전시회가 열리고 있던 7월 24일 오후였습니다. 강신호는 친구 이창환과 함께 더위를 식히기 위해 촉석루 아래 남강으로 목욕을 하러 갔습니다. 남강물은 맑고 차가웠습니다. 이창환은 바위 그늘에 누워있고 강신호 혼자 강물로 뛰어들었지요. 잠시 뒤 강신호가 이상한 몸짓을 하기 시작했습니다. 헤엄을 잘 치는 그였지만 어쩐 일인지 물속으로 가라앉았다가 떠오르곤 했습니다. 처음엔 장난을 치는 줄 알았지만 잠시 뒤에 보니깐 장난이 아니었습니다. 이창환이 뛰어 들어가 강신호를 끌어냈을 때 강신호는 이미 숨이 멎은 뒤였습니다. 심장마비를 일으켰던 것이지요.

연락을 받은 강상호와 가족들은 강신호의 죽음을 확인하고는 비통함에 잠겼습니다. 그의 부친은 울지 않았습니다. 강재순은 그의 눈앞에서 아내와 큰며느리, 두 아들, 그리고 손자 한 명을 포함, 다섯 사람의 장례식을 보았습니다. 사람으로서 견디기 힘든 슬픈 일이었지요. 그런데다 막내 자식의 죽음은 더 큰 고통이었습니다.

강상호는 동생의 장례식을 어떻게 해야 할지 몹시 번민했습니다. 아버지가 아직 살아 계신 터여서 드러내놓고 장례식을 치르기도 부담스러웠지요. 그러자 아버지가 아들의 마음을 읽었습니다.

막내는 엄연한 어른이다. 혼인도 했고, 당당한 조선 남자이며 잘난 놈이다. 혼백이 외롭지 않도록 잘 보내주거라. 문제는 상주도 없이 곡해줄 아내도 없으니 딱하구나. 어디 곡이라도 해줄 사람 없겠느냐?

강재순은 강상호의 부담을 먼저 해결해 주었습니다.

강신호의 사망 소식이 전해지자 많은 이들이 문상을 했습니다. 문제는 또 있었습니다. 강신호를 뒤벼리에 있는 선산에다 매장하기 어려운 점이었지요. 아직 아버지가 생존해 있기 때문이지요. 그리하여 우선 평거 공동묘지에다 매장해 두었다가 뒷날 적당한 시기가 되면 선산으로 옮겨 주기로 하고 장례를 치렀지요.

23세로 요절한 천재 화가를 애도하는 행렬은 줄을 이었습니다. 뒤늦게 소식을 들은 서울과 동경의 친구들이 장례식이 끝난 뒤에도 계속 문상을 왔습니다. 그러자 강상호는 아예 동생의 무덤 앞에다 차일을 치고 49일 동안을 지냈습니다. 그해 여름이 다 가도록 강신호 친구들은 볕가리개를 떠나지 않았고 집에서는 머슴들이 술과 밥을 져 날랐습니다.

강상호는 시간이 지날수록 동생의 죽음이 아파왔습니다. 제대로 한번 날개를 펴보지도 못하고 생을 꺾어버린 동생이 불쌍했지요. 차일을 걷어치우던 날 강상호는 동생의 죽음이 있었던 남강이 바라보이는 촉석루 앞 절벽에다 동생의 이름을 새겨 넣었습니다. 남강물과 함께 영원히 젊은 화가로 살아 있으라는 뜻에서였습니다.

그렇게 강신호가 죽고 나서 그의 부친도 병석에 누웠고, 집안은 침통한 분위기로 가라앉았지요. 강상호는 사방이 막혀 오는 듯한 좌절감을 얼핏얼핏 느꼈지만 여러 사회운동 단체의 일에 관여하면서 시련을 벗어나기 위해 안간 애를 썼습니다.

이춘엽이 낳은 아들 동수가 벌써 다섯 살이었습니다. 동수의 첫돌 때는 장지필이 은수저를 선물했었지요. 그렇게 함께 출발했던 형평사 동지들 중에서 몇 사람을 뺀 대부분이 장지필을 따라 진주를 떠났습니다. 화려하고 요란했던 진주형평사의 쓸쓸한 그늘이 짙어지고 있었습니다.

일제 맞서 신사참배·창씨개명 거부

　형평운동의 열기는 1930년을 고비로 현저하게 식어갔고, 강상호의 삶에도 무겁고 아픈 시련들이 줄을 지어 나타났습니다. 부친은 병석에 누운 뒤로 점점 위중해졌고 살림도 현저하게 기울고 있었습니다. 소작인들에 대하여 소작료를 낮춰주거나 면제해 주는 경우가 많아지면서부터 살림이 늘어나지 않게 되기도 했지만 여기저기서 소리 없이 빠져나가는 돈이 더 많았습니다.

　강상호의 아내 이갑례가 마침내 첫 자식을 낳았습니다. 딸이었지요. 계수(桂洙, 1929년)라는 이름을 지어주었습니다. 계수가 두 살 되던 1930년 봄 강재순은 향년 84세를 일기로 생애를 거두었습니다. 강상호 나이 43세 때 일이었습니다.

　이갑례는 계수를 낳은 지 2년 뒤 다시 딸을 낳았습니다. 남수(南洙, 1931년)였지요. 남수에 뒤이어서 성수(性洙), 수창(洙昌) 두 아들을 내리 낳았는데 두 아들은 모두 유년기에 사망했습니다. 이갑례는 다시 두 아들 인수(寅洙. 1938년), 해수(海洙, 1941년)를 낳아 길러냄으로써 첫 부인 이귀인과의 약속을 지켰습니다.

　한편 강영호는 그의 부친 장례식을 계기로 귀국했습니다. 아내 김포시와의 사이에서 옥수(玉洙, 딸), 정수(正洙, 딸), 민수(敏洙, 딸), 춘수(春洙, 딸), 현수(賢洙, 아들) 등 다섯 남매를 두었습니다.

　강영호는 언제나 해맑은 소년처럼 웃었고, 예의 바른 신사였지요. 동경 유학시절 방학을 맞아 집에 돌아오면 아내를 향한 그의 깊고 맑은 사랑이 온 가족들을 감동시키곤 했었습니다. 대가족이 한 집에 모여 살았기 때문에 언제나 사랑으로 아내를 향한 예절을 다 했습니다.

특히 형수인 이갑례가 늦게까지 자식을 두지 못하고 애를 태우는 중에도 강영호 내외한테서는 딸자식이 계속 점지되어서 몹시 미안스럽게 여기기도 했었지요. 강영호는 방에 불을 끈 채로 아내의 뺨을 두 손으로 더듬어보곤 했습니다. 아내가 그 이유를 묻습니다. 강영호는 아내가 혼자서 울었던 눈물 자국을 느끼기 위해서라고 대답했습니다.

눈물이 흘러내렸던 두 뺨의 눈물 흔적이 시간이 여러 날 지난 뒤에까지 남아있을 리가 없지요. 그런데도 그는 천천히 아내의 뺨을 손가락으로 더듬어 눈물 흔적을 느끼면서 아내의 마음을 위로했습니다. 아내는 그런 남편을 믿고 사랑하지 않을 수가 없었겠지요.

귀국한 뒤 강영호는 색동회와의 관련을 제외하고는 일체 다른 일을 하지 않았습니다. 자칫 조선총독부를 돕는 결과가 되고, 조국을 강압으로 식민지배하는 일제에 협력하는 그 마음과 손으로 어찌 깨끗한 영혼을 지니고 태어나는 어린이들을 위한 글을 쓰고 그들의 미래를 만드는 일을 할 수 있겠느냐는 것이었습니다.

강재순의 장례식 이후 강영호는 식구들을 데리고 분가했습니다. 그런 뒤에도 한동안 일본을 돕는 일이라고 판단되는 일은 하지 않았지요. 동경에서 유명 대학까지 마친 그가 원하기만 한다면 상당한 권력과 보수가 보장되는 관공서 등에 취직할 수 있었지만, 그는 끝까지 그런 자리에 나아가지 않았습니다.

1930년대 후반으로 갈수록 일제의 탄압은 광기 어린 광란으로 변해갔고, 학도병 강제징용과 여성들의 정신대 징용이 노골화되었습니다.

한국땅에서 변절하지 않고 살아가는 것이 참으로 고통스런 나날이었지요. 더구나 조선총독부의 신사참배 강요와 창씨개명 압박은 하루하루가 견디기 힘든 시련이었지요. 일제말기로 접어들면서부터는 창씨개명을 하지 않은 한국인들에게는 모든 면에서 불이익을 안겼습니다. 창씨개명을 하지 않은 집안의 아이들은 학교 입학을 거부당했습니다.

강영호는 자식들을 학교에 보내는 문제로 강상호와 의논을 했습니다. 강상호의 결론은 간단하고 단호했습니다. 설령 죽임을 당하는 경우가 생기더라도 자식들에게 신사참배를 시킬 수 없으며, 영원히 까막눈으로 살지언정 창씨개명을 하지 않고 일본 학교에 보내지 않겠다는 것이었습니다. 그런 형님을 존경하는 강영호도 그대로 따랐습니다.

적어도 그때는 한국이 독립되지 못할 것이라는 믿음으로 신사참배와 창씨개명을 기꺼이 해버리는 사람이 많았지요. 그런 이웃 사람들의 질시와 소외를 견디는 일도 고통스러웠지만 강상호와 강영호 형제는 끝까지 일제에 맞섰습니다.

특히 강영호는 일제의 온갖 회유와 협박을 피하기 위해 여수의 한 금광 노동자로 숨었습니다. 지하 갱속에서 노동자들과 함께 일하는 동안 그가 깨달은 바는 매우 컸습니다. 땅속 깊은 갱도에서

광물을 파내기 위해 목숨을 내놓고 일하는 한국의 막노동자들이 살아가는 현실이 그때까지 강영호가 미처 알 수 없었던 극한적인 것이었습니다.

목숨 걸고 일한 대가로 받는 돈으로 식구들의 생계를 해결해야 한다는 사실은 강영호에게 고개를 들 수 없는 부끄러움이자 아픔이었습니다. 유복한 부모님 덕으로 고생 모르고 자라서 일본유학까지 한 지식인으로서의 자신이 과연 식민지 한국땅의 막장 노동자로 살아가는 그들 앞에 떳떳이 고개 들고 살아갈 수 있을지는 뒤늦게 생각하게 된 것입니다.

결국 금광 노동자들 속에서 해방 직전까지 생활하는 동안 강영호의 삶은 커다란 전환기를 맞았습니다. 고난받는 민족과 겨레 앞에서 부끄럽지 않은 지식인으로 살아갈 수 있는 길이 어떤 것인지를 생각했습니다.

형평운동 친일 변질······ 강상호 탈퇴······

일제 식민통치 아래서 일어났던 한국사회운동과 민족운동 대개가 그러했듯이 형평운동 역시 본래의 목적대로 성공하지 못했습니다. 조선총독부와 일제가 가장 두려워하는 사회주의 사상과 공산당 노선으로 이어진 사회운동과 민족운동에 대한 일제의 탄압과 응징은 무자비했습니다. 궁극적으로 천황제도를 부정하고 이에 근거한 일본 국가체제를 부정하는 사회주의 및 공산당 노선을 일제가 보호하거나 수용할 이유는 전혀 없었지요.

그런데도 형평운동 지도자들 중에서 이른바 진주파를 반대하는 서울파 핵심인물들은 형평운동의 혁신과 사회운동 세력들과의 제휴과정에서 조선공산당 등 급진주의 사상을 받아들이려는 시도가 있었습니다.

그러자 일본 내무성과 조선총독부는 그때까지 관망하는 자세로 형평운동을 대하던 태도를 급변하여 근본적인 파괴공작으로 전환했습니다. 한국의 지식인 사회운동 단체와는 달리 형평사 혁신파 지도부의 조직과 체험은 매우 빈약하여 쉽게 공략될 수 있었지요. 일본 내무성에서 은밀하게 침투시킨 첩자에 의하여 혁신파 지도부가 공산당 노선에 가담한 것처럼 조작하여 모두 체포되고 말았습니다.

가뜩이나 부족한 인재에 허덕이던 혁신파는 순식간에 무너져버렸고, 사상적으로 보수온건 노선을 지향했던 진주파도 각자의 생업을 지키는 데 급급해졌습니다. 일제의 정치적 탄압에서 풀려난 서울파 백정들은 더이상 백정의 인권해방을 입에 담지 않았습니다. 친목을 도모하고, 영업이익을 증대시키는 일로 형평운동 방향을 틀었지요. 그런 특성으로 다시 출범한 것이 대동사(大同社)였습니다만, 이를 두고 강상호는 형평운동이 친일로 변질되었다며 이들과 교류를 단절하고 자신의 의지대로 일제 탄압에 항거하는 삶을 계속했습니다.

대동사로 이름을 바꾼 백정들은 마침내 일제의 태평양전쟁을 지원하기 위해 국방성금을 모금했고, 전투기 한 대 값에 상당하는 돈을 일본 정부에 전달하는 데까지 변질되었습니다. 그 과정에서도 대동사 핵심 간부들은 강상호의 이름을 계속 지도부 명단에 끼워넣었는데, 이는 강상호의 참여없이 그들 일방적으로 강상호 이름을 이용하여 진주파들의 도움을 얻어내려 한 속임수였습니다.

뒷날 강상호는 이같은 사실을 큰아들 강인수에게 털어놓았지요. 이같은 결과가 생긴 것은 1930년 후반 강상호의 모습이 예전같지 않았다는 사실과 관련이 있습니다. 1930년대 후반으로 들면서 강상호의 재산은 급격하게 위축되었고, 그동안 몸담아온 대부분의 사회운동 단체들은 일제의 잔혹한 탄압을 받아 강제로 해산되었다가 지하로 숨어들었기 때문에 강상호의 삶도 어려운 고비를 맞고 있었습니다.

강재순이 자식들을 위해 지었던 대안동의 대궐같은 집은 끝내 최지환에게 빌려 쓴 돈을 갚지 못해 빚으로 빼앗겼고, 넓은 논밭들은 여러 이유로 매매되었거나 기증하여 남아 있질 않았습니다.

모든 사정이 극단적으로 악화된 것이지요. 그토록 유복했던 삶이 어느날 갑자기 가난과 질곡으로 바뀌어 버린 것이지요. 결국 아내 이갑례의 친정 도움으로 봉곡동에 작은 집 한채를 마련하여 이사를 했지요. 그곳에서 해방을 맞았습니다.

죽향 이춘엽은 아들 동수와 함께 따로 살았는데, 그때 강동수는 벌써 20대 중반의 청년으로 자라서 그의 어머니 삶과 강상호의 생애 사이에 놓여 있는 운명적인 자신의 모습을 확인하며 괴로워했지요.

해방 이듬해인 1946년 초 진주3·1동지회를 결성하여 초대회장을 맡은 강상호는 그 해가 자신의 회갑연이기도 했습니다. 회갑 때 그는 또 한 번 중대한 결심을 했습니다. 작고한 그의 부친 이름으로 가지고 있던 모든 채권을 포기한다는 선언을 했습니다. 강재순은 생전에 적지 않은 돈이나 곡물을 빌려주면서 받아놓은 계약서가 숱하게 있었습니다. 강재순이 죽고 나자 그 채권은 강상호에게 상속되었지요.

강상호는 자신의 처지가 어렵게 되어가면서도 채권자로서의 권리행사를 계속 미루기만 했습니다. 돈과 곡식을 빌려 간 사람들 중에는 상당한 재력가가 된 경우도 있었지만, 그들 스스로가 고맙다며 되돌려주기 전에는 결코 독촉하지 않아 왔습니다. 그들이 어려운 생계를 모면하기 위해 돈과 곡식을 빌려 가서 위기를 모면했다면 그것으로 충분하다는 것이었습니다.

그 돈과 곡식의 주인은 그 돈과 곡식으로 목숨을 건지고 어려움에서 벗어난 사람이지 돈과 곡식을 빌려준 사람이 아니라는 것이 그의 지론이었습니다.

그러다가 해방이 되었고, 나라는 다시 혼란에 빠져 어려움은 계속되었습니다. 강상호는 자신의 회갑을 맞아 새로운 삶을 살고 싶었습니다. 부친이 유산으로 남긴 모든 채권은 일제 강점기에 생긴 것인데, 이제 조국이 해방된 마당에 채무자들도 해방시켜 주어야만 진정한 민족해방이 아니겠느냐는 것이었습니다.

수백 장의 채권을 쌓아놓고선 축하하러 모인 여러 사람들이 지켜보는 앞에서 계약서에 불을 질렀습니다. 그 자리에는 수십 명의 채무자들이 초대받아와 있었지요. 대부분 가난에서 벗어나지 못하고 있는 채무자들은 강상호의 회갑연에 초청을 받자 몹시 당황해했었지요. 빚을 갚으라는 독촉으로 알았기 때문입니다. 하지만 채무를 이행할 능력은 전혀 없었지요. 그렇다고 해서 외면할 수도 없었지요.

일단 얼굴이나 내밀자는 생각으로 참석했는데 강상호가 모든 채권을 포기한다는 선언을 한 것입니다. 회갑연에 참석했던 사람들은 만세를 불렀지요. 그러면서 얼마간의 축의금을 모아 전달했습니다. 강상호는 축의금 전액을 진주의 빈민들에게 나눠주라며 도로 내놓았습니다. 진정한 민족해방을 함께 맞자는 것이 그의 지론이었지요.

해방정국의 혼란 속에서 미군정이 시작되고 좌우익 사상은 극렬한 대립으로 맞서 사회는 혼미를 거듭했습니다. 1948년 대한민국 정부 수립 후 정부에서는 사상적 혼란을 극복하기 위해 국가보안법을 제정했고, 이 법에 저촉되는 사람을 분류하기 시작했습니다.

이때 강상호, 강영호 형제는 일제 때 형평운동과 소년운동을 한 것이 위험한 사상을 소유한 인물로 분류되어 이른바 국민보도연맹 (國民保導聯盟)에 강제로 가입당했습니다.

불행의 시작이었지요.

진주3·1동지회가 주관한 3·1절 기념식. 오른쪽에서 세 번째가 강상호.

좌익 덤터기 쓴 강상호 궁핍한 만년

'보도연맹'은 해방정국의 혼돈기에 급진적인 변혁을 시도하다가 미군정과 우익 정권으로부터 좌익 세력으로 규정되어 '이승만 대통령과 대한민국에 충성을 다하겠다'는 맹세를 하고 '국민보도연맹'이란 단체에 강제 가입된 사람들을 말합니다.

정부는 이들에 대한 회유와 통제를 마음대로 하기 위하여 항상 감시했습니다. 1949년 당시 30만 명 넘는 사람들이 보도연맹에 강제 가입되었는데, 강상호·강영호 형제가 이들의 의지와는 아무 상관 없이 보도연맹의 핵심 인물처럼 된 것은 전적으로 진주지역 우익 인사들의 은밀한 공작에 의해서였습니다.

강영호의 경우 오랜 친구 사이면서 일본대학 동문이기도 한 강대성(姜大成)이 남로당 당원이었고 진주기예학교 원장이던 강대성의 아내가 남로당 지하선전 책임자로 활약하다가 월북한 사건의 영향으로 인하여 사상적 오해를 받은 것입니다. 또한 강대성의 집안이면서 진주지역 공산주의 사상을 주도한 강대창, 강달영, 강두석 등과 같은 강씨 문중이라는 점도 오해의 동기가 되었지요. 무엇보다 중요한 것은 강상호·강영호 형제에게 좌익이라는 멍에를 덮어씌운 사람들의 일제 때 행적입니다.

온건 보수주의와 이승만 정권의 정당성을 강조하면서 해방 정국의 주도권에 편승한 사람들 대부분이 일제 때는 극렬한 친일로 권력과 부를 누렸던 자들이지요. 그런 그들 눈에 강영호의 소년운동과 일제를 이롭게 하는 모든 일에서 손을 떼고 살아온 행동은 매우 두렵고 불편한 것으로 판단되었지요.

강상호의 생애 또한 그들에게는 몹시 부끄러움과 반성을 촉구하는 힘으로 작용했지요. 특히 진주3·1동지회를 이끌고 있는 강상호를 그대로 두고는 그들이 마음대로 설치기 어렵다고 판단한 나머지 이들 형제를 좌익으로 몰아 보도연맹 명단에 포함시켜 버린 것입니다.

그런 다음 그들은 강상호로 하여금 보도연맹 진주지역 책임자라는 이름으로 진주의 여러 학교를 순회하면서 좌우익의 화합과 공존의 중요성을 강연하도록 요청했고, 강상호는 그들의 숨겨진 모략을 모른 채 어린 학생들 앞에서 민족의 단결을 호소했습니다.

1950년 6·25전쟁이 터지자 정부는 보도연맹 가입자들이 북한에 동조하게 될지도 모른다는 정치적 판단으로 무차별 검속과 즉결처분을 감행했지요. 이때 강상호와 강영호 형제에게는 미리 이같은 위험을 알려주면서 피신하라는 연락이 있었습니다. 이들 형제가 좌익사상 소유자가 아니었기 때문에 급박한 위험이 닥치자 우익세력 중 누군가가 양심적인 행동을 했던 것으로 보입니다.

강상호는 명석면으로 급히 몸을 피하면서 동생에게도 서두르라는 독촉을 했습니다. 그러나 그때 강영호는 아내가 병중이었습니다. 아내를 지극히 사랑하는 그는 병든 아내를 두고 떠날 수가 없었지요. 아내와 아이들이 한사코 몸을 피하라고 애원했지만, 그는 단호히 거절하며 아내를 돌봤습니다. 손수 약을 달여 아내 입에다 약을 떠 넣어주면서 애절한 시간을 지켰습니다.

결국 경찰이 들이닥쳤습니다. 아내에게 약을 먹이다 말고 체포되어 끌려 나가던 강영호는 경찰들에게 사정을 했습니다. 방안에 벗어두고 온 윗도리만 입고 오겠다는 것이었지요. 경찰은 순순히 들어주었습니다. 다시 방 안으로 들어온 강영호는 벗어둔 웃옷을 단정하게 입고 아내에게 다녀오마고 했습니다. 아무리 급박한 상황에서도 단정한 매무새를 갖추고 집을 나서는 모습을 보여주고 싶었던 것인지도 모릅니다. 강영호가 끌려 나갈 때 그의 아들 현수는 고등학교 3학년이었지요. 그렇게 집을 나간 강영호는 영영 돌아오지 못했습니다. 남편을 잃은 김또시는 끝내 병석에서 일어서지 못한 채 1956년 눈을 감았습니다.

뒤에 남겨진 자식들은 꿋꿋이 성장하여 모두 일가를 이루었고, 아들 강현수는 전쟁을 피해 월남해온 집안의 여성인 김명환과 부부가 되었습니다. 김명환은 함경남도 의병대장이자 천도교 지도자였던 김일욱의 손녀이자 독립운동가 김영일의 따님이었습니다. 강인한 생활력을 지닌 김명환의 노력으로 강영호의 가문은 번성하게 되어, 자식 없이 죽은 강기호, 강신호의 제사를 모셔주면서 진주 명문가의 명예를 회복하기 위해 집안으로 일어서고 있습니다.

반면 강상호의 만년은 가난과 외로움으로 찌든 날들이었습니다. 아내 이갑례가 누에를 치고 삯바느질을 하며 끼니를 이어갔지만, 궁핍은 심해져만 갔습니다. 참다못한 강상호는 형평운동 때 만났던 백정들을 둘러보기 위해 길을 나섰습니다. 겨울인데도 내의가 없어서 벌벌 떨며 찾아간 강상호의 비참한 모습을 본 형평사원들은 울면서 강상호를 맞았습니다. 6·25를 겪으면서 강상호는 자신의 생애가 오욕의 덫에 걸려서 피 흘리게 되는 또 한 번의 모함을 겪었지요.

한때 진주를 점령했던 북한 인민군들은 강상호에게 진주인민위 원장을 맡으라는 강요를 했습니다. 지난날 보도연맹 사건의 연장 선상에서 이루어진 덮어씌우기였습니다. 강상호는 단호하게 거절 하고 아내 이갑례의 친정인 반성으로 이사를 단행했습니다. 전쟁 이 끝난 뒤부터 마을에다 서당을 열고 아이들을 가르치기 시작했 습니다. 생활은 참담했지요. 이갑례는 자식들을 굶길 수가 없어 밀 주 장사를 시작했지요. 마을 사람들이 비난했습니다. 강상호는 뒤 늦게 이 사실을 알고는 밀주 담은 독을 깨뜨려 버렸습니다. 서당도 여의칠 못했지요. 누군가가 지서에다 강상호를 고발한 것입니다. 마을 아이들을 모아놓고 공산주의 교육을 시킨다고 말입니다. 그 때 반성지서장이었던 박윤근 경사는 신고를 받고 현장에 나왔다가 강상호를 발견하고는 큰절을 올리며 용서를 빌었습니다.

평소 존경하던 강상호가 그토록 기구한 처지에 놓여 있을 줄 몰 랐다며 마을 사람들을 모아놓고 진실을 얘기해 주었습니다. 빨갱 이가 아니라 한국의 링컨이라고 말입니다. 노년에 이를수록 가난 은 더욱 혹심해졌고, 자식들은 학교에 다니기도 어려웠습니다. 그 렇듯 세월은 저물고, 그 많던 사람들은 다 어디론가 사라져 가고, 외롭고 가난한 황혼 녘 가시밭길을 맨발로 걷던 강상호의 위대한 생애도 끝이 났습니다. 1957년 겨울이었습니다.

뒤에 살아남은 가족들은 더 오래 가난과 멸시 속을 걸어서 오늘 에 이르렀습니다. 강상호 선생의 명복을 빕니다. 〈끝〉

정동주鄭棟住 시인, 차살림학자, 동다헌 시자

1948년생, 서사시 「논개」, 장편시 「순례자」 등 7권의 시집과 대하소설 「백정」, 「단야」, 「민적」, 장편소설 「괴이강의 다리」 등 30여 권의 소설을 썼다. 마당극 「진양살풀이」, 오페라 「조선의 사랑」, 「논개」의 대본을 썼다. 그 가운데 「논개평전」, 「까레이스끼 또 하나의 민족사」, 「신의 지팡이」는 일본에서 출판되었다. 그 후 한국문화론을 심화한 새로운 연구를 시작하여 「한국의 솔」, 「어머니의 전설」, 「느티나무가 있는 풍경」 등 10권을 썼다. 특히 「까레이스끼 또 하나의 민족사」, 「부처 통곡하다」는 민족이론과 종교사회사의 영역에 대한 비평적 탐구의 산물로 평가받았다.

2013년 차살림학을 창안하여 한국의 차문화사 영역에 대한 연구와 강의에 전념하면서 「비교차론」, 「차살림법의 미학」, 「선비차의 사회사」, 「기울지 않는 마음과 중정의 역사」, 「선원청규 차법의 미학」, 「불교와 차」 등 차문화사 관련 30여 권의 저술과 글을 발표하고 있다.

정동주의
진주문화사 이야기

지은이 : 정동주

인쇄일 : 2023년 4월 10일
발행일 : 2023년 4월 20일

발행인 : 이문희
펴낸곳 : 도서출판 곰단지
주　소 : 경남 진주시 동부로 169번길 12, 윙스타워 A동 1007호
전　화 : 070-7677-1622
팩　스 : 070-7610-7107
전자우편 : gomdanjee@hanmail.net

ISBN : 979-11-89773-64-9　03900